suhrkamp taschenbuch 48

Der Kampf des Individuellen um die Möglichkeit seiner Entfaltung, um die Emanzipation aus abgelebten, zum Ritual gewordenen Formen zeigt sich besonders elementar oft schon in der Auseinandersetzung mit der Schule. Je reicher, je eigenständiger die Begabung, desto energischer in der Regel der Konflikt.
Fünfzehn profilierte Autoren, Betroffene also, die ihr Unbehagen zu artikulieren verstehen, rekapitulieren das Erlebnis der Schulzeit. Das Resultat ist alles andere als eine populär-humoristische Verklärung absolvierter Erfahrung nach der volkstümlichen Devise »gehabte Schmerzen, die hab ich gern«. Es ist eine engagierte, kritische Auseinandersetzung mit dem, was Schule ist: erste Konfrontation mit Autorität und Gesellschaft.
Die Institution Schule wird dabei aus den verschiedensten Blickwinkeln gesehen: nicht nur aus dem der Schüler, den durch ihre Abhängigkeit in erster Linie Betroffenen; auch die Situation der Lehrer, der Beamten im Sold ihrer Gesellschafts- und Regierungsform, wird bewußt; außerdem illustrieren diese Texte die Spannungen innerhalb von Gruppen mit ihren ganz eigenen Kraftfeldern und Verhaltensmustern.
Für die vorliegende Dokumentation wurden Autoren gewählt, deren Engagement durch ihr übriges Werk an Nachdruck und Autorität gewinnt; Autoren unseres Jahrhunderts, einer Generation also, deren Probleme noch nicht abgeschirmt werden von der Isolierschicht einer bereits zur Pittoreske gewordenen Historie, über die man sich zwanglos hinwegsetzen kann. In diesen unmittelbaren, jedermann nachvollziehbaren Beschreibungen von Erlebtem vergegenwärtigen die Schilderungen der hier vertretenen Autorengeneration zudem die Kontinuität der Konflikte: was damals Willkür und Dünkel einzelner Pädagogen (Spiegelbild ihrer imperialistischen und faschistischen Leitbilder), ist heute der Selektionsdruck einer Industriegesellschaft, deren Ausbildungssystem eher die Anpassung und Speicherkapazität von Computern honoriert als Eigenständigkeit und Vielfalt durch die Entwicklung mündiger Persönlichkeiten nach ihren individuellen Anlagen.
Diese Dokumentation wendet sich nicht nur an Schüler – die sich keine pointierteren Anwälte wünschen könnten –, sondern auch an die Unterrichtenden und Erzieher, die ihrer eigenen Schulzeit gegenüber nicht jene betuliche Vergeßlichkeit an den Tag legen, die das Überlebte stabilisiert. *Volker Michels*

Unterbrochene Schulstunde

Schriftsteller und Schule
Eine Anthologie

Suhrkamp

Zusammengestellt von Volker Michels
Umschlag: Albert Anker, Die Dorfschule (1896),
Kunstmuseum Basel (Depositum der *Ciba-Geigy AG*)
Colorphoto Hans Hinz

suhrkamp taschenbuch 48
Erste Auflage 1972

Druck: Nomos Verlagsgesellschaft, Baden-Baden
Printed in Germany
Umschlag nach Entwürfen von
Willy Fleckhaus und Rolf Staudt

10 11 12 13 14 15 – 00 99 98 97 96 95

Inhalt

Bernard Shaw
Die Schule

Was privates, dilettantisches elterliches Vorgehen nicht zustande bringt, wird auf wirksame Weise durch die organisierten, berufsmäßigen, großen, zu diesem Zweck bestehenden Einrichtungen vollbracht. Solchen berufsmäßigen Unternehmungen händigen Eltern ihre Kinder ein, falls sie das Schulgeld erschwingen können. Sie schicken ihre Kinder zur Schule, und im großen und ganzen hat der Unschuldige nichts Ärgeres auf Erden zu ertragen als die Schule.

Vor allem ist sie ein Gefängnis, in vielen Beziehungen grausamer als der Kerker. So ist man zum Beispiel im Gefängnis nicht verpflichtet, Bücher zu lesen, die den Direktor oder die Aufseher zu Verfassern haben (natürlich wären die Autoren weder Aufseher noch Direktoren, wenn sie lesbare Bücher schrieben). Man wird auch nicht geschlagen oder auf andere Weise gepeinigt, wenn man den der Erinnerung vollkommen unwerten Inhalt dieser Bücher nicht im Gedächtnis behält. Im Gefängnis wird man nicht gezwungen, ruhig zu sitzen und zuzuhören, während der Kerkermeister sich in uninteressanter und reizloser Rede über verschiedene Themata verbreitet, die er nicht versteht, die ihm gleichgültig sind und die er daher seinen Hörern weder verständlich noch anregend machen kann. Im Gefängnis mag der Leib gemartert werden, aber man martert das Gehirn nicht obendrein, und man ist vor der Gewalttätigkeit und der Beleidigung der Mitgefangenen geschützt. Alle diese Vorteile fallen in der Erziehungsanstalt weg.

Die Bücherregale der Welt sind voll anziehender und begeisternder Bücher, vom Himmel gesandten Mannas der Seele. Ihr Kinder aber seid gezwungen, den scheußlichen Schwindel, Schulbuch genannt, zu lesen, das von einem Manne geschrieben

ist, der nicht schreiben kann, ein Buch, aus dem kein menschliches Wesen etwas lernen kann, ein Buch, das man entziffern, aber nicht fruchtbringend lesen kann, obwohl der erzwungene Versuch euch bis ans Ende des Lebens mit Haß und Ekel vor dem Anblick eines Buches erfüllt.
Zahllose Wälder und Täler und Hügel und Wind und Luft und Flüsse und Fische und allerhand lehrreiche und gesunde Dinge sind in erreichbarer Nähe; Straßen und Schaufenster, Menschenmengen und Gefährte aller Art und allerlei städtische Ergötzlichkeiten sind vor der Tür. Ihr müßt dasitzen, nicht etwa in einem Zimmer, das den Versuch aufweist, bequem und ansprechend zu sein, menschenwürdig mit Möbeln ausgestattet, sondern in einem abgeteilten Pfandstall, mit einer Anzahl anderer Kinder eingepfercht. Ihr werdet geschlagen, wenn ihr sprecht, geschlagen, wenn ihr euch bewegt, geschlagen, wenn eure Antwort auf idiotische Fragen nicht den Beweis liefert, daß ihr, selbst wenn ihr dem Pfandstall und dem Auge des Kerkermeisters entronnen seid, Marterpein leidet über seinem hassenswerten Schwindelbuch, anstatt euch die Freiheit zu nehmen, zu leben. Und euer kindlicher Haß gegen den Kerkermeister und Züchtiger ist nichts im Vergleich zu dem Haß, den er gegen euch hegt, weil er ein Sklave ist, der um seines täglichen Brotes willen eure Gesellschaft ertragen muß. Ihr habt nicht einmal die Befriedigung zu wissen, wie sehr ihr ihn peinigt und wie sehr er euch haßt. Ihr gebt euch unnütze Mühe, ihn mit verstohlenem Schabernack und boshaftem Tun verbotener Dinge zu ärgern. Kein Wunder, wenn er manches Mal bis zu teuflischen Wutausbrüchen gereizt ist. Kein Wunder, wenn klardenkende Männer wie Dr. Johnson eingestehen, daß unter solchen Verhältnissen Kinder nichts lernen können, es sei denn, sie würden so erbarmungslos geprügelt, daß sie, um der Rutenstrafe zu entgehen, verzweifelte Anstrengungen zum Behalten der Vokabeln und Sätze machen. Die Schulerziehung ist eine

so grauenvolle Sache, daß es dafür keine angemessenen Worte gibt. Ich höre von allen Seiten Protestrufe. Zuerst werden meine eigenen Schulmeister oder ihre Geister auferstehen und mich fragen, ob ich in der Schule grausam geschlagen wurde. Nein. Aber ich habe dort auch nichts gelernt. Keiner meiner Lehrer scherte sich einen Pfifferling darum (vielleicht wäre es gerechter, zu sagen, daß ihre Arbeitgeber sich keinen Pfifferling darum scherten und ihnen daher nicht die erforderliche Exekutivgewalt erteilten), ob ich meine Lektion lernte oder nicht, solange mein Vater das Schulgeld zahlte, dessen Einziehung doch der eigentliche Endzweck der Übung war. Infolgedessen lernte ich meine Schulaufgaben nicht, da ich viel wichtigere Dinge vorhatte; mit dem Ergebnis, daß ich mein Leben nicht in Wirtshäusern mit literarischen Toren in müßigen Tändeleien vergeudete, wie dies Dr. Johnson tat, statt England durch den Donner seines Geistes zu erschüttern. Der Unterricht schadete mir im höchsten Grade und hatte nicht den geringsten guten Erfolg. Er bedeutete einfach ein Durch-den-Kot-Schleifen meiner kindlichen Seele. Dasselbe geschah den meisten von uns. Wir wurden nicht tatsächlich zum Lernen gezwungen: Wir haben durch Listen und Lügen, durch Erraten und durch den Gebrauch unseres gesunden Menschenverstandes, soweit wir konnten, die Strafe von uns abgewendet. Wenn dies nicht genügte, so schrieben wir Strafpensa oder wurden eingesperrt (zu meiner Zeit nannte man dies »in Verwahrung« bleiben), oder wir ließen die Stockschläge des Lehrers über uns ergehen und trösteten uns mit dem stolzen Gefühl, daß wir physisch stark genug seien, diese Schläge zu ertragen (er durfte uns nicht zu stark schlagen) und die Schande auszuhalten, der den Tod vorzuziehen, uns hätte gelehrt werden sollen. Und so wurde Trägheit und Nichtswürdigkeit auf der einen Seite, eine Vorspiegelung von Zwang auf der anderen zur verächtlichen Gewohnheit. Hätten meine Lehrer sich wirklich mit meiner Erziehung abgegeben, anstatt mühevoll ihr Brot zu erwerben, indem sie mich abhielten, älteren Leuten zur Last zu fallen, so hätten sie mich aus der Schule gejagt und mir gesagt, daß ich ihr gegenüber gänzlich unloyal handle; daß ich keine Absicht habe zu lernen; daß ich die Knaben, die lernen wollten, verspotte und ablenke, daß ich ein Lügner sei, einer, der sich vor der Pflicht drücke, eine aufwieglerische kleine Plage, und daß nichts meinen Charakter mehr schädigen und ihre, der Lehrer, Beschäftigung tiefer herabsetzen könne, als mir zu erlauben (oder gar mich zu zwingen), unter solchen Bedingungen noch länger in der Schule zu bleiben. Doch um aus der Schule ausgestoßen zu werden, war es nötig, ein so grauenvolles Verbrechen zu begehen, daß die Eltern der anderen Knaben gedroht hätten, ihre Söhne lieber aus der Anstalt zu nehmen, als ihnen zu erlauben, Schulkameraden des Missetäters zu sein. Ich erinnere mich nur eines Falles, in dem diese Strafe angedroht wurde, in welchem der Schuldige, ein Interner, ein Hausmädchen geküßt hatte oder möglicherweise, da er ein hübscher Bursche war, von ihr geküßt wurde. Mich küßte sie nicht, und niemand dachte daran, mich auszustoßen. Die Wahrheit ist die, daß ich der Anstalt soundso viel jährliches Einkommen bedeutete. Deshalb wurde ich gegen meinen Willen dort zurückgehalten, obwohl meine Entlassung eine unsagbare Erlösung und eine Wohltat für meine Lehrer und für mich selbst gewesen wäre.

Man könnte einwenden, daß die Schule, hätte sie eine so ungeschäftliche Stellung eingenommen und die unredlichen Vergeuder und Faulenzer unerbittlich vor die Türe gesetzt, sich nicht geleert, sondern gefüllt hätte. Aber eine so ehrliche Stellungnahme war unmöglich. Die Lehrer verabscheuten die Schule sicherlich noch mehr, als es die Schüler taten. So wie man keinen Mann gefangenhalten kann, ohne einen Aufseher gefangenzuhalten, der darüber wacht, daß der Gefangene nicht entwische, und ohne daß der Aufseher durch die Furcht vor Arbeitslosigkeit und Verhungern ebensosehr an den Kerker gefesselt ist wie der Sträfling durch Schloß und Riegel, so waren diese armen Lehrer mit ihrem kleinen Gehalt und ihren großen Klassen ebensogut Gefangene wie wir und verantwortungsvollere und besorgtere Gefangene noch dazu. Sie konnten ihren Arbeitgebern nicht mit heroischer Pose entgegentreten und hätten auch keine Anstellung als Lehrer bekommen, wären ihre Umgangsformen heroisch gewesen. Den besten unter ihnen war ihre Anstellung eine vorläufige; sie sahen hoffnungsvoll der Flucht auf die Kanzel entgegen. Die fähigsten und ungeduldigsten waren oft so aufgebracht gegen die ungeschickten, begriffsstutzigen, nachlässigen Jungen (das heißt gegen jene, denen man besondere Beachtung und geduldige Behandlung angedeihen lassen mußte), daß sie diese Schüler ihre Gereiztheit unbarmherzig fühlen ließen. Denn nichts ist leichter, als so einem Jungen eine Falle zu stellen und ihn dermaßen aus dem Text zu bringen, daß er einen Vorwand zur Strafe liefert.

Was ich mir in der Schule aneignete

Was mich betrifft, fielen die Ergebnisse wie erwartet aus. Meine Schule erhob nur geringen Anspruch darauf, etwas anderes als Latein und Griechisch zu lehren. Als ich, ein sehr kleiner Knabe, in die Schule kam, besaß ich schon ziemliche Kenntnisse der lateinischen Grammatik, die mir in wenigen Wochen des Privatunterrichtes durch meinen Onkel beigebracht worden waren. Nachdem ich einige Jahre in der Anstalt verlebt hatte, prüfte mich dieser selbe Onkel und fand als Reinertrag meiner Schulzeit, daß ich, ohne anderes hinzuzulernen, das vergessen hatte, was er mich gelehrt hatte. Bis zum heutigen Tage, obwohl ich noch ein lateinisches Hauptwort deklinieren und einige der Musterreine in der alten, gedankenlosen Weise wiederholen kann, weil der Rhythmus mir im Gehör geblieben ist, vermochte ich niemals eine lateinische Inschrift auf einem Grabstein vollkommen zu übersetzen. Ich kann vielleicht den größeren Teil des griechischen Alphabets entziffern. Kurz, was meine klassische Bildung betrifft, bin ich ein zweiter Shakespeare. Ich lese Französisch mit derselben Leichtigkeit wie Englisch und kann unter dem Zwang der Notwendigkeit einige Brocken Deutsch und Operntexten entlehnte italienische Worte verwerten, doch wurde mir all dies nicht in der Schule beigebracht. Statt dessen lehrte man mich lügen, würdelose Unterwürfigkeit vor Tyrannei, schmutzige Geschichten, die gotteslästerliche Angewohnheit, Liebe und Mutterschaft zum Gegenstand obszöner Witze zu machen, Hoffnungslosigkeit, Ausflüchte, Spott, Feigheit und alle Lumpenkniffe, mit denen ein Feigling den anderen einschüchtert. Und wäre ich Internist in einer englischen Schule, statt Externist in einer irischen gewesen, so könnte ich dieses Verzeichnis wohl noch um schmachvollere Dinge vermehren.

Was wir nicht lehren und warum nicht

Meinem Ermessen nach genügt ein Blick auf die heute in den Schulen gelehrten Gegenstände, um jeden Vernünftigen zu überzeugen, daß der Zweck der Unterrichtsstunden darin besteht, die Schüler vom Unfugtreiben abzuhalten, nicht aber sie tauglich zu machen, ihre Rolle im Leben als verantwortliche Bürger eines freien Staates richtig auszufüllen. Es ist unmöglich, die Freiheit irgendeines Staates aufrechtzuerhalten, wie gut auch seine ursprüngliche Verfassung sein mag, wofern seine öffentlich wirkenden Bürger keine gründlichen Kenntnisse der konstitutionellen Geschichte, des Gesetzes und der politischen Wissenschaft besitzen, die die Grundlage der Staatswirtschaft sind. Hätte man sich vor hundert Jahren dieselbe Mühe gegeben, uns allen Ricardos »Rentengesetz« begreiflich zu machen,

die man sich gab, uns den Katechismus zu lehren, so hätte sich das Angesicht der Welt zum Vorteil verändert. Aus ebendiesem Grunde wird uns eine so wohltätige umstürzende Kenntnis sorgfältigst vorenthalten, mit dem Ergebnis, daß wir im öffentlichen Leben entweder Stellungen nachjagen oder Anarchisten oder von Wölfen gehütete Schafe sind.
Man bemerkt wohl, daß diese Themata in hohem Maße strittig sind. Nun kann ein strittiges Thema nicht dogmatisch behandelt werden. Wer nur die offizielle Seite einer Streitfrage kennt, weiß von ihrem Wesen weniger als nichts. Je fähiger ein Lehrer ist, desto gefährlicher ist er seinen Schülern, es sei denn, sie fänden reichlichste Gelegenheit, eine andere, ebenso fähige Persönlichkeit zu hören, die mit dem Aufgebot allen Könnens die Autorität des ersten erschüttert und ihn des Irrtums überführt. Gegenwärtig ist diese Art des Lehrens sehr unbeliebt. Sie wird in der Schule nicht angewendet, doch kann jeder Erwachsene, der seine Kenntnis der öffentlichen Angelegenheiten aus der Zeitung schöpft, für den Preis eines Mehrgroschens zwei Zeitungen von entgegengesetzter politischer Richtung halten. Trotzdem läßt der Durchschnittsmensch sein Denken so ungern in Unordnung bringen, wie er es nennt, daß er jeder Zeitung, deren Ansicht von der seinen abweicht, zornig sein Haus verbietet. Selbst in seinem Klub nimmt er ihren Anblick übel und schließt sie aus, wenn sie zufällig der Ansicht aller Mitglieder zuwiderläuft. Deshalb sind seine Ansichten nicht der Beachtung wert. Der Gläubige, der niemals den *Freidenker* liest, wird sehr bald nicht mehr wirkliche Religion besitzen als der Atheist, der niemals die *Kirchen-Times* liest. Ihre Stellungnahme ist in beiden Fällen dieselbe: sie wollen nichts Gutes über ihre Feinde hören, folglich bleiben sie Feinde und leiden ihr Lebtag an gehässigem Übelwollen, während Männer, die ihre Gegner kennen und ihre Lage verstehen, sie recht häufig achten und schätzen und immer etwas von ihnen lernen.

Auch hier, wie in so vielen Dingen, stoßen wir auf den in der Schule geübten Mißbrauch, die Menschen in Unwissenheit und Irrtum zu belassen, damit sie einer erfolgreichen Auflehnung gegen ihre industrielle Sklaverei unfähig bleiben mögen. Die wichtigste, einfache, grundlegende wirtschaftliche Wahrheit, die einem Kinde in komplizierten Zivilisationen wie der unsrigen einzuprägen wäre, ist: Wer immer Waren oder Leistungen verbraucht, ohne durch persönliche Anstrengung ein Äquivalent zu bieten, tut der Gemeinschaft dieselbe Unbill an wie ein Dieb. Er würde in jedem ehrlichen Staate als Dieb behandelt werden, so voll seine Taschen auch immer von durch andere erworbenem Gelde sein mögen. Die Nation, die als erste ihre Kinder diese Wahrheit lehrt, anstatt sie zu prügeln, wenn sie sie selbst entdecken, mag anfänglich mit allen Sklaven aller anderen Nationen zu kämpfen haben, aber sie wird diese mit derselben Leichtigkeit schlagen, mit der ein unbelasteter, alle seine Kräfte voll gebrauchender Mann mit leeren Händen einen Kranken überwältigt, der einen anderen Kranken auf dem Rücken trägt.

Dies ist jedoch kein der Ablehnung des Kinderrechtes entspringendes Übel, noch haftet es dem Wesen der Schule an. Ich berühre es nur, weil es Torheit wäre, eine Reform unserer Schule zu fordern, ohne dem verderblichsten Widerstand Rechnung zu tragen, der dem Reformator bevorsteht.

Jetzt noch ein Wort über die Opposition gegen die Reform des verbürgten Interesses des klassischen Schullehrers gegen seinen Willen. Der arme Schlucker besitzt keine anderen Mittel zum Lebensunterhalt; die Reform würde ihn in dieselbe Lage versetzen wie den durch die Maschine abgesetzten Arbeiter. Darum wäre es besser, der Lehrer böte alles auf, um dem Arbeiter Entschädigungen zu verschaffen, damit das Publikum mit dem Gedanken der Entschädigung vertraut sei, noch bevor er an die Reihe kommt.

Die unheilvolle Unterdrückung des volkswirtschaftlichen Wissens ist ganz verständlich, da ihr verderbliches Motiv ebenso einleuchtend ist wie das des Einbrechers, der seine Brechstange vor dem Polizeimann versteckt. Aber die andere große Unterdrückung eines Lehrgegenstandes in der Schule, die Unterdrückung der wissenschaftlichen Behandlung der sexuellen Frage, ist ein ausgesprochener Fall von »Tabu«. Auf je niedrigerer Kulturstufe ein Typus der Menschheit steht und je weniger sein Geist ausgebildet ist, desto geringeren Mut zeigt er zur objektiven Betrachtung wichtiger Dinge. Die Religion, die Politik und das geschlechtliche Problem bilden unter fähigen höchstkultivierten Menschen den unausgesetzten Gegenstand von Erörterungen; es ist kaum übetrieben, zu sagen, daß sie keine anderen Themen mit so großem Interesse besprechen. Gewöhnlichere und weniger kultivierte Menschen, selbst wenn sie sich in Vereinen zusammenschließen, die solche Diskussionen zum Zweck haben, setzen stillschweigend voraus, daß Religion und Politik nicht erwähnt werden dürfen und daß kein anständiger Mensch versuchen wird, geschlechtliche Fragen in die Debatte zu ziehen. Diese drei Themen werden gefürchtet, weil sie die rohen Leidenschaften erwecken, die im schlechtesten Falle nach wilder Befriedigung durch Mord und Gewalt rufen, im besten Falle zu Streit und unerwünschten Ichbewußtseinsgefühlen führen.

Wir müssen diese Entschuldigungen schlechter Umgangsformen, ungebändigter Heftigkeit und Bestialität (denn auf diese läuft es hinaus) wohl bei jenen Erwachsenen gelten lassen, die politische und religiöse Gespräche zum Pistolenschießen und Messerstechen, und Gespräche über sexuelle Fragen zur Obszönität führen. Diese Entschuldigung findet keine Anwendung auf Kinder. Sie kann nur einen kategorischen Beweggrund bil-

den, die Jugend zur Achtung der fremden Ansicht und zur Förderung der fremden Achtung vor der eigenen Ansicht zu erziehen, in bezug auf diese und andere, gleich gefährliche Diskussionsthemen, wie zum Beispiel das Geld. Jedenfalls bestehen entscheidende, alle Erwägungen der bloßen Wahrung des Dekorums überwiegende Beweggründe, zwingend wie jene, die jede gebräuchliche Zurückhaltung zwischen Arzt und Patient aufheben, damit dem Kinde die richtige Belehrung über die Dinge des Geschlechtslebens zuteil werde. Diejenigen, die dagegen Einwand erheben (ohne die rohen Menschen mitzuzählen, die jede Gelegenheit zur Affektation eines unechten Zartgefühls benutzen, um damit paradieren zu können), sind tatsächlich die Verfechter der Unwissenheit, in der sie eine Schutzwehr gegen die Frühreife erblicken. Wäre die Unwissenheit praktisch durchführbar, so ließe sich einiges zu ihren Gunsten sagen. Allerdings nur bis zu dem Alter, in dem sie zur Gefahr anstatt zur Schutzwehr wird.
Es ist weder nötig noch wünschenswert, daß besonderer Nachdruck auf dieses Thema gelegt werde, weder im Sinne des Zartgefühls und der Poesie, noch in dem allzu betonter Warnung. Die ungeschminkte Tatsache ist die: wenn wir die Aufklärung des Kindes durch dazu befähigte, in keiner verwandtschaftlichen Beziehung zu ihm stehende ältere Leute ablehnen (die Eltern, selbst wenn sie dazu befähigt wären, schrecken vor dieser Belehrung zurück, da ihre eigenen Beziehungen zum Kinde die Erörterung des Themas unmöglich machen), tragen wir alles dazu bei, daß unsere Kinder, auf dem Wege lasterhafter Geheimnisse und schmutziger Scherze, von anderen Kindern belehrt werden. Dies erledigt die Frage für vernünftige Menschen. Der lehrhafte Einwand, das geradezu instinktive »Tabu«, das diesen Gegenstand als unanständig ausschließt, ist von keiner Altersgrenze abhängig. Dies bedeutet, daß eine Frau, in welchem Alter auch immer sie einen Heiratsantrag annimmt, es in

Unkenntnis der Beziehungen, auf die sie sich einläßt, tun sollte. Wenn dies tatsächlich der Fall ist (und er scheint öfter vorzukommen, als man es für möglich hielte), wird ein abscheulicher Betrug sowohl an dem Manne als auch an der Frau begangen. Er wird zu dem Glauben veranlaßt, daß sie weiß, was sie verspricht, und daß er keine Gefahr läuft, sich an eine Frau zu binden, die einen der Fortpflanzung gefährlichen Widerwillen gegen ihn fühlt. Sie setzt nichts anderes voraus als liebevolle Beziehungen, wie sie zwischen ihr und ihrem nächsten Verwandten bestehen können, und weiß nichts von den Beziehungen, die sie, wenn unvorhergesehen, als erschreckende Offenbarung und als gefährlichen Schock empfinden muß und die vielleicht mit der Entdeckung enden, daß ihre Ehe ein nicht wieder gutzumachender Mißgriff ist.
Nichts kann eine solche Gefahr rechtfertigen. Es mag Menschen geben, die nicht verstehen können, daß das Recht, alles über sich selbst zu wissen, was zu wissen ist, ein natürliches, menschliches Recht ist; ein Recht, das alle fremden Ansprüche auf Einmengung in das Ichbewußtsein des anderen hinwegfegt; möge diese Einmengung auch die Erhaltung dessen, was die Menschen als guten Ruf zu betrachten belieben, zum Zwecke haben.

Was soll geschehen?

Die praktische Frage ist nun die: was sollen wir mit den Kindern anfangen? Wir wollen sie nicht im Hause dulden. Wir wagen nicht, sie auf die Straße loszulassen, solange unsere Straßen ihnen keinen sicheren Aufenthalt bieten, was zu unserer tiefsten Schmach gegenwärtig nicht der Fall ist, wenngleich die Straße kaum ärger sein kann als einige Heimstätten und einige Schulen.
Die lächerliche Schwierigkeit, auch nur einen Anfang zu ma-

chen, kam mir in dem kleinen Dorf in Hertfordshire, wo ich diese Zeilen schreibe, voll zum Bewußtsein. Die Schloßherrin hat mich sehr richtig gefragt, was ich für die Dorfschule zu tun gedächte. Ich fand keine Antwort. Da die Schule die Kinder während meiner Arbeitsstunden zur Ruhe verhielt, fühlte ich, aus persönlichen Konvenienzgründen, kein Bedürfnis, sie mit Dynamit in die Luft zu sprengen, so wie ich gerne die meisten anderen Schulen in die Luft gesprengt hätte. So bat ich um eine Richtschnur. »Sie sollten einen Preis stiften«, sagte die Dame. Ich fragte, ob es einen Preis für gutes Betragen gäbe. Wie erwartet, war dies der Fall: einen Preis für den sich am besten betragenden Knaben, einen für das sich am besten betragende Mädchen. Nach reiflicher Überlegung bot ich einen ansehnlichen Preis für den sich am schlechtesten betragenden Knaben und einen für das sich am schlechtesten betragende Mädchen unter der Bedingung an, daß über ihre spätere Laufbahn Protokoll geführt und dieses Protokoll mit dem der Ganzbraven verglichen würde zu dem Zwecke, sich zu versichern, ob das Schulkriterium des guten Betragens auch außerhalb der Schule geltend sei. Mein Angebot wurde zurückgewiesen. Es hätte nicht zum Ergebnis geführt, die Kinder anzueifern, den Großen möglichst wenig Mühe zu machen, was selbstverständlich der wahre Zweck aller Schulpreise für gutes Benehmen ist.

Ich darf daher nicht behaupten, daß ich ein System fertiggebracht habe, das alle anderen Systeme ersetzt. Der Weg zur richtigen Organisation der Kindheit ist wie alles andere verstopft durch unsere lächerliche Mißverteilung des nationalen Einkommens mit ihren Begleiterscheinungen: den Klassenunterschieden und dem den Kindern auferlegten, einen Teil ihrer sozialen Erziehung bildenden Zwang zum Snobismus. Das Ergebnis unserer wirtschaftlichen Torheit macht uns zu einer Nation unerwünschter Bekanntschaften, und der erste Zweck aller unserer Jugendbildungsanstalten ist der der Absonderung.

Das Glück der Kinder

Es ist wichtig, das Glück der Kinder recht sorgfältig an seinen richtigen Platz zu stellen, der in der Wahrheit kein Platz in der Vorderreihe ist. Die mitleidlosen, selbstsüchtigen, hartherzigen Menschen, die das Glück als ausnahmebildende Vergünstigung betrachten, zu der die Kinder keineswegs berechtigt sind, obwohl ihnen an ihren Geburtstagen und zu Weihnachten ein klein wenig davon zugeteilt werden mag, sind manchmal, im Ergebnis, bessere Eltern als jene, die sich einbilden, daß Kinder ebenso glücksfähig seien wie Erwachsene. Gewöhnlich überschätzen Erwachsene gröblich ihre eigene Fähigkeit in dieser Richtung, doch können die meisten eine Ration Glück vertragen, die an das Kind verschleudert wäre. Das Geheimnis des Unglücklichseins liegt in der Muße, darüber nachzugrübeln, ob man glücklich ist oder nicht. Das Heilmittel dagegen ist Beschäftigung, denn Beschäftigung bedeutet Präokkupation, und der Präokkupierte ist weder glücklich noch unglücklich; er ist einfach lebendig und tätig, und solange man dieses Zustandes nicht müde ist, ist er angenehmer als irgendein Glück. Deshalb ist es notwendig, müde zu sein, wenn man sich glücklich fühlen will. Musik nach der Abendmahlzeit ist angenehm; Musik vor dem Frühstück ist dermaßen unangenehm, daß sie offenbar widernatürlich sein muß. Den nicht überarbeiteten Menschen sind Ferien eine Last. Den Überarbeiteten, die sie sich leisten können, eine beschwerliche Notwendigkeit.
Ein immerwährender Feiertag ist eine gute, allgemeinverständliche Definition der Hölle.

Der Schrecken des immerwährenden Feiertages

Die einzige und einleuchtende Ursache der Vorstellung, daß Müßiggang köstlich und der Himmel ein Ort sei, wo es nichts

zu tun gibt, liegt in unserem Schulsystem und in unserem industriellen System. Die Schule ist ein Gefängnis, in welchem die Arbeit eine Strafe und ein Fluch ist. Im anerkannten Gefängnis wird die Zwangsarbeit, die einzige Erleichterung des Schicksals eines Gefangenen, als Erschwerung seiner Strafe betrachtet, und es wird das möglichste getan, um die unnatürliche und künstlich eingeschärfte Ansicht des Häftlings, daß Arbeit Übel bedeute, noch zu verstärken. In den Industrieunternehmungen sind wir überarbeitete und unterernährte Gefangene. Unter solchen sinnwidrigen Verhältnissen wird unsere Beurteilung verdreht, wie unsere Gewohnheiten. Wären wir gewohnheitsmäßig unterarbeitet und überernährt, dann wäre unser Begriff vom Himmel der eines Ortes, wo jedermann angestrengt vierundzwanzig Stunden täglich arbeitet und nie etwas zu essen erhält. Wenn wir uns klar darüber geworden sind, daß ein immerwährender Feiertag über das menschliche Ertragen geht und daß »Satan immer noch einen Unfug für müßige Hände findet«, so werden wir erkennen, daß wir kein Recht haben, Kindern einen immerwährenden Feiertag aufzuerlegen. Täten wir dies, so würden sie bald die Labour Party in ihrem Anspruch auf ein »Recht auf Arbeit«-Gesetz übertreffen.
In keinem Falle darf ein Kind in der Annahme erzogen werden, daß seine Nahrung und Kleidung vom Himmel fällt oder auf wunderbare Weise von Papa aus dem leeren Raum hervorgezaubert wird. Obwohl wir den Gedanken der Pflicht ebenso widerwärtig gemacht haben wie den Gedanken der Arbeit, müssen wir Kinder an das Verständnis gewöhnen, daß sie, der Gemeinschaft gegenüber, eine rückzahlende Verpflichtung für das tragen, was sie verbrauchen und genießen, und ihnen die Leistung dieser Rückzahlung als Ehrensache einschärfen. Täten wir dies heute – und nichts anderes als glatte Unehrlichkeit hindert uns, es zu tun –, dann gäbe es keine müßigen Reichen und wahrscheinlich überhaupt keine Reichen, zumal es kein

Vorzug ist, reich zu sein, wenn man auf Heller und Pfennig durch persönliche Anstrengung alles bezahlen muß wie das arbeitende Volk. Deshalb sollte jedes Kind, wäre es auch nur täglich während einer halben Stunde, etwas der Allgemeinheit Dienliches vollbringen.
Produktive Arbeit hat für Kinder den Vorteil, daß ihre Disziplin die Disziplin der unpersönlichen Notwendigkeit ist und nicht mutwillige, persönliche Zwangsarbeit. Die Begierde der Kinder unserer industriellen Bezirke, der Schule zugunsten der Fabrik zu entlaufen, ist nicht durch die leichtere Aufgabe oder die kürzeren Arbeitsstunden der letzteren verursacht, auch nicht einzig durch die Verlockung des Lohnes, noch durch den Reiz des Neuen, sondern durch die Würde der gereiften Arbeit, durch den Tausch der unechten, persönlichen Tyrannei des Schulmeisters, von der Erwachsene befreit sind, gegen die strengen, aber vollkommen würdevollen Gesetze des Lebens, denen alles Fleisch untertan ist.

Universitäts-Schuljungenwesen

Größere Kinder könnten vor dem Beginn ihrer Studienzeit vieles leisten. Die Unzulänglichkeit unserer Universitäten liegt darin, daß die Studenten Schuljungen bleiben, während die Grundlage der Universitätserziehung die Voraussetzung ist, daß sie Männer seien. Es ist nicht die Aufgabe der Universität, Dinge zu lehren, die ebensogut oder besser durch Vorlesungen, Privatlehrer oder durch die modernen Grammophonkurse gelehrt werden können. Wir beziehen die Universität, um sozialisiert und, mit dem Prägezeichen der gemeinsamen Schulung gestempelt, um zu Weltbürgern zu werden, anstatt zu Bewohnern der vergrößerten Kaninchenställe, die wir Heim nennen; um uns Umgangsformen anzueignen und unbestreitbare »Ladies« und »Gentlemen« zu werden. Der soziale Druck, der diese Änderung bewirkt, sollte von Personen ausgehen, die sich der vollen Verantwortung des Erwachsenen in seiner Eigenschaft als arbeitendes Mitglied der Gemeinschaft bewußt sind, nicht von einer barbarischen Herde halb-freigelassener Schuljungen und nicht-freizulassender Pedanten. Es ist wahr, daß bei einer vernunftmäßigen Beschaffenheit der Gesellschaft diese von außen wirkende Erfahrung das vollständig für uns tun würde, was heute die Universität auf so unzureichende, verderbte Weise tut, daß wir ihre schlechten Methoden nur deshalb dulden, weil sie immerhin besser sind als gar keine Methode. Die Universität wird immer in irgendeiner Form als eine Gemeinschaft von Personen bestehen, die auf die Erhebung ihrer Geisteskultur bis zu der höchsten ihnen erreichbaren Stufe hinzielen, nicht als einsame, in der Abgeschlossenheit studierende Gelehrte, sondern als Glieder einer Körperschaft von Individuen, die alle der Kultur zustreben, von Kultur sprechen, Kultur denken und vor allem Kultur kritisch beurteilen. Wenn solche Menschen mit Erfolg studieren, sprechen und urteilen wollen, so müssen sie die Welt außerhalb der Universität mindestens ebensogut kennen, wie der Kaufmann in High Street Geschäfte kennt. Ebendies ist heute nicht der Fall. Man kann in Umschreibung der Worte Kiplings von ihnen sagen: »Was wissen sie von Plato, die nur Plato kennen?« Wenn unsere Universitäten jeden ausschließen würden, der nicht zum mindesten zwei Jahre hindurch sein Leben durch eigene Müheleistung verdient hat, so wäre ihr Erfolg ein weit wirksamerer.

Die endlose Schulaufgabe

Wenn das Lernen nur ein Vorwand für Gefangenschaft ist, so wird es zum Marterinstrument, das um so größere Schmerzen bereitet, je weiter der Schüler fortschreitet. Wenn man ein Kind gezwungen hat, den Katechismus auswendig zu lernen, ein

Werk, dessen Tiefe es dem Verständnis der meisten Erwachsenen entzieht, so kommt man oft mangels eines anderen Lehrstoffes an einen toten Punkt, weshalb man das unselige Kind den Katechismus immer wieder und wieder hersagen läßt, bis man auf den Gedanken verfällt, ihm Abschnitte der Bibel beizubringen, am liebsten solche aus dem vierten Buche Mosis. Da es aber weniger Mühe macht, eine Lektion durchzunehmen, die man selbst gelernt hat, so entsteht die Neigung, das schon Gelernte immer und immer zu wiederholen, anstatt ein neues Feld zu bearbeiten.

Ich begann meine Schulzeit mit einer ziemlich gründlichen Kenntnis der lateinischen Grammatik, in dem kindischen Sinne, daß ich imstande war, alle ihre Musterbeispiele aufzusagen. Dabei blieb es, oder vielmehr ich blieb in einer Klasse, deren Lehrer mich niemals aufrief, weil er von meinem Können überzeugt war und sich daher dem Übertölpeln anderer Knaben widmete, die die Paradigmen nicht gelernt hatten. Schließlich hatte ich das meiste vergessen. Doch was bedeutete der Fortschritt, als er eintrat? Zuerst bedeutete er Cäsar, mit dem Bewußtsein, daß die Beherrschung Cäsars die Inangriffnahme Virgils und Griechisch und Homer im Hintergund bedeutete, als ein alles überragendes Grauen. Ich zog Cäsar vor, weil seine weder interessante noch wahre Behauptung, daß Gallien in drei Teile zerfalle, der einzige lateinische Satz war, den ich vom Fleck weg übersetzen konnte. Deshalb verweilte ich je länger je lieber bei Cäsar. In ebenderselben Weise sehen weniger klassisch erzogene Kinder in der Beherrschung der Addition nur den Anfang der Subtraktion und so weiter durch Multiplikation und Division und Brüche hindurch bis zur schwarzen Wolke am Horizont, der Algebra. Und wenn der Knabe durch all dies hindurchgeeilt ist, kann man wieder aufs Kopfrechnen zurückgreifen oder auf seiner musikalischen Ausbildung bestehen und ihn ohne Zaudern prügeln, wenn er Beethovens Geburtsjahr nicht hersagen kann.

Das Kind hat ein Anrecht auf die Endlichkeit seines obligatorischen Unterrichtes; auch in bezug auf physische Übungsbetätigung. Es wird fest angenommen, daß der Lehrer heutzutage das Recht habe, jedes Kind zum Versuch zu zwingen, sich in einer Person zu einem Leibniz und Newton auszubilden. Dies ist die Überlieferung der ältesten Schulen der Grammatik. Unsere Zeit erhebt einen noch fürchterlicheren und zynischeren Anspruch auf das Recht, Knaben auf dem Spielplatz in erzwungene Spiele hineinzujagen, bis physische Erschöpfung sie zu jeder anderen Beschäftigung als Schlafen untauglich macht. Dies schützt sie angeblich vor dem Laster; da es sie aber auch vor der Poesie, der Literatur, der Musik, der Betrachtung und dem Gebet schützt, können wir darüber mit der selbstverständlichen Bemerkung hinweggehen, daß Internate mit Gewalt abgeschafft werden müssen, je früher, desto besser, wenn es Orte sind, deren Wächter zu solchen ungeheuerlichen Maßregeln greifen müssen, um noch scheußlichere Dinge zu verhüten.

Allerdings ist es der Gesellschaft gestattet, sowohl physische wie geistige Anforderungen an das Kind zu stellen: es muß gehen lernen, Messer und Gabel benutzen, schwimmen, radfahren können; es muß sich ein Maß von Kraft aneignen, das jeden Angriff auf seine Person zu einem gewagten und unsicheren Unternehmen macht; es muß vielleicht fliegen lernen. Doch vom Gesichtswinkel des gesunden Menschenverstandes aus betrachtet, entbehrt die Gesellschaft offenbar des Rechtes, ein Kind unter der Begründung, es sei noch nicht so behende wie Cinquevalli oder so stark wie Sandow, zu zehnstündigen physischen Sklavenübungen zu verurteilen.

Wenn wir die Wichtigkeit der Kunst, des Wissens und der intellektuellen Kultur erörtern sollen, so haben wir als erstes Eingeständnis anzuerkennen, daß wir gegenwärtig sehr wenig davon besitzen und daß dieses Wenige nicht durch die obligate Erziehung gewonnen wurde, nein, vielmehr daß dieser Mangel, der unnatürlich ist, durch die gewaltsame Ausschließung der Kunst und der Künstler aus der Schule erzeugt wurde. Andererseits stehen wir auf einer recht hohen Stufe der körperlichen Kultur. Tatsächlich wird unausgesetzt gegen die Vernachlässigung der geistigen Ausbildung zugunsten der Athletik gewettert, mit anderen Worten, gegen die Vernachlässigung des anerkannten Zweckes der obligaten Erziehung zugunsten des wahren Zieles der freiwilligen Erziehung. Man nimmt an, dies bedeute, daß die Leute die körperliche Kultur der geistigen vorziehen, aber könnte es nicht bedeuten, daß sie Freiheit und Zufriedenheit dem Zwang und der Entbehrung vorziehen? Woran liegt es, daß Menschen, denen Shakespeare als Unterrichtsgegenstand beigebracht wurde, seine Schauspiele verabscheuen und daß sie, einmal der Schule entronnen, nichts bewegen kann, seine Werke aufzuschlagen, während diese noch immer, dreihundert Jahre nach seinem Tode, verbreitet und stetig an Leute abgesetzt werden, die seine Stücke um ihrer selbst willen und nicht als Schulaufgabe lesen. Wenn es Shakespeare, Newton und Leibniz beschieden ist, ihre Leser und Forscher zu finden, so werden sie sie finden. Wenn ihre Werke von Dummköpfen mit Randbemerkungen versehen und umschrieben werden und diese Bemerkungen und Umschreibungen jungen Menschen durch Einsperren, Schläge und Schelte eingebleut werden, wird dieses Vorgehen nicht einen Literaten oder höheren Mathematiker mehr im Lande hervorbringen; im Gegenteil, ihre Zahl wird geringer werden, weil viele mögliche Liebhaber der Lite-

ratur und der Mathematik ein unheilbares Vorurteil gegen diese Gegenstände gefaßt haben werden.
Jeder, der mit den Klassen zu tun hat, in denen Schulgefangenschaft und gewaltsame Schulung des Kindes bis zum äußersten abschließenden Ende der Reifeprüfung dauern, weiß, daß die schulmäßige Kultur nur Schein ist und daß die Kinder von Literatur und Kunst sehr wenig, von Wettrennen sehr viel wissen. Und daß der Flickschuster des Dorfes, der nie eine Seite Plato gelesen hat und von anerkannter, geradezu gefährlicher politischer Unwissenheit ist, nichtsdestoweniger ein Sokrates ist im Vergleich mit jenen klassisch gebildeten Herren, die zur Wahlzeit (aber zu keiner anderen) in Landhäusern über Politik diskutieren, nachdem sie tagsüber sich ernster und kunstvollendeter Jagd gewidmet haben.
Man gedenke der langen Jahre langweiliger Qual, die die Frauen der klavierbesitzenden Klassen Skalen klimpernd über den Tasten zu verbringen gezwungen sind. Wie viele von ihnen könnten wohl dazu verführt werden, das Klavierkonzert eines großen Virtuosen anzuhören, obwohl sie lieber vom Krankenbett aufstehen würden, als Ascot oder Goodwood zu versäumen? Eine andere bekannte Tatsache, die uns dieselbe Lehre lehrt, ist, daß viele Frauen, die freiwillig sich zu einer hohen Kulturstufe erhoben haben, unfähig sind, in ihren eigenen Haushaltungsbüchern Rechnung zu führen, obwohl ihr Unterricht in der Elementararithmetik obligatorisch, ihre höhere Bildung hingegen freiwillig war. Wir finden überall dasselbe Ergebnis. Die Gefangenschaft, die Schläge, das Zähmen und Lähmen und Bändigen junger Geister, das Hemmen der Entwicklung, das Schwinden aller Hemmungen, die Hemmungen der Furcht ausgenommen, sind Wirklichkeit: die Erziehung ist Schein. Diejenigen, welche das meiste gelernt haben, wissen am wenigsten.

Wenn es dazu kommt, daß das Streben nach Wissen die Verfolgung des Wissens durch das Kind bedeutet und nicht die Verfolgung des Kindes durch das mit dem Stock bewaffnete Wissen, wird sich die Gefahr der intellektuellen Frühreife ergeben, die ebensowenig wünschenswert ist wie die emotionale Frühreife.

Wir haben noch immer die alberne Rede- und Denkgewohnheit, die Intelligenz als einen mechanischen Prozeß aufzufassen und nicht als einen unwiderstehlichen Trieb; trotz des offenen Eingeständnisses deutscher Privatlehrer, daß unter fünf jungen Männern, denen sie fürs Examen die Wissenschaft einpauken, drei ihr ganzes Leben an den üblen Folgen dieses Einpaukens leiden. Trotz Dickens und seiner Darstellung des am Lernen sterbenden kleinen Paul Dombey fahren wir fort, im Wachstum begriffene Kinder und aufblühende Jünglinge und Jungfrauen mit Aufgaben zu überhäufen, die Pythagoras aus einfacher Rücksicht auf seine Gesundheit und aus dem bescheidenen Zweifel an seiner Fähigkeit, sie zu lösen, abgelehnt hätte. Diese Überarbeitung ist nicht ausschließlich die Folge von Zwang. Der Durchschnittslehrer zwingt seine Schüler nicht zum Lernen, er schilt und straft sie nur, wenn sie nicht lernen, was eine ganz andere Sache ist. Das Endresultat besteht darin, daß der Schulsträfling nicht zu lernen braucht, wenn er nicht will. Es ist sogar manchmal bemerkt worden, daß die faulen Dummköpfe in der Schule es später zu etwas Rechtem gebracht haben – als wäre Faulheit ein Zeichen von Fähigkeit und Charakter. Eine sinnreichere Erklärung ist die, daß die sogenannten Dummköpfe nicht verbraucht sind, bevor sie das ernste Geschäft des Lebens beginnen.

Es heißt, Jungen sind Jungen; man kann nur den Wunsch beifügen, daß sie es auch wirklich seien. Tatsächlich wollen Jungen männlich sein, und sie werden gedankenlos in diesem gefährlichen und überstrafften Bestreben ermutigt. Alle Menschen, die wirklich gearbeitet haben, warnen uns ebenso eindringlich vor der Arbeit, wie manche uns vor der Trunksucht warnen. Wenn das Lernen zum selbsterwählten Vergnügen geworden sein wird, dann wird der Lehrer täglich sagen müssen: »Macht nun, daß ihr fortkommt, und spielt! Ihr habt so viel gearbeitet, wie euch zuträglich ist.« Es wird ebenso schwer sein, die Kinder zum Verlassen der Schule zu bewegen wie zum Schlafengehen. Man wird sie mit dem Gedanken überraschen müssen, daß Lehren Arbeit bedeutet und daß der Lehrer müde ist und spielen oder ruhen oder essen muß; Möglichkeiten, die der elende Schwindler – der landläufige Schulmeister – bisher verheimlicht hat.

Kunstunterricht

Ich beeile mich zu erklären, daß ich mit Kunstunterricht nicht Lektionen im Freihandzeichnen und in der Perspektive meine. Ich will nur die Aufmerksamkeit auf die Tatsache lenken, daß die Kunst – mit Ausnahme der Tortur – der einzige wirkliche Lehrmeister der Menschen ist. Ich habe schon betont, daß niemand, außer unter Androhung der Tortur, ein Schulbuch zu lesen vermag. Der Grund liegt darin, daß ein Schulbuch kein Kunstwerk ist. Man kann ebensowenig eine Lektion oder Predigt ertragen, wenn der Lehrer oder der Prediger kein Künstler ist. Man kann die Bibel nicht lesen, wenn man kein Verständnis für literarische Kunst hat. Die Ursache, weshalb der kontinentale Europäer, mit dem Engländer und dem Amerikaner verglichen, eine so erstaunliche Unkenntnis der Bibel besitzt, liegt darin, daß die autorisierte englische Übertragung ein hervorragendes Kunstwerk ist, während die kontinentalen Übertragungen verhältnismäßig kunstlos sind. Von Krankheit abgesehen, gibt es nichts Schrecklicheres, als ein langweiliges Buch zu lesen, ein langweiliges Theaterstück oder eine schwerfällige Predigt anzuhören, uninteressante Bilder oder häßliche Gebäude anzustarren. Die Gewalt, die derlei an unserer Seele verübt, hinterläßt Wunden und ruft subtile Krankheiten hervor, die die Psychopathologen noch nie ernstlich studiert haben. Wir sind durch die Schule, in der tatsächlich alle Lehrer Pfuscher sind, die sich am Werk des Künstlers vergreifen, und in der alle Bücher kunstlos sind, so sehr abgehärtet worden, daß wir uns eine wahrhaft erschreckende Fähigkeit im Ertragen der Langeweile aneignen. Wir eignen uns sogar die Überzeugung an, wonach die Kunst lüstern ist und verderblich auf den Charakter wirkt. In der Kirche, im Parlament, bei öffentlichen Versammlungen sitzen wir feierlich da und hören langweiligen Rednern und Schwätzern zu, weil wir, seitdem wir gehen und sprechen können, jedesmal angeschrien, gescholten, terrorisiert, geschlagen und eingesperrt wurden, wenn wir es wagten, uns gegen Langeweile und Geschwätz aufzulehnen oder unserem natürlichen Ärger gegen Ödlinge und Schwätzer Luft zu machen. Und wenn ein Mann ersteht, dessen Seele genügend angeborene Kraft besitzt, um die Fesseln dieser eingeprägten Ehrfurcht zu sprengen und unsere Betrüger und wichtigtuerischen Schwindler bloßzustellen und zu verspotten und sie zu nasführen – wie Voltaire und Dickens es taten –, so sind wir entsetzt und abgestoßen, selbst wenn wir das Lachen nicht unterdrücken können. Ja, noch schlimmer: wir fürchten und verfolgen jene, die die Wahrheit sehen und verkünden können, weil ihre Aufrichtigkeit und ihr Scharfblick ein schlechtes Licht auf unseren Irrtum und unsere Blindheit werfen.

Manchmal scheint unsere unselige Fähigkeit, uns langweilen zu lassen, der Kunst eine günstige Gelegenheit zu bieten. Die Leute werden eine Aufführung von Beethovens Neunter Symphonie absitzen, so, wie sie eine langweilige Predigt absitzen oder einen Vorderbankpolitiker anhören, der zwei Stunden lang redet, ohne etwas zu sagen, während das unglückliche Land durch die parlamentarische Verzögerung seiner Angelegenheiten zugrunde geht. Aber die Langmut des Publikums bekommt der Neunten Symphonie sehr schlecht, weil es nie zischt, wenn sie verschandelt wird. Ich habe einen seither verstorbenen italienischen Kapellmeister gehört, der das Adagio als lebhaftes Allegretto wiedergab und das Tempo in den wärmer gefärbten Dur-Absätzen verlangsamte bis zum Zeitmaß und der Manier des Todesgesanges der Heldin einer Verdischen Oper. Die Zuhörerschaft, weit davon entfernt, mich von Marterpein zu erlösen, mit Wutgeheul aufzuspringen und dem Ketzer Programme und Operngläser an den Kopf zu werfen, benahm sich genauso, als hätte Richter dirigiert. Das Ausmaß des Betruges, das aus dieser Zusammenstellung von Unwissenheit und zur Verzweiflung treibender Langmut blüht, ist unberechenbar. Das Publikum ist von Kindheit an zum Ertragen alles Langweiligen geschult; es ist so übersättigt mit Schuldisziplin, daß die Menschen, selbst wenn die Türen offenstehen und kein Schulmeister sie zurückhält, hilflos sitzenbleiben, bis der Schluß des Konzertes oder der Oper ihnen die Erlaubnis zum Nachhausegehen gibt.

So lange die obligate Schule in ihrer gegenwärtigen Form besteht, so lange wird uns Unterwürfigkeit eingedrillt werden. Mehr noch: ehe die tätigen Stunden des kindlichen Lebens nicht getrennt von den tätigen Stunden des gereiften Lebens organisiert sind, so daß Erwachsene einen vernünftigen Genuß aus der Gesellschaft der Kinder ziehen können, ohne durch sie geplagt, gestört, gehetzt, belastet und in ihrer Arbeit gehemmt zu werden, wie dies jetzt der Fall ist, kann es keine obligaten Schulen und keine Kinder geben, die nicht in den Glauben hineinhypnotisiert werden, daß sie zahm zur Schule gehen und sich einkerkern, prügeln und überarbeiten lassen müssen. Ehe das nicht anders wird, werden wir unter dem einen oder dem anderen Vorwand immer Schulen haben. Wir werden alle üblen Folgen und die ganze soziale Hoffnungslosigkeit erfahren, die daraus entsteht, daß eine Nation von Männern und Frauen, die frei sein könnten, zu einer Nation zweibeiniger Malteserhündchen gemacht wird, in deren Wesen jede Regung zertrampelt worden ist mit Ausnahme der Furcht vor der Peitsche. Freiheit ist der Lebensodem für die Nationen und gleichzeititig das Einzige, an dessen Ausrottung Eltern, Schullehrer und Herrscher ihr Leben lang arbeiten, einem für den Augenblick ruhigen und schließlich unglücklichen Dasein zuliebe.

Stefan Zweig
Die Schule im vorigen Jahrhundert

Daß ich nach der Volksschule auf das Gymnasium gesandt wurde, war nur eine Selbstverständlichkeit. Man hielt in jeder begüterten Familie schon um des Gesellschaftlichen willen sorglich darauf, »gebildete« Söhne zu haben; man ließ sie französisch und englisch lernen, machte sie mit Musik vertraut, hielt ihnen zuerst Gouvernanten und dann Hauslehrer für gute Manieren. Aber nur die sogenannte »akademische« Bildung, die zur Universität führte, verlieh in jenen Zeiten des »aufgeklärten« Liberalismus vollen Wert; darum gehörte es zum Ehrgeiz jeder »guten« Familie, daß wenigstens einer ihrer Söhne vor dem Namen irgendeinen Doktortitel trug. Dieser Weg bis zur Universität war nun ziemlich lang und keineswegs rosig. Fünf Jahre Volksschule und acht Jahre Gymnasium mußten auf hölzerner Bank durchgesessen werden, täglich fünf bis sechs Stunden, und in der freien Zeit die Schulaufgaben bewältigt und überdies noch, was die »allgemeine Bildung« forderte neben der Schule, Französisch, Englisch, Italienisch, die »lebendigen« Sprachen neben den klassischen Griechisch und Latein –, also fünf Sprachen zu Geometrie und Physik und den übrigen Schulgegenständen. Es war mehr als zu viel und ließ für körperliche Entwicklung, für Sport und Spaziergänge fast keinen Raum und vor allem nicht für Frohsinn und Vergnügen. Dunkel erinnere ich mich, daß wir als Siebenjährige irgendein Lied von der »fröhlichen, seligen Kinderzeit« auswendig lernen und im Chor singen mußten. Ich habe die Melodie dieses einfacheneinfältigen Liedchens noch im Ohr, aber sein Text ist mir schon damals schwer über die Lippen gegangen und noch weniger als Überzeugung ins Herz gedrungen. Denn meine ganze Schulzeit war, wenn ich ehrlich sein soll, nichts als ein ständiger gelangweilter Überdruß, von Jahr zu Jahr gesteigert durch die Ungeduld, dieser Tretmühle zu entkommen. Ich kann mich nicht besinnen, je »fröhlich« noch »selig« innerhalb jenes monotonen, herzlosen und geistlosen Schulbetriebs gewesen zu sein, der uns die schönste, freieste Epoche des Daseins gründlich vergällte, und ich gestehe sogar, mich heute noch eines gewissen Neides nicht erwehren zu können, wenn ich sehe, um wieviel glücklicher, freier, selbständiger sich in diesem Jahrhundert die Kindheit entfalten kann. Noch immer kommt es mir unwahrscheinlich vor, wenn ich beobachte, wie heute Kinder unbefangen und fast au pair mit ihren Lehrern plaudern, wie sie angstlos statt wie wir mit einem ständigen Unzulänglichkeitsgefühl zur Schule eilen, wie sie ihre Wünsche, ihre Neigungen aus junger, neugieriger Seele in Schule und Haus offen bekennen dürfen – freie, selbständige, natürliche Wesen, indes wir, kaum wir das verhaßte Haus betraten, uns gleichsam in uns hineinducken mußten, um nicht mit der Stirn gegen das unsichtbare Joch zu stoßen. Schule war für uns Zwang, Öde, Langeweile, eine Stätte, in der man die »Wissenschaft des nicht Wissenswerten« in genau abgeteilten Portionen sich einzuverleiben hatte, scholastische oder scholastisch gemachte Materien, von denen wir fühlten, daß sie auf das reale und auf unser persönliches Interesse keinerlei Bezug haben konnten. Es war ein stumpfes, ödes Lernen nicht um des Lebens willen, sondern um des Lernens willen, das uns die alte Pädagogik aufzwang. Und der einzige wirklich beschwingte Glücksmoment, den ich der Schule zu danken habe, wurde der Tag, da ich ihre Tür für immer hinter mir zuschlug.

Nicht daß unsere österreichischen Schulen an sich schlecht gewesen wären. Im Gegenteil, der sogenannte »Lehrplan« war nach hundertjähriger Erfahrung sorgsam ausgearbeitet und hätte, wenn anregend übermittelt, eine fruchtbare und ziemlich universale Bildung fundieren können. Aber eben durch die akkurate Planhaftigkeit und ihre trockene Schematisierung wurden unsere Schulstunden grauenhaft dürr und unlebendig, ein kalter Lernapparat, der sich nie an dem Individuum regulierte und nur wie ein Automat mit Ziffern »gut, genügend, ungenügend« aufzeigte, wie weit man den »Anforderungen« des Lehrplans entsprochen hatte. Gerade aber diese menschliche Lieblosigkeit, diese nüchterne Unpersönlichkeit und das Kasernenhafte des Umgangs war es, was uns unbewußt erbitterte. Wir hatten unser Pensum zu lernen und wurden geprüft, was wir gelernt hatten; kein Lehrer fragte ein einziges Mal in acht Jahren, was wir persönlich zu lernen begehrten, und just jener fördernde Anschwung, nach dem jeder junge Mensch sich doch heimlich sehnt, blieb vollkommen aus.

Diese Nüchternheit sprach sich schon äußerlich in unserem Schulgebäude aus, einem typischen Zweckbau, vor fünfzig Jahren eilig, billig und gedankenlos hingepflastert. Mit ihren kalten, schlecht gekalkten Gängen, niederen Klassenräumen ohne Bild oder sonst augenerfreuenden Schmuck, ihren das ganze Haus durchduftenden Anstandsorten, hatte diese Lernkaserne etwas von einem alten Hotelmöbel, das schon Unzählige vor einem benutzt hatten und Unzählige ebenso gleichgültig oder widerwillig benutzen würden; noch heute kann ich jenen muffigen, modrigen Geruch nicht vergessen, der diesem Haus wie allen österreichischen Amtsbüros anhaftete und den man bei uns den »ärarischen« Geruch nannte, diesen Geruch von überheizten, überfüllten, nie recht gelüfteten Zimmern, der sich einem zuerst an die Kleider und dann an die Seele hängte. Man saß paarweise wie die Sträflinge in ihrer Galeere auf niederen Holzbänken, die einem das Rückgrat krümmten, und saß, bis einem die Knochen schmerzten; im Winter flackerte das bläuliche Licht offener Gasflammen über unseren Büchern, im Sommer dagegen wurden sorglich die Fenster verhängt, damit sich der Blick nicht etwa träumerisch an dem kleinen Quadrat blauen Himmels erfreuen könnte. Noch hatte jenes Jahrhundert nicht entdeckt, daß unausgeformte junge Körper Luft und Bewegung brauchten. Zehn Minuten Pause auf dem kalten engen Gang galten für ausreichend innerhalb von vier oder fünf Stunden reglosen Hockens; zweimal in der Woche wurden wir in den Turnsaal geführt, um dort bei sorglich geschlossenen Fenstern auf dem Bretterboden, der bei jedem Schritt Staub meterhoch aufwölkte, sinnlos herumzutrappen; damit war der Hygiene Genüge geleistet, der Staat hatte an uns seine »Pflicht« erfüllt für die »mens sana in corpore sano«. Noch nach Jahren, wenn ich an diesem trüben, trostlosen Hause vorüberging, spürte ich ein Gefühl der Entlastung, daß ich diesen Kerker unserer Jugend nicht mehr betreten mußte, und als anläßlich des fünfzigjährigen Bestehens dieser erlauchten Anstalt eine Feier veranstaltet und ich als ehemaliger Glanzschüler aufgefordert wurde, die Festrede vor Minister und Bürgermeister zu halten, lehnte ich höflich ab. Ich hatte dieser Schule nicht dankbar zu sein, und jedes Wort dieser Art wäre zur Lüge geworden.

Auch unsere Lehrer hatten an der Trostlosigkeit jenes Betriebes keine Schuld. Sie waren weder gut noch böse, keine Tyrannen und anderseits keine hilfreichen Kameraden, sondern arme Teufel, die, sklavisch an das Schema, an den behördlich vorgeschriebenen Lehrplan gebunden, ihr »Pensum« zu erledigen hatten wie wir das unsere und – das fühlten wir deutlich – ebenso glücklich waren wie wir selbst, wenn mittags die Schulglocke scholl, die ihnen und uns die Freiheit gab. Sie liebten uns nicht, sie haßten uns nicht, und warum auch, denn sie wußten von uns nichts; noch nach ein paar Jahren kannten sie die wenigsten von uns mit Namen, nichts anderes hatte im Sinn der damaligen Lehrmethode sie zu bekümmern als festzustellen, wie viele Fehler »der Schüler« in der letzten Aufgabe gemacht hatte. Sie saßen oben auf dem Katheder und wir unten, sie fragten, und wir mußten antworten, sonst gab es zwischen uns keinen Zusammenhang. Denn zwischen Lehrer und Schüler, zwischen Katheder und Schulbank, dem sichbaren Oben und sichtbaren Unten stand die unsichtbare Barriere der »Autorität«, die jeden Kontakt verhinderte. Daß ein Lehrer den Schüler als ein Individuum zu betrachten hatte, das besonderes Eingehen auf seine besonderen Eigenschaften forderte, oder daß gar, wie es heute selbstverständlich ist, er »reports«, also beobachtende Beschreibungen über ihn zu verfassen hatte, würde damals seine Befugnisse wie seine Befähigung weit überschritten, anderseits ein privates Gespräch wieder seine Autorität gemindert haben, weil dies uns als »Schüler« zu sehr auf eine Ebene mit ihm, dem »Vorgesetzten«, gestellt hätte. Nichts ist mir charakteristischer für die totale Zusammenhanglosigkeit, die geistig und seelisch zwischen uns und unseren Lehrern bestand, als daß ich alle ihre Namen und Gesichter vergessen habe. Mit photographischer Schärfe bewahrt mein Gedächtnis noch das Bild des Katheders und des Klassenbuchs, in das wir immer zu schielen suchten, weil es unsere Noten enthielt; ich sehe das kleine rote Notizbuch, in dem sie die Klassifizierungen zunächst vermerkten, und den kurzen schwarzen Bleistift, der die Ziffern eintrug, ich sehe meine eigenen Hefte, übersät mit den Korrekturen des Lehrers in roter Tinte, aber ich sehe kein einziges Gesicht von all ihnen mehr vor mir – vielleicht weil wir immer mit geduckten oder gleichgültigen Augen vor ihnen gestanden.

Dieses Mißvergnügen an der Schule war nicht etwa eine persönliche Einstellung; ich kann mich an keinen meiner Kameraden erinnern, der nicht mit Widerwillen gespürt hätte, daß unsere besten Interessen und Absichten in dieser Tretmühle gehemmt, gelangweilt und unterdrückt wurden. Aber viel später erst wurde mir bewußt, daß diese lieblose und seelenlose Methode unserer Jugenderziehung nicht etwa der Nachlässigkeit der staatlichen Instanzen zur Last fiel, sondern daß sich darin eine bestimmte, allerdings sorgfältig geheimgehaltene Absicht aussprach. Die Welt vor uns oder über uns, die alle ihre Gedanken einzig auf den Fetisch der Sicherheit einstellte, liebte die Jugend nicht oder vielmehr: sie hatte ein ständiges Mißtrauen gegen sie. Eitel auf ihren systematischen »Fortschritt«, auf ihre Ordnung, proklamierte die bürgerliche Gesellschaft Mäßigkeit und Gemächlichkeit in allen Lebensformen als die einzig wirksame Tugend des Menschen; jede Eile, uns vorwärts zu führen, sollte vermieden werden. Österreich war ein alter Staat, von einem greisen Kaiser beherrscht, von alten Ministern regiert, ein Staat, der ohne Ambition einzig hoffte, sich durch Abwehr aller radikalen Veränderungen im europäischen Raume unversehrt zu erhalten; junge Menschen, die ja aus Instinkt immer schnelle und radikale Veränderungen wollen, galten deshalb als ein bedenkliches Element, das möglichst lange ausgeschaltet oder niedergehalten werden mußte. So hatte man keinen Anlaß, uns die Schuljahre angenehm zu machen; wir sollten jede Form des Aufstiegs erst durch geduldiges Warten uns verdienen. Durch dieses ständige Zurückschieben bekamen die Altersstufen einen ganz anderen Wert wie heute. Ein achtzehnjähriger Gymnasiast wurde wie ein Kind behandelt, wurde bestraft, wenn er einmal mit einer Zigarette ertappt wurde, hatte gehorsam die Hand zu erheben, wenn er die Schulbank wegen eines natürlichen Bedürfnisses verlassen wollte; aber auch ein Mann von dreißig Jahren wurde noch als unflügges Wesen betrachtet, und selbst der Vierzigjährige noch nicht für eine verantwortliche Stellung als reif erachtet. Als einmal ein erstaunlicher Ausnahmsfall sich ereignete und Gustav Mahler mit achtunddreißig Jahren zum Direktor der Hofoper ernannt wurde, ging ein erschrecktes Raunen und Staunen durch ganz Wien, daß man einem »so jungen Menschen« das erste Kunstinstitut anvertraut hatte (man vergaß vollkommen, daß Mozart

mit sechsunddreißig, Schubert mit einunddreißig Jahren schon ihre Lebenswerke vollendet hatten). Dieses Mißtrauen, daß jeder junge Mensch »nicht ganz verläßlich« sei, ging damals durch alle Kreise. Mein Vater hätte nie einen jungen Menschen in seinem Geschäft empfangen, und wer das Unglück hatte, besonders jung auszusehen, hatte überall Mißtrauen zu überwinden. So geschah das heute fast Unbegreifliche, daß Jugend zur Hemmung in jeder Karriere wurde und nur Alter zum Vorzug. Während heute in unserer vollkommen veränderten Zeit Vierzigjährige alles tun, um wie Dreißigjährige auszusehen und Sechzigjährige wie Vierzigjährige, während heute Jugendlichkeit, Energie, Tatkraft und Selbstvertrauen fördert und empfiehlt, mußte in jenem Zeitalter der Sicherheit jeder, der vorwärtswollte, alle denkbare Maskierung versuchen, um älter zu erscheinen. Die Zeitungen empfahlen Mittel, um den Bartwuchs zu beschleunigen, vierundzwanzig- oder fünfundzwanzigjährige junge Ärzte, die eben das medizinische Examen absolviert hatten, trugen mächtige Bärte und setzten sich, auch wenn es ihre Augen gar nicht nötig hatten, goldene Brillen auf, nur damit sie bei ihren ersten Patienten den Eindruck der »Erfahrenheit« erwecken könnten. Man legte sich lange schwarze Gehröcke zu und einen gemächlichen Gang und wenn möglich ein leichtes Embonpoint, um diese erstrebenswerte Gesetztheit zu verkörpern, und wer ehrgeizig war, mühte sich, dem der Unsolidität verdächtigen Zeitalter der Jugend wenigstens äußerlich Absage zu leisten; schon in der sechsten und siebten Schulklasse weigerten wir uns, Schultaschen zu tragen, um nicht mehr als Gymnasiasten erkenntlich zu sein, und benützten statt dessen Aktenmappen. Alles, was uns heute als beneidenswerter Besitz erscheint, die Frische, das Selbstbewußtsein, die Verwegenheit, die Neugier, die Lebenslust der Jugend, galt jener Zeit, die nur Sinn für das »Solide« hatte, als verdächtig.
Einzig aus dieser sonderbaren Einstellung ist es zu verstehen,

daß der Staat die Schule als Instrument zur Aufrechterhaltung seiner Autorität ausbeutete. Wir sollten vor allem erzogen werden, überall das Bestehende als das Vollkommene zu respektieren, die Meinung des Lehrers als unfehlbar, das Wort des Vaters als unwidersprechlich, die Einrichtungen des Staates als die absolut und in alle Ewigkeit gültigen. Ein zweiter kardinaler Grundsatz jener Pädagogik, den man auch innerhalb der Familie handhabte, ging dahin, daß junge Leute es nicht zu bequem haben sollten. Ehe man ihnen irgendwelche Rechte zubilligte, sollten sie lernen, daß sie Pflichten hatten und vor allem die Pflicht vollkommener Fügsamkeit. Von Anfang an sollte uns eingeprägt werden, daß wir, die wir im Leben noch nichts geleistet hatten und keinerlei Erfahrung besaßen, einzig dankbar zu sein hatten für alles, was man uns gewährte, und keinen Anspruch, etwas zu fragen oder zu fordern. Von frühester Kindheit an wurde in meiner Zeit diese stupide Methode der Einschüchterung geübt. Dienstmädchen und dumme Mütter erschreckten schon dreijährige und vierjährige Kinder, sie würden den »Polizeimann« holen, wenn sie nicht sofort aufhörten, schlimm zu sein. Noch als Gymnasiasten wurde uns, wenn wir eine schlechte Note in irgendeinem nebensächlichen Gegenstand nach Hause brachten, gedroht, man werde uns aus der Schule nehmen und ein Handwerk lernen lassen – die schlimmste Drohung, die es in der bürgerlichen Welt gab: der Rückfall ins Proletariat –, und wenn junge Menschen im ehrlichsten Bildungsverlangen bei Erwachsenen Aufklärung über ernste zeitliche Probleme suchten, wurden sie abgekanzelt mit dem hochmütigen »das verstehst du noch nicht«. An allen Stellen übte man diese Technik, im Hause, in der Schule und im Staate. Man wurde nicht müde, dem jungen Menschen einzuschärfen, daß er noch nicht »reif« sei, daß er nichts verstünde, daß er einzig gläubig zuzuhören habe, nie aber selbst mitsprechen oder gar widersprechen dürfe. Aus diesem Grunde sollte auch in der

Schule der arme Teufel von Lehrer, der oben am Katheder saß, ein unnahbarer Ölgötze bleiben und unser ganzes Fühlen und Trachten auf den »Lehrplan« beschränken. Ob wir uns in der Schule wohlfühlten oder nicht, war ohne Belang. Ihre wahre Mission im Sinne der Zeit war nicht so sehr, uns vorwärtszubringen als uns zurückzuhalten, nicht uns innerlich auszuformen, sondern dem geordneten Gefüge möglichst widerstandslos einzupassen, nicht unsere Energie zu steigern, sondern sie zu disziplinieren und zu nivellieren.

Ein solcher psychologischer oder vielmehr unpsychologischer Druck auf eine Jugend kann nur zweierlei Wirkung haben: er kann lähmend wirken oder stimulierend. Wie viele »Minderwertigkeitskomplexe« diese absurde Erziehungsmethode gezeitigt hat, mag man in den Akten der Psychoanalytiker nachlesen; es ist vielleicht kein Zufall, daß dieser Komplex gerade von Männern aufgedeckt wurde, die selbst durch unsere alten österreichischen Schulen gegangen. Ich persönlich danke diesem Druck eine schon früh manifestierte Leidenschaft, frei zu sein, wie sie in gleich vehementem Ausmaß die heutige Jugend kaum mehr kennt, und dazu einen Haß gegen alles Autoritäre, gegen alles »von oben herab« Sprechen, der mich mein ganzes Leben lang begleitet hat. Jahre und Jahre ist diese Abneigung gegen alles Apodiktische und Dogmatische bei mir bloß instinktiv gewesen, und ich hatte schon vergessen, woher sie stammte. Aber als einmal auf einer Vortragsreise man den großen Hörsaal der Universität für mich gewählt hatte und ich plötzlich entdeckte, daß ich von einem Katheder herab sprechen sollte, während die Hörer unten auf den Bänken, genau wie wir als Schüler, brav und ohne Rede und Gegenrede saßen, überkam mich plötzlich ein Unbehagen. Ich erinnerte mich, wie ich an diesem unkameradschaftlichen, autoritären, doktrinären Sprechen von oben herab in all meinen Schuljahren gelitten hatte, und eine Angst überkam mich, ich könnte durch dieses

Sprechen von einem Katheder herab ebenso unpersönlich wirken wie damals unsere Lehrer auf uns; dank dieser Hemmung wurde diese Vorlesung auch die schlechteste meines Lebens.

Bertolt Brecht
Geringe Forderungen der Schule

Groß tritt dem jungen Menschen in der Schule in unvergeßlichen Gestaltungen der *Unmensch* gegenüber. Dieser besitzt eine fast schrankenlose Gewalt. Ausgestattet mit pädagogischen Kenntnissen und langjähriger Erfahrung erzieht er den Schüler zu seinem Ebenbild.
Der Schüler lernt alles, was nötig ist, um im Leben vorwärts zu kommen. Es ist dasselbe, was nötig ist, um in der Schule vorwärts zu kommen. Es handelt sich um Unterschleif, Vortäuschung von Kenntnissen, Fähigkeit, sich ungestraft zu rächen, schnelle Aneignung von Gemeinplätzen, Schmeichelei, Unterwürfigkeit, Bereitschaft, seinesgleichen an die Höherstehenden zu verraten usw. usw.
Das Wichtigste ist doch die Menschenkenntnis. Sie wird in Form von Lehrerkenntnis erworben. Der Schüler muß die Schwächen des Lehrers erkennen und sie auszunützen verstehen, sonst wird er sich niemals dagegen wehren können, einen ganzen Rattenkönig völlig wertlosen Bildungsgutes hineingestopft zu bekommen. Unser bester Lehrer war ein großer, erstaunlich häßlicher Mann, der in seiner Jugend, wie es hieß, eine Professur angestrebt hatte, mit diesem Versuch aber gescheitert war. Diese Enttäuschung brachte alle in ihm schlummernden Kräfte zu voller Entfaltung. Er liebte es, uns unvorbereitet einem Examen zu unterwerfen, und stieß kleine Schreie der Wollust aus, wenn wir keine Antworten wußten. Beinahe noch mehr verhaßt machte er sich durch seine Gewohnheit, zwei bis drei Mal in der Stunde hinter die große Tafel zu gehen und aus der Rocktasche ein Stück nicht eingewickelten Käses zu fischen, den er dann, weiter lehrend, zermummelte. Er unterrichtete in Chemie, aber es hätte keinen Unterschied ausge-

macht, wenn es Garnknäuelauflösen gewesen wäre. Er brauchte den Unterrichtsstoff, wie die Schauspieler eine Fabel brauchen, um *sich* zu zeigen. Seine Aufgabe war es, aus uns *Menschen* zu machen. Das gelang ihm nicht schlecht. Wir lernten keine Chemie bei ihm, wohl aber, wie man sich rächt. Alljährlich kam ein Schulkommissar, und es hieß, er wolle sehen, wie wir lernten. Aber wir wußten, daß er sehen wollte, wie die Lehrer lehrten. Als er wieder einmal kam, benützten wir die Gelegenheit, unsern Lehrer zu brechen. Wir beantworteten keine einzige Frage und saßen wie Idioten. An diesem Tage zeigte der Mensch keine Wollust bei unserem Versagen. Er bekam die Gelbsucht, lag lange krank und wurde, zurückgekehrt, nie wieder der alte, wollüstige Käsemummler. Der Lehrer der französischen Sprache hatte eine andere Schwäche. Er huldigte einer bösartigen Göttin, die schreckliche Opfer verlangt, der Gerechtigkeit. Am geschicktesten zog daraus mein Mitschüler B. Nutzen. Bei der Korrektur der schriftlichen Arbeiten, von deren Güte das Aufrücken in die nächste Klasse abhing, pflegte der Lehrer auf einem besonderen Bogen die Anzahl der Fehler hinter jedem Namen zu notieren. Rechts davon stand dann auf seinem Blatt die Note, so daß er einen guten Überblick hatte. Sagen wir, 0 Fehler ergab eine 1, die beste Note, 10 Fehler ergaben eine 2 usw. In den Arbeiten selber waren die Fehler rot unterstrichen. Nun versuchten die Unbegabten mitunter, mit Federmessern eine paar rote Striche auszuradieren, nach vorn zu gehen und den Lehrer darauf aufmerksam zu machen, daß die Gesamtfehlerzahl nicht stimmte, sondern zu groß angegeben war. Der Lehrer nahm dann einfach das Papier auf, hielt es seitswärts und bemerkte die glatten Stellen, die durch die Politur mit dem Daumennagel auf der radierten Fläche entstanden waren. B. ging anders vor. Er unterstrich in seiner schon korrigierten Arbeit mit roter Tusche einige vollkommen richtige Passagen und ging gekränkt nach vorn, zu fragen, was denn da

falsch sei. Der Lehrer mußte zugeben, daß da nichts falsch sei, selber seine roten Striche ausradieren und auf seinem Blatt die Gesamtfehlerzahl herabsetzen. Dadurch änderte sich dann natürlich auch die Note. Man wird zugeben, daß dieser Schüler in der Schule denken gelernt hatte.
Der Staat sicherte die Lebendigkeit des Unterrichts auf eine sehr einfache Weise. Dadurch, daß jeder Lehrer nur ein ganz bestimmtes Quantum Wissen vorzutragen hatte, und dies jahraus, jahrein, wurde er gegen den Stoff selber völlig abgestumpft und durch ihn nicht mehr vom Hauptziel abgelenkt: dem sich Ausleben vor den Schülern. Alle seine privaten Enttäuschungen, finanziellen Sorgen, familiären Mißgeschicke erledigte er im Unterricht, seine Schüler so daran beteiligend. Von keinerlei stofflichem Interesse fortgerissen, vermochte er sich darauf zu konzentrieren, die Seelen der jungen Leute auszubilden und ihnen alle Formen des Unterschleifs beizubringen. So bereitete er sie auf den Eintritt in eine Welt vor, wo ihnen gerade solche Leute wie er entgegentreten, verkrüppelte, beschädigte, mit allen Wassern gewaschene. Ich höre, daß die Schulen oder wenigstens einige von ihnen heute auf anderen Prinzipien aufgebaut seien als zu meiner Schulzeit. Die Kinder würden in ihnen gerecht und verständig behandelt. Wenn dem so wäre, würde ich es sehr bedauern. Wir lernten noch in der Schule solche Dinge wie Standesunterschiede, das gehörte zu den Lehrfächern. Die Kinder der besseren Leute wurden besser behandelt als die der Leute, welche arbeiteten. Sollte dieses Lehrfach aus den Schulplänen der heutigen Schulen entfernt worden sein, würden die jungen Menschen diesen Unterschied in der Behandlung, der so unendlich wichtig ist, also erst im Leben kennenlernen. Alles, was sie in der Schule, im Verkehr mit den Lehrern, gelernt hätten, müßte sie draußen im Leben, das so sehr anders ist, zu den lächerlichsten Handlungen verleiten. Sie wären kunstvoll darüber getäuscht, wie sich die Welt ihnen ge-

genüber benehmen wird. Sie würden fair play, Wohlwollen, Interesse erwarten und ganz und gar unerzogen, ungerüstet, hilflos der Gesellschaft ausgeliefert sein.
Da wurde ich doch ganz anders vorbereitet! Ich trat ausgerüstet mit soliden Kenntnissen über die Natur der Menschen ins Leben ein.
Ich hatte, nachdem meine Erziehung einigermaßen abgeschlossen war, Grund zu der Erwartung, daß ich, mit einigen mittleren Untugenden ausgestattet und nicht allzu schwere Scheußlichkeiten noch erlernend, halbwegs passabel durchs Leben kommen würde. Das war eine Täuschung. Eines Tages wurden plötzlich Tugenden verlangt. Und damit schließ ich für heut, weil ich Sie jetzt gespannt habe.

Thomas Mann
Ein Vormittag

Das Werk der Weckuhr schnappte ein und rasselte pflichttreu und grausam. Es war ein heiseres und geborstenes Geräusch, ein Klappern mehr als ein Klingeln, denn sie war altgedient und abgenutzt; aber es dauerte lange, hoffnungslos lange, denn sie war gründlich aufgezogen.
Hanno Buddenbrook erschrak zuinnerst. Wie jeden Morgen zogen sich bei dem jähen Einsetzen dieses zugleich boshaften und treuherzigen Lärmes, auf dem Nachttische, dicht neben seinem Ohre, vor Grimm, Klage und Verzweiflung seine Eingeweide zusammen. Äußerlich aber blieb er ganz ruhig, veränderte seine Lage im Bette nicht und riß nur rasch, aus irgendeinem verwischten Morgentraume gejagt, die Augen auf.
Es war vollkommen finster in der winterkalten Stube; er unterschied keinen Gegenstand und konnte die Zeiger der Uhr nicht sehen. Aber er wußte, daß es sechs Uhr war, denn er hatte gestern abend den Wecker auf diese Stunde gestellt ... Gestern ... gestern ... Während er mit angespannten Nerven, um den Entschluß kämpfend, Licht zu machen und das Bett zu verlassen, regungslos auf dem Rücken lag, kehrte ihm nach und nach alles ins Bewußtsein zurück, was ihn gestern erfüllt hatte ...
Es war Sonntag gewesen, und nachdem er sich mehrere Tage hintereinander von Herrn Brecht hatte malträtieren lassen müssen, hatte er zur Belohnung seine Mutter ins Stadttheater begleiten dürfen, um den »Lohengrin« zu hören. Die Freude auf diesen Abend hatte seit einer Woche schon sein Leben ausgemacht. Beklagenswert war nur, daß stets vor solcherlei Festen soviel des Widerwärtigen lagerte und bis zum letzten Augenblick die freie und freudige Aussicht darauf verdarb.

Aber endlich war doch am Sonnabend die Schulzeit überstanden gewesen, und die Tretmaschine hatte zum letzten Male in seinem Munde mit schmerzhaftem Summen gebohrt... Nun war alles beiseite geschafft und überwunden gewesen, denn die Schulaufgaben hatte er kurz entschlossen jenseits des Sonntagabends geschoben. Was hatte der Montag bedeutet? War es wahrscheinlich gewesen, daß er jemals anbrechen würde? Man glaubt an keinen Montag, wenn man am Sonntag abend den »Lohengrin« hören soll... Er hatte am Montag frühzeitig aufstehen wollen und diese albernen Sachen erledigen – damit genug! Nun war er frei umhergegangen, hatte die Freude seines Herzens gepflegt, am Flügel geträumt und alle Widrigkeiten vergessen.
Und dann war das Glück zur Wirklichkeit geworden. Es war über ihn gekommen mit seinen Weihen und Entzückungen, seinem heimlichen Erschauern und Erbeben, seinem plötzlichen innerlichen Schluchzen, seinem ganzen überschwänglichen und unersättlichen Rausche... Freilich, die billigen Geigen des Orchesters hatten beim Vorspiel ein wenig versagt, und ein dicker, eingebildeter Mensch mit brotblondem Vollbarte war im Nachen ein wenig ruckweise herangeschwommen. Auch war in der Nachbarloge sein Vormund Herr Stephan Kistenmaker zugegen gewesen und hatte gemurrt, daß man den Jungen auf solche Weise zerstreue und von seinen Pflichten ablenke. Aber darüber hatte ihn die süße und verklärte Herrlichkeit, auf die er lauschte, hinweggehoben...
Und endlich war doch das Ende gekommen. Das singende, schimmernde Glück war verstummt und erloschen, mit fiebrigem Kopfe hatte er sich daheim in seinem Zimmer wiedergefunden und war gewahr worden, daß nur ein paar Stunden des Schlafes dort in seinem Bett ihn von grauem Alltag trennten. Da hatte ihn ein Anfall jener gänzlichen Verzagtheit überwältigt, die er so wohl kannte. Er hatte wieder empfunden, wie

wehe die Schönheit tut, wie tief sie in Scham und sehnsüchtige Verzweiflung stürzt und doch auch den Mut und die Tauglichkeit zum gemeinen Leben verzehrt. So fürchterlich hoffnungslos und bergeschwer hatte es ihn niedergedrückt, daß er sich wieder einmal gesagt hatte, es müsse mehr sein als seine persönlichen Kümmernisse, was auf ihm laste, eine Bürde, die von Anbeginn seine Seele beschwert habe und sie irgendwann einmal ersticken müsse...

Dann hatte er den Wecker gerichtet und geschlafen, so tief und tot, wie man schläft, wenn man niemals wieder erwachen möchte. Und nun war der Montag da, und es war sechs Uhr, und er hatte für keine Stunde gearbeitet!

Er richtete sich auf und entzündete die Kerze auf dem Nachttische. Da aber in der eiskalten Luft seine Arme und Schultern sofort heftig zu frieren begannen, ließ er sich rasch wieder zurücksinken und zog die Decke über sich.

Die Zeiger wiesen auf zehn Minuten nach sechs Uhr... Ach, es war sinnlos, nun aufzustehen und zu arbeiten, es war zuviel, es gab beinahe für jede Stunde etwas zu lernen, es lohnte nicht, damit anzufangen, und der Zeitpunkt, den er sich festgesetzt, war sowieso überschritten... War es denn so sicher, wie es ihm gestern erschienen war, daß er heute sowohl im Lateinischen wie in der Chemie an die Reihe kommen würde? Es war anzunehmen, ja, nach menschlicher Voraussicht war es wahrscheinlich. Was den Ovid betraf, so waren neulich die Namen aufgerufen worden, die mit den letzten Buchstaben des Alphabetes begannen, und mutmaßlich würde es heute mit A und B von vorn anfangen. Aber es war doch nicht unbedingt sicher, nicht ganz und gar zweifellos! Es kamen doch Abweichungen von der Regel vor? Was bewirkte nicht manchmal der Zufall, du lieber Gott!... Und während er sich mit diesen trügerischen und gewaltsamen Erwägungen beschäftigte, verschwammen seine Gedanken ineinander, und er entschlief aufs neue.

Das kleine Schülerzimmer, kalt und kahl, mit seiner Sixtinischen Madonna als Kupferstich über dem Bette, seinem Ausziehtisch in der Mitte, seinem unordentlich vollgepfropften Bücherbord, einem steifbeinigen Mahagonipult, dem Harmonium und dem schmalen Waschtisch, lag stumm in dem wankenden Schein der Kerze. Eisblumen blühten am Fenster, dessen Rouleau nicht hinabgelassen war, damit das Tageslicht früher hereindringe. Und Hanno Buddenbrook schlief, die Wange in das Kissen geschmiegt. Er schlief mit getrennten Lippen und tief und fest gesenkten Wimpern, mit dem Ausdruck einer inbrünstigen und schmerzlichen Hingabe an den Schlaf, und sein weiches, hellbraunes Haar bedeckte gelockt seine Schläfen. Und langsam verlor das Flämmchen auf dem Nachttische seinen rotgelben Schein, da durch die Eiskruste der Fensterscheibe der matte Morgen starr und fahl ins Zimmer blickte.

Als es sieben Uhr war, erwachte er wieder mit Schrecken. Nun war auch diese Frist abgelaufen. Aufstehen und den Tag auf sich nehmen – es gab nichts, um das abzuwenden. Eine kurze Stunde nur noch bis zum Schulanfang... Die Zeit drängte, von den Arbeiten nun ganz zu schweigen. Trotzdem blieb er noch liegen, voll von Erbitterung, Trauer und Anklage dieses brutalen Zwanges wegen, in frostigem Halbdunkel das warme Bett zu verlassen und sich hinaus unter strenge und übelwollende Menschen in Not und Gefahr zu begeben. Ach, noch zwei armselige Minuten, nicht wahr? fragte er sein Kopfkissen mit überquellender Zärtlichkeit. Und dann, in einem Anfall von Trotz, schenkte er sich fünf volle Minuten, um noch ein wenig die Augen zu schließen, von Zeit zu Zeit das eine zu öffnen und verzweiflungsvoll auf den Zeiger zu starren, der stumpfsinnig, unwissend und korrekt seines Weges vorwärts ging...

Zehn Minuten nach sieben Uhr riß er sich los und fing an, sich in höchster Hast im Zimmer hin und her zu bewegen. Die Kerze brannte fort, denn das Tageslicht allein genügte noch nicht. Als

er eine Eisblume zerhauchte, sah er, daß draußen dichter Nebel herrschte.
Ihn fror über alle Maßen. Der Frost schüttelte manchmal mit schmerzhaftem Schauder seinen ganzen Körper. Seine Fingerspitzen brannten und waren so geschwollen, daß mit der Nagelbürste nichts anzufangen war. Als er sich den Oberkörper wusch, ließ seine beinah erstorbene Hand den Schwamm zu Boden fallen, und er stand einen Augenblick starr und hilflos da, qualmend wie ein schwitzendes Pferd.
Und endlich, mit gehetztem Atem und trüben Augen, stand er dennoch fertig am Ausziehtische, ergriff die Ledermappe und raffte die Geisteskräfte zusammen, welche die Verzweiflung ihm übrig ließ, um für die Stunden von heute die nötigen Bücher hineinzupacken. Er stand, sah angestrengt in die Luft, murmelte angstvoll: »Religion ... Lateinisch ... Chemie ...« und stopfte die defekten und mit Tinte befleckten Pappbände zueinander ...
Ja, er war nun schon ziemlich lang, der kleine Johann. Er war mehr als fünfzehnjährig und trug kein Kopenhagener Matrosenhabit mehr, sondern einen hellbraunen Jackettanzug mit blauer, weißgesprenkelter Krawatte. Auf seiner Weste war die lange und dünne goldene Uhrkette zu sehen, die von seinem Urgroßvater auf ihn gekommen war, und an dem vierten Finger seiner ein wenig zu breiten, aber zartgegliederten Rechten stak der alte Erbsiegelring mit grünem Stein, der nun ebenfalls ihm gehörte ... Er zog die dicke, wollige Winterjacke an, setzte den Hut auf, riß die Mappe an sich, löschte die Kerze und stürzte die Treppe hinunter ins Erdgeschoß, an dem ausgestopften Bären vorbei, zur Rechten ins Speisezimmer.
Fräulein Clementine, die neue Jungfer seiner Mutter, ein mageres Mädchen mit Stirnlocken, spitzer Nase und kurzsichtigen Augen, war bereits zur Stelle und machte sich am Frühstückstische zu schaffen.

»Wie spät ist es eigentlich?« fragte er zwischen den Zähnen, obgleich er es sehr genau wußte.
»Viertel vor acht«, antwortete sie und wies mit ihrer dünnen, roten Hand, die aussah wie gichtisch, auf die Wanduhr. »Sie müssen wohl zusehen, daß Sie fortkommen, Hanno...« Damit setzte sie die dampfende Tasse an seinen Platz und schob ihm Brotkorb und Butter, Salz und Eierbecher zu.
Er sagte nichts mehr, griff nach einer Semmel und begann im Stehen, den Hut auf dem Kopfe und die Mappe unterm Arm, den Kakao zu schlucken. Das heiße Getränk tat entsetzlich weh an einem Backenzahn, den gerade Herr Brecht in Behandlung gehabt hatte... Er ließ die Hälfte stehen, verschmähte auch das Ei, ließ mit verzerrtem Munde einen leisen Laut vernehmen, den man als Adieu deuten mochte, und lief aus dem Hause.
Es war zehn Minuten vor acht Uhr, als er den Vorgarten passierte, die kleine rote Villa zurückließ und nach rechts die winterliche Allee entlang zu hasten begann... Zehn, neun, acht Minuten noch. Und der Weg war weit. Und man konnte vor Nebel kaum sehen, wie weit man gekommen war! Er zog ihn ein und stieß ihn wieder aus, diesen dicken, eiskalten Nebel, mit der ganzen Kraft seiner schmalen Brust, stemmte die Zunge gegen den Zahn, der vom Kakao noch brannte, und tat den Muskeln seiner Beine eine unsinnige Gewalt an. Er war in Schweiß gebadet und fühlte sich dennoch erfroren in jedem Gliede. In seinen Seiten fing es an zu stechen. Das bißchen Frühstück revoltierte in seinem Magen bei diesem Morgenspaziergang, ihm ward übel, und sein Herz war nur noch ein bebendes und haltlos flatterndes Ding, das ihm den Atem nahm.
Das Burgtor, das Burgtor erst, und dabei war es vier Minuten vor acht! Während er sich in kalter Transpiration, in Schmerz, Übelkeit und Not durch die Straßen kämpfte, spähte er nach allen Seiten, ob nicht vielleicht noch andere Schüler zu sehen seien... Nein, nein, es kam niemand mehr. Alle waren an Ort

und Stelle, und da begann es auch schon acht Uhr zu schlagen! Die Glocken klangen durch den Nebel von allen Türmen, und diejenigen von Sankt Marien spielten zur Feier des Augenblicks sogar »Nun danket alle Gott«... Sie spielten es grundfalsch, wie Hanno rasend vor Verzweiflung konstatierte, sie hatten keine Ahnung von Rhythmus und waren höchst mangelhaft gestimmt... Aber das war nun das wenigste, das wenigste! Ja, er kam zu spät, es war wohl keine Frage mehr. Die Schuluhr war ein wenig im Rückstande, aber er kam dennoch zu spät, es war sicher. Er starrte den Leuten ins Gesicht, die an ihm vorübergingen. Sie begaben sich in ihre Kontore und an ihre Geschäfte, sie eilten gar nicht sehr, und nichts drohte ihnen. Manche erwiderten seinen neidischen und klagenden Blick, musterten seine aufgelöste Erscheinung und lächelten. Er war außer sich über dieses Lächeln. Was dachten sie sich und wie beurteilten diese Ungeängstigten die Sachlage? Es beruht auf Roheit, hätte er ihnen zuschreien mögen, Ihr Lächeln, meine Herrschaften! Sie könnten bedenken, daß es innig wünschenswert wäre, vor dem geschlossenen Hoftore tot umzufallen...

Das anhaltend gellende Klingeln, das Zeichen zum Beginne der Montagsandacht, schlug an sein Ohr, als er noch zwanzig Schritte von der langen, roten, von zwei gußeisernen Pforten unterbrochenen Mauer entfernt war, die den vorderen Schulhof von der Straße trennte. Ohne über irgendwelche Kräfte zum Ausschreiten und Laufen mehr zu verfügen, ließ er seinen Oberkörper einfach nach vorne fallen, wobei die Beine wohl oder übel das Hinstürzen verhindern mußten, indem sie sich stolpernd und schlotternd ebenfalls vorwärts bewegten, und gelangte so vor die erste Pforte, als das Klingeln schon verstummt war.

Herr Schlemiel, der Kustos, ein untersetzter Mann mit rauhbärtigem Arbeitergesicht, war eben im Begriff, sie zu verschließen. »Na...« sagte er und ließ den Schüler Buddenbrook hindurchschlüpfen ... Vielleicht, vielleicht war er gerettet. Es galt, sich ungesehen ins Klassenzimmer zu stehlen, dort heimlich das Ende der Andacht abzuwarten, die in der Turnhalle abgehalten wurde, und zu tun, als ob alles in Ordnung sei. Und mit Keuchen nach Luft ringend, aufgerieben und in kaltem Schweiße erstarrt, schleppte er sich über den mit roten Klinkern gepflasterten Hof und durch eine der hübschen, mit bunten Glasscheiben versehenen Klapptüren ins Innere ...

Es war alles neu, reinlich und schön hier in der Anstalt. Der Zeit war ihr Recht geworden, und die grauen und altersmorschen Teile der ehemaligen Klosterschule, in denen noch die Väter der jetzigen Generation der Wissenschaft gepflogen hatten, waren der Erde gleichgemacht, um neue, luftige, prächtige Baulichkeiten an ihrer Stelle erstehen zu lassen. Der Stil des Ganzen war gewahrt worden, und über Korridoren und Kreuzgängen spannten sich feierlich die gotischen Gewölbe. Was aber die Beleuchtung und Heizung, was die Geräumigkeit und Helligkeit der Klassen, die Behaglichkeit der Lehrerzimmer, die praktische Einrichtung der Säle für Chemie-, Physik- und Zeichenunterricht betraf, so herrschte der vollste Komfort der Neuzeit ...

Der erschöpfte Hanno Buddenbrook drückte sich an der Wand entlang und blickte um sich ... Nein, gepriesen sei Gott, es sah ihn niemand. Von fernen Korridoren hallte das Gewühl der Schüler- und Lehrermasse zu ihm her, die sich zur Turnhalle wälzte, um dort für die Arbeit der Woche eine kleine religiöse Stärkung zu sich zu nehmen. Hier vorn lag alles tot und still, und auch der Weg über die breite, mit Linoleum gedeckte Treppe war frei. Behutsam, auf den Zehenspitzen, verhaltenen Atems und angespannt lauschend, schlich er hinauf. Sein Klassenzimmer, die Realuntersekunda, war im ersten Stockwerk, der Treppe gegenüber gelegen; die Tür stand offen. Auf der obersten Stufe spähte er, vorgebeugt, den langen Wandelgang entlang, an dessen beiden Seiten sich die mit Porzellanschildern versehenen Eingänge zu den verschiedenen Klassen reihten, tat drei rasche, geräuschlose Schritte vorwärts und befand sich im Zimmer.

Es war leer. Die drei breiten Fenster waren noch verhangen, und die brennenden Gaslampen, die von der Decke niederhingen, kochten leise in der Stille. Grüne Schirme breiteten das Licht über die drei Kolonnen zweisitziger Pultbänke aus hellem Holze hin, denen dunkel, lehrhaft und reserviert, mit einer Wandtafel zu seinen Häupten, das Katheder gegenüber stand. Eine gelbe Holztäfelung bekleidete den unteren Teil der Wände, und darüber waren die nackten Kalkflächen mit ein paar Landkarten geschmückt. Eine zweite Tafel lehnte auf einer Staffelei zur Seite des Katheders.

Hanno ging zu seinem Platz, der sich ungefähr inmitten des Zimmers befand, schob die Mappe ins Fach, sank auf den harten Sitz, legte die Arme auf die schräge Platte und bettete seinen Kopf darauf. Ein unsägliches Wohlgefühl durchrieselte ihn. Diese kahle und harte Stube war häßlich und hassenwert, und auf seinem Herzen lastete der ganze drohende Vormittag mit tausend Gefahren. Aber er war doch fürs erste in Sicherheit, war körperlich geborgen und konnte die Dinge an sich herankommen lassen. Auch war die erste, die Religionsstunde bei Herrn Ballerstedt ziemlich harmloser Natur ... An dem Vibrieren des Papierzüngleins dort oben vor der kreisrunden Öffnung in der Wand sah man, wie die warme Luft hereinströmte, und auch die Gasflammen heizten den Raum. Ach, man konnte sich strecken und die starrfeuchten Glieder langsam sich lösen und auftauen lassen. Eine wohlige und ungesunde Hitze stieg in seinen Kopf hinauf, summte in seinen Ohren und verschleierte seine Augen ...

Plötzlich vernahm er hinter sich ein Geräusch, das ihn zusammenzucken und sich jäh herumwenden ließ ... Und siehe da, hinter der hintersten Bank kam der Oberkörper Kais, des Grafen Mölln, zum Vorschein. Er kroch hervor, der junge Herr, er arbeitete sich heraus, stellte sich auf die Füße, schlug leicht und schnell die Hände gegeneinander, um den Staub davon abzustreifen, und schritt strahlenden Angesichts auf Hanno Buddenbrook zu.

»Ach, du bist es, Hanno!« sagte er. »Und ich zog mich *dort*hin zurück, weil ich dich für ein Stück Lehrkörper hielt, als du kamst!«

Seine Stimme brach sich beim Sprechen, merklich im Wechseln begriffen, was bei seinem Freunde noch nicht der Fall war. Er war in gleichem Maße gewachsen wie dieser, aber sonst war er ganz und gar derselbe geblieben. Immer noch trug er einen Anzug von unbestimmter Farbe, an dem hie und da ein Knopf fehlte, und dessen Gesäß von einem großen Flicken gebildet ward. Immer noch waren seine Hände nicht ganz reinlich, aber schmal und außerordentlich edel gebildet, mit langen, schlanken Fingern, und spitz zulaufenden Nägeln. Und immer noch fiel sein flüchtig in der Mitte gescheiteltes, rötlich gelbes Haar in eine alabasterweiße und makellose Stirn, unter welcher, tief und scharf zugleich, die hellblauen Augen blitzten ... Der Gegensatz zwischen seiner arg vernachlässigten Toilette und der Rassereinheit dieses zartknochigen Gesichts mit der ganz leicht gebogenen Nase und der ein wenig geschürzten Oberlippe sprang jetzt noch mehr in die Augen als ehemals.

»Nein, Kai«, sagte Hanno mit verzogenem Munde und indem er eine Hand in der Gegend des Herzens umherbewegte, »wie kannst du mich dermaßen erschrecken! Warum bist du hier oben? Warum hast du dich versteckt? Bist du auch zu spät gekommen?«

»Bewahre«, antwortete Kai. »Ich bin schon lange hier ... Am Montagmorgen kann man es ja nicht erwarten, endlich wieder in die Anstalt zu gelangen, wie du selbst am besten weißt, mein

Lieber ... Nein, ich bin nur zum Spaß hier oben geblieben. Der tiefe Oberlehrer hatte die Aufsicht und achtete es nicht für Raub, das Volk zur Andacht hinunterzutreiben. Da machte ich es so, daß ich mich immer dicht hinter seinem Rücken hielt ... Wie er sich auch drehte und um sich lugte, der Mystiker, ich war immer dicht hinter seinem Rücken, bis er weg ging, und so konnte ich oben bleiben ... Aber du«, sagte er mitleidig und setzte sich mit einer zärtlichen Bewegung neben Hanno auf die Bank ... »Du hast rennen müssen, wie? Armer! Du siehst ganz verhetzt aus. Das Haar klebt dir ja an den Schläfen ...« Und er nahm ein Lineal vom Tische und lockerte damit, ernst und sorgsam, das Haar des kleinen Johann. »Du hast also die Zeit verschlafen? ... Übrigens sitze ich hier auf Adolf Todtenhaupts Platz«, unterbrach er sich und blickte um sich, »auf des Primus geweihtem Platze! Nun, für diesmal macht es wohl nichts ... Du hast also die Zeit verschlafen?«
Hanno hatte sein Gesicht wieder auf die gekreuzten Arme gebettet. »Ich war ja im Theater gestern Abend«, sagte er nach einem schweren Seufzer.
»Oh, richtig, das hatte ich vergessen! ... War es so schön?«
Kai bekam keine Antwort.
»Du hast es doch gut«, fuhr er überredend fort, »das solltest du bedenken, Hanno. Sieh, ich bin noch nie im Theater gewesen, und es besteht auf lange Jahre hinaus nicht die geringste Aussicht, daß ich jemals hineinkomme ...«
»Wenn nur der Katzenjammer nicht wäre«, sagte Hanno gepreßt.
»Ja, den Zustand kenne ich ohnehin.« Und Kai bückte sich nach dem Hut und dem Überzieher seines Freundes, die neben der Bank auf dem Boden lagen, nahm die Sachen und trug sie leise auf den Korridor hinaus.
»Dann hast du die Metamorphosenverse wohl nicht sehr genau im Kopfe?« fragte er, als er wieder hereinkam.

»Nein«, sagte Hanno.

»Oder bist du vielleicht auf das Geographie-Extemporale präpariert?«

»Ich bin gar nichts und kann gar nichts«, sagte Hanno.

»Also auch nicht Chemie und Englisch. All right! Wir sind Herzensfreunde und Waffenbrüder!« Kai war sichtlich erleichtert. »Ich bin in genau derselben Lage«, erklärte er munter. »Ich habe am Sonnabend nicht gearbeitet, weil morgen Sonntag war, und am Sonntag nicht, aus Pietät... Nein, Unsinn... hauptsächlich, weil ich etwas Besseres zu arbeiten hatte, natürlich«, sagte er mit plötzlichem Ernst, indem eine leichte Röte sein Gesicht überflog. »Ja, heute kann es vergnüglich werden, Hanno.«

»Wenn ich noch einen Tadel bekomme«, sagte der kleine Johann, »so bleibe ich sitzen; und den bekomme ich sicher, wenn er mich im Lateinischen darannimmt. Der Buchstabe B ist an der Reihe, Kai, das ist nicht aus der Welt zu schaffen...«

»Warten wir's ab! Ha, Cäsar geht aus. Mir haben stets Gefahren im Rücken nur gedroht; wenn sie die Stirn des Cäsar werden sehen...« Aber Kai kam mit seiner Deklamation nicht zu Ende. Es war ihm ebenfalls sehr schlecht zumute. Er ging zum Katheder, setzte sich darauf und fing an, sich mit finsterer Miene in dem Armstuhl zu schaukeln. Hanno Buddenbrook ließ seine Stirn noch immer auf den gekreuzten Armen ruhen. So saßen sie sich eine Weile schweigend gegenüber.

Plötzlich klang irgendwo in weiter Ferne ein dumpfes Summen auf, das schnell zum Brausen ward und sich binnen einer halben Minute bedrohlich heranwälzte...

»Das Volk«, sagte Kai erbittert. »Herr, mein Gott, wie rasch sie fertig sind! Nicht einmal um zehn Minuten ist die Stunde kürzer geworden...

Er stieg vom Katheder hinab und begab sich zur Tür, um sich unter die Hereinkommenden zu mischen. Was Hanno betraf, so erhob er nur einen Augenblick den Kopf, verzog den Mund und blieb einfach sitzen.

Es kam heran, mit Schlürfen, Stampfen und einem Gewirr von männlichen Stimmen, Diskanten und sich überschlagenden Wechselorganen, flutete über die Treppen herauf, ergoß sich über den Korridor und strömte auch in dieses Zimmer, das plötzlich von Leben, Bewegung und Geräusch erfüllt ward. Sie kamen herein, die jungen Leute, die Kameraden Hannos und Kais, die Realuntersekundaner, etwa fünfundzwanzig an der Zahl, schlenderten, die Hände in den Hosentaschen oder mit den Armen schlenkernd an ihre Plätze und schlugen ihre Bibeln auf. Es waren da angenehme und konfiszierte Physiognomien, solche, die wohl und gesund, und andere, die bedenklich aussahen, lange, starke Schlingel, die demnächst Kaufleute werden oder gar zur See gehen wollten und sich um gar nichts mehr kümmerten, und kleine, über ihr Alter hinaus vorgeschrittene Streber, die in den Fächern brillierten, in denen es auswendig zu lernen galt. Adolf Todtenhaupt aber, der Primus, wußte alles; er war seiner Lebtage noch nicht eine Antwort schuldig geblieben. Das lag zum Teil daran, daß die Lehrer sich hüteten, ihn etwas zu fragen, was er vielleicht nicht hätte wissen können. Es hätte sie schmerzlich berührt und beschämt, es hätte sie in ihrem Glauben an menschliche Vollkommenheit erschüttert, ein Verstummen Adolf Todtenhaupts zu erleben ... Er besaß einen merkwürdig gebuckelten Schädel, dem das blonde Haar spiegelglatt angeklebt war, graue, schwarz umringte Augen und lange, braune Hände, die aus den zu kurzen Ärmeln seiner sauber gebürsteten Jacke hervorsahen. Er setzte sich neben Hanno Buddenbrook, lächelte sanft und ein wenig tückisch und bot dem Nachbar einen Guten Morgen, wobei er sich dem herrschenden Jargon anbequemte, der das Wort zu einem kecken und nachlässigen Laute verzerrte. Dann begann er, während um ihn her alles halblaut plauderte, sich präparierte, gähnte und

lachte, stillschweigend in dem Klassenbuch zu arbeiten, in dem er die Feder auf unvergleichlich korrekte Art mit schlank und gerade ausgestreckten Fingern handhabte.
Nach Verlauf von zwei Minuten wurden draußen Schritte laut, die Inhaber der vorderen Bänke erhoben sich ohne Eile von ihren Plätzen, und weiter hinten folgte dieser und jener ihrem Beispiel, während andere sich in ihren Beschäftigungen nicht stören ließen und kaum Notiz davon nahmen, daß Herr Oberlehrer Ballerstedt ins Zimmer kam, seinen Hut an die Tür hängte und sich zum Katheder begab.
Er war ein Vierziger von sympathischem Embonpoint, mit großer Glatze, rötlich-gelbem, kurz gehaltenem Vollbart, rosigem Teint und einem Mischausdruck von Salbung und behaglicher Sinnlichkeit um die feuchten Lippen. Er nahm sein Notizbuch zur Hand und blätterte schweigend darin; da aber die Ruhe in der Klasse vieles zu wünschen übrig ließ, erhob er den Kopf, streckte den Arm auf der Pultplatte aus, und bewegte, während sein Gesicht langsam so dunkelrot anschwoll, daß sein Bart hellgelb erschien, seine schwache und weiße Faust ein paarmal kraftlos auf und nieder, wobei seine Lippen eine halbe Minute lang krampfhaft und fruchtlos arbeiteten, um schließlich nichts hervorzubringen als ein kurzes, gepreßtes und ächzendes »Nun...« Dann rang er noch eine Weile nach ferneren Ausdrücken des Tadels, wandte sich schließlich wieder seinem Notizbuch zu, schwoll ab und gab sich zufrieden. Dies war so Oberlehrer Ballerstedts Art und Weise.
Er hatte ehemals Prediger werden wollen, war dann jedoch durch seine Neigung zum Stottern wie durch seinen Hang zu weltlichem Wohlleben bestimmt worden, sich lieber der Pädagogik zuzuwenden. Er war Junggeselle, besaß einiges Vermögen, trug einen kleinen Brillanten am Finger und war dem Essen und Trinken herzlich zugetan. Er war derjenige Oberlehrer, der nur dienstlich mit seinen Standesgenossen, im übrigen aber

vorwiegend mit der unverheirateten kaufmännischen Lebewelt der Stadt, ja auch mit den Offizieren der Garnison verkehrte, täglich zweimal im ersten Gasthause speiste und Mitglied des »Klubs« war. Begegnete er größeren Schülern nachts um zwei oder drei Uhr irgendwo in der Stadt, so schwoll er an, brachte einen »Guten Morgen« zustande und ließ die Sache für beide Teile auf sich beruhen ... Hanno Buddenbrook hatte nichts von ihm zu befürchten und wurde fast nie von ihm gefragt. Der Oberlehrer hatte sich mit seinem Onkel Christian allzu oft in allzu rein menschlicher Weise zusammengefunden, als daß es ihn hätte freuen können, mit dem Neffen in dienstliche Konflikte zu geraten...

»Nun...« sagte er abermals, sah in der Klasse umher, bewegte wieder seine schwach geballte Faust mit dem kleinen Brillanten und blickte in sein Notizbuch. »Perlemann. Die Übersicht.«

Irgendwo in der Klasse erhob sich Perlemann. Man merkte es kaum, daß er emporstieg. Es war einer von den Kleinen, Vorgeschrittenen. »Die Übersicht«, sagte er leise und artig, indem er mit ängstlichem Lächeln den Kopf vorstreckte. »Das Buch Hiob zerfällt in drei Teile. Erstens der Zustand Hiobs, ehe er in das Kreuz oder Züchtigung des Herrn geraten; Kapitel I, Vers eins bis sechs. Zweitens das Kreuz selbst und was sich dabei zugetragen; Kapitel...«

»Es war richtig, Perlemann«, unterbrach ihn Herr Ballerstedt, gerührt von soviel zager Willfährigkeit, und schrieb eine gute Note in sein Taschenbuch. »Heinricy, fahren Sie fort.«

Heinricy war einer von den langen Schlingeln, die sich um gar nichts mehr kümmerten. Er schob das griffeste Messer, mit dem er sich beschäftigt hatte, in die Hosentasche, stand geräuschvoll auf, ließ die Unterlippe hängen und räusperte sich mit rauher und roher Männerstimme. Alle waren unzufrieden, daß nun er statt des sanften Perlemann an die Reihe kam. Die Schüler träumten und brüteten in der warmen Stube unter den leise

sausenden Gasflammen im Halbschlafe vor sich hin. Alle waren müde vom Sonntag, und alle waren an dem kalten Nebelmorgen seufzend und mit klappernden Zähnen aus den warmen Betten gekrochen. Jedem wäre es lieb gewesen, wenn der kleine Perlemann die ganze Stunde lang weitergesäuselt hätte, während Heinricy nun sicherlich Streit machen würde...
»Ich habe gefehlt, als dies durchgenommen wurde«, sagte er mit grober Betonung.
Herr Ballerstedt schwoll an, er bewegte seine schwache Faust, arbeitete mit den Lippen und starrte dem jungen Heinricy mit emporgezogenen Augenbrauen ins Gesicht. Sein dunkelroter Kopf zitterte vor ringender Anstrengung, bis er schließlich ein »Nun...« hervorzustoßen vermochte, womit der Bann gebrochen und das Spiel gewonnen war. »Von Ihnen ist nie eine Leistung zu erlangen«, fuhr er mit Leichtigkeit und Redegewandtheit fort, »und immer haben Sie eine Entschuldigung bei der Hand, Heinricy. Wenn Sie vorige Stunde krank waren, so hätten Sie sich doch in diesen Tagen sehr wohl über das durchgenommene Pensum unterrichten können, und wenn der erste Teil vom Zustande vor dem Kreuze und der zweite vom Kreuze selbst handelt, so könnten Sie sich am Ende an den Fingern abzählen, daß der dritte Teil den Zustand *nach* vorbesagtem Jammer betrifft. Aber es fehlt Ihnen an der rechten Hingebung, und Sie sind nicht allein ein schwacher Mensch, Sie sind auch immer bereit, ihre Schwäche zu beschönigen und zu verteidigen. Merken Sie sich aber, daß, solange dies der Fall, an eine Erhebung und Besserung nicht zu denken ist, Heinricy. Setzen Sie sich. Wasservogel, fahren Sie fort.«
Heinricy, dickfellig und trotzig, setzte sich mit Scharren und Knarren, raunte seinem Nachbar eine Frechheit zu und zog sein griffestes Messer wieder hervor. Der Schüler Wasservogel stand auf, ein Junge mit entzündeten Augen, aufgestülpter Nase, abstehenden Ohren und zerkauten Fingernägeln. Er

vollendete mit weichlicher Quetschstimme die »Übersicht« und fing an, von Hiob, dem Manne im Lande Uz, zu erzählen, und was sich mit ihm begeben. Er hatte das Alte Testament hinter dem Rücken seines Vordermannes aufgeschlagen, las darin mit dem Ausdruck vollendeter Unschuld und hingebender Nachdenklichkeit, starrte dann auf einen Punkt der Wand und sprach, indem er das Erschaute unter Stocken und quäkendem Husten in ein hilfloses, modernes Deutsch übersetzte... Er hatte etwas äußerst Widerliches an sich, aber Herr Ballerstedt lobte ihn sehr für alle seine Bemühungen. Der Schüler Wasservogel hatte es insofern gut im Leben, als die meisten Lehrer ihn gern und über seine Verdienste lobten, um ihm, sich selbst und den anderen zu zeigen, daß sie sich durch seine Häßlichkeit keineswegs zur Ungerechtigkeit verführen ließen...

Und die Religionstunde nahm ihren Fortgang. Verschiedene junge Leute wurden noch aufgerufen, um sich über ihr Wissen um Hiob, den Mann im Lande Uz, auszuweisen, und Gottlieb Kaßbaum, Sohn des verunglückten Großkaufmanns Kaßbaum, erhielt trotz seiner zerrütteten Familienverhältnisse eine vorzügliche Note, weil er mit Genauigkeit feststellen konnte, daß Hiob an Vieh siebentausend Schafe, dreitausend Kamele, fünfhundert Joch Rinder, fünfhundert Esel und sehr viel Gesindes besessen habe.

Dann durften die Bibeln aufgeschlagen werden, die meistens schon aufgeschlagen waren, und man fuhr mit Lesen fort. Kam eine Stelle, die Herrn Ballerstedt der Erläuterung bedürftig erschien, so schwoll er an, sagte »Nun...« und hielt nach den üblichen Vorbereitungen einen kleinen mit allgemeinen moralischen Betrachtungen untermischten Vortrag über den fraglichen Punkt. Kein Mensch hörte ihm zu. Friede und Schläfrigkeit herrschten im Zimmer. Die Hitze war durch die beständig arbeitende Heizung und die Gaslampen schon ziemlich stark geworden und die Luft durch diese fünfundzwanzig atmenden und dünstenden Körper schon ziemlich verdorben. Die Wärme, das gelinde Sausen der Flammen und die monotone Stimme des Vorlesenden legten sich um die gelangweilten Gehirne und lullten sie in dumpfe Traumseligkeit. Kai Graf Mölln hatte außer seiner Bibel auch die »Unbegreiflichen Ereignisse und geheimnisvollen Taten« von Edgar Allan Poe vor sich aufgeschlagen und las darin, den Kopf in die aristokratische und nicht ganz saubere Hand gestützt. Hanno Buddenbrook saß zurückgelehnt und zusammengesunken und blickte mit schlaffem Munde und schwimmenden, heißen Augen auf das Buch Hiob, dessen Zeilen und Buchstaben zu einem schwärzlichen Gewimmel verschwammen. Manchmal, wenn er sich des Gralmotives oder des Ganges zum Münster erinnerte, senkte er langsam die Lider und fühlte ein innerliches Schluchzen. Und sein Herz betete, es möchte möglich sein, daß diese gefahrlose und friedevolle Morgenstunde niemals ein Ende nähme.

Und dennoch kam es, wie es in der Ordnung der Dinge lag, und der schrill heulende Klang der Kustosglocke, der durch die Korridore gellte und hallte, riß die fünfundzwanzig Gehirne aus ihrem warmen Dämmern.

»So weit!« sagte Herr Ballerstedt und ließ sich das Klassenbuch reichen, um darin mit seinem Namenszeichen zu bescheinigen, daß er diese Stunde seines Amtes gewaltet.

Hanno Buddenbrook schloß seine Bibel und reckte sich zitternd und mit nervösem Gähnen; als er aber die Arme senkte und die Glieder abspannte, mußte er eilig und mühsam aufatmen, um sein Herz, das einen Augenblick schwach und wankend den Dienst versagte, ein wenig in Takt zu bringen. Jetzt kam das Lateinische ... Er warf einen hilfesuchenden Seitenblick zu Kai hinüber, der das Ende der Stunde gar nicht bemerkt zu haben schien und immer noch in Versunkenheit seiner Privatlektüre oblag, zog den in marmorierte Pappe gebundenen Ovid aus seiner Mappe und schlug die Verse auf, die für heute auswendig zu lernen waren... Nein, es gab keine Hoffnung, diese schwarzen Zeilen, die sich, mit Bleistiftzeichen versehen, schnurgerade und zu fünfen numeriert aneinanderreihten und ihn so hoffnungslos dunkel und unbekannt anstarrten, sich jetzt noch ein wenig vertraut zu machen. Er verstand kaum ihren Sinn, geschweige denn hätte er eine einzige davon aus dem Kopfe hersagen können. Und von denjenigen, die sich daran schlossen und die für heute zu präparieren waren, enträtselte er nicht ein Sätzchen.

»Was heißt denn ›deciderant, patula Jovis arbore, glandes‹?« wandte er sich mit verzweifelter Stimme an Adolf Todtenhaupt, der neben ihm im Klassenbuch arbeitete. »Das ist ja alles Unsinn! Nur um einen zu schikanieren...«

»Wie?« sagte Todtenhaupt und fuhr fort, zu schreiben... »Die Eicheln vom Baum des Jupiter... Das ist die Eiche... Ja, ich weiß selbst nicht recht...«

»Sage mir nur ein bißchen zu, Todtenhaupt, wenn ich darankomme!« bat Hanno und schob das Buch von sich. Dann, nachdem er mit düsterem Blick des Primus unachtsames und unverbindliches Nicken betrachtet hatte, schob er sich seitwärts aus der Bank hinaus und stand auf.

Die Situation hatte sich verändert. Herr Ballerstedt hatte das Zimmer verlassen, und statt seiner stand jetzt am Katheder, ganz gerade und stramm, ein kleines, schwaches und ausgemergeltes Männchen mit dünnem weißen Bart, dessen rotes Hälschen aus einem engen Klappkragen hervorragte, und das mit dem einen seiner weißbehaarten Händchen seinen Zylinder, die Öffnung nach oben, vor sich hinhielt. Es führte bei den Schülern den Namen »die Spinne« und hieß in Wirklichkeit Professor Hückopp. Da ihm während dieser Pause auf dem Korridor die Aufsicht zuerteilt war, hatte es auch in den Klassenzimmern nach dem Rechten zu sehen... »Die Lampen aus! Die Vorhänge auf! Die Fenster auf!« sagte es, indem es seinem

Stimmchen soviel Kommandokraft wie möglich gab und mit unbeholfen energischer Geste seinen Arm in der Luft bewegte, als drehe es eine Kurbel... »Und alles hinunter, hinaus in die frische Luft, potztausendnochmal dazu!«

Die Lampen verloschen, die Vorhänge flogen empor, das fahle Tageslicht erfüllte das Zimmer, und die kalte Nebelluft stürzte durch die breiten Fenster herein, während die Untersekundaner sich an Professor Hückopp vorbei zum Ausgange schoben; nur der Primus durfte hier oben bleiben.

Hanno und Kai trafen an der Tür zusammen und gingen nebeneinander die komfortable Treppe hinunter und drunten über die stilvollen Vorplätze. Sie schwiegen beide. Hanno sah jämmerlich elend aus und Kai war in Gedanken. Auf dem großen Hofe angelangt, begannen sie auf und nieder zu wandern, inmitten der Menge von Kameraden verschiedenen Alters, die sich auf den feuchtroten Fliesen geräuschvoll durcheinander bewegten.

Ein noch jugendlicher Herr mit blondem Spitzbart führte hier unten die Aufsicht. Dies war der feine Oberlehrer. Er hieß Doktor Goldener und unterhielt ein Knabenpensionat, das von reichen und adeligen Gutsbesitzerssöhnen aus Holstein und Mecklenburg besucht war. Beeinflußt von den feudalen jungen Leuten, die seiner Hut empfohlen waren, pflegte er sein Äußeres in einer Weise, wie sie unter seinen Kollegen gänzlich ungebräuchlich war. Er trug buntseidene Krawatten, ein stutzerhaftes Röckchen, zartfarbene Beinkleider, die mit Strippen unter den Sohlen befestigt waren, und parfümierte Taschentücher mit farbigen Borten. Bescheidener Leute Kind wie er war, stand ihm solcher Prunk eigentlich gar nicht zu Gesicht, und seine großmächtigen Füße zum Beispiel nahmen sich in den spitz zulaufenden Knöpfstiefeln ziemlich lächerlich aus. Unbegreiflicherweise war er eitel auf seine plumpen und roten Hände, die er unaufhörlich aneinander rieb, ineinander schlang und liebevoll prüfend betrachtete. Er pflegte seinen Kopf schräg zurückgelehnt zu tragen und mit blinzelnden Augen, gekrauster Nase und halboffenem Munde beständig ein Gesicht zu schneiden, als sei er im Begriffe, zu sagen: »Was ist denn nun schon wieder los?« ... Dennoch war er zu vornehm, um nicht alle kleinen Unerlaubtheiten auf distinguierte Art zu übersehen, die sich etwa auf dem Hofe ereigneten. Er übersah, daß dieser oder jener Schüler ein Buch mit sich heruntergebracht hatte, um sich im letzten Augenblick ein wenig zu präparieren, übersah, daß seine Pensionäre Herrn Schlemiel, dem Kustos, Geld einhändigten, um sich Bäckereien holen zu lassen, daß hier eine kleine Kraftprobe zwischen zwei Tertianern in eine Prügelei ausartete, um die sich sofort ein Ring von Sachverständigen bildete, und daß dort hinten jemand, der auf irgendeine Weise eine unkameradschaftliche, feige oder unehrenhafte Gesinnung an den Tag gelegt hatte, von seinen Klassengenossen zwangsweise zur Pumpe befördert wurde, um zu seiner Schande mit Wasser begossen zu werden...

Es war ein wackeres und ein bißchen ungehobeltes Geschlecht, die laute Menge, in der Kai und Hanno hin und wider wanderten. Herangewachsen in der Luft eines kriegerisch siegreichen und verjüngten Vaterlandes, huldigte man Sitten von rauher Männlichkeit. Man redete in einem Jargon, der zugleich salopp und schneidig war und von technischen Ausdrücken wimmelte. Trink- und Rauchtüchtigkeit, Körperstärke und Turnertugend standen sehr hoch in der Schätzung, und die verächtlichsten Laster waren Weichlichkeit und Geckenhaftigkeit. Wer mit emporgeklapptem Rockkragen getroffen wurde, durfte der Pumpe gewärtig sein. Wer sich aber gar auf der Straße mit einem Spazierstocke hatte sehen lassen, an dem wurde in der Turnhalle auf ebenso schimpfliche wie schmerzhafte Art eine öffentliche Züchtigung vollzogen...

Das, was Hanno und Kai miteinander sprachen, ging fremd und

sonderbar in dem Stimmengewirr unter, das die kalte und feuchte Luft erfüllte. Diese Freundschaft war seit langem in der ganzen Schule bekannt. Die Lehrer duldeten sie mit Übelwollen, weil sie Unrat und Opposition dahinter vermuteten, und die Kameraden, außerstande, ihr Wesen zu enträtseln, hatten sich gewöhnt, sie mit einem gewissen scheuen Widerwillen gelten zu lassen und diese beiden Genossen als outlaws und fremdartige Sonderlinge zu betrachten, die man sich selbst überlasssen mußte ... Übrigens genoß Kai Graf Mölln eines gewissen Respekts wegen der Wildheit und zügellosen Unbotmäßigkeit, die man an ihm kannte. Was aber Hanno Buddenbrook betraf, so konnte selbst der große Heinricy, der doch alle Welt prügelte, sich nicht entschließen, wegen Geckenhaftigkeit und Feigheit Hand an ihn zu legen, aus unbestimmter Furcht vor der Weichheit seines Haares, vor der Zartheit seiner Glieder, vor seinem trüben, scheuen und kalten Blick ...

»Ich habe Angst«, sagte Hanno zu Kai, indem er an der einen Seitenwand des Hofes stehenblieb, sich gegen die Mauer lehnte und mit fröstelndem Gähnen seine Jacke fester zusammenzog ... »Ich habe eine unsinnige Angst, Kai, sie tut mir überall weh im Körper. Ist nun Herr Mantelsack der Mann, vor dem man sich derartig fürchten dürfte? Sage selbst! Wenn diese widerliche Ovidstunde erst vorüber wäre! Wenn ich meinen Tadel im Klassenbuch hätte und sitzen bliebe und alles in Ordnung wäre! Ich fürchte mich nicht *davor,* ich fürchte mich vor dem Eklat, der damit verbunden ist ...«

Kai verfiel in Gedanken. »Dieser Roderich Usher ist die wundervollste Figur, die je erfunden worden ist!« sagte er schnell und unvermittelt. »Ich habe eben die ganze Stunde gelesen ... Wenn ich jemals eine so gute Geschichte schreiben könnte!«

Die Sache war die, daß Kai sich mit Schreiben abgab. Dies war es auch, was er heute morgen gemeint hatte, als er sagte, er habe besseres zu tun, als Schularbeiten zu machen, und Hanno hatte

ihn wohl verstanden. Aus der Neigung zum Geschichtenerzählen, die er als kleiner Junge an den Tag gelegt hatte, hatten sich schriftstellerische Versuche entwickelt, und kürzlich hatte er eine Dichtung vollendet, ein Märchen, ein rücksichtslos phantastisches Abenteuer, in dem alles in einem dunklen Schein erglühte, das unter Metallen und geheimnisvollen Gluten in den tiefsten und heiligsten Werkstätten der Erde und zugleich in denen der menschlichen Seele spielte, und in dem die Urgewalten der Natur und der Seele auf eine sonderbare Art vermischt, gewandt, gewandelt und geläutert wurden –, geschrieben in einer innerlichen, deutsamen, ein wenig überschwenglichen und sehnsüchtigen Sprache von zarter Leidenschaftlichkeit...
Hanno kannte diese Geschichte wohl und liebte sie sehr; aber er war jetzt nicht aufgelegt, von Kais Arbeiten oder von Edgar Poe zu sprechen. Er gähnte wieder und seufzte dann, indem er gleichzeitig ein Motiv vor sich hin sang, das er kürzlich am Flügel erfunden hatte. Dies war so seine Gewohnheit. Er pflegte oft zu seufzen, tief aufzuatmen aus dem dringenden Bedürfnis, sein unzulänglich arbeitendes Herz in einen etwas munteren Gang zu bringen, und er hatte sich gewöhnt, das Ausatmen nach einem musikalischen Thema, irgendeinem Stück Melodie eigener oder fremder Erfindung, geschehen zu lassen...
»Siehe, da kommt der liebe Gott!« sagte Kai. »Er lustwandelt in seinem Garten.«
»Ein netter Garten«, sagte Hanno und geriet ins Lachen. Er lachte nervös und konnte nicht aufhören, hielt sein Taschentuch vor den Mund und blickte darüber hinweg auf den, welchen Kai als den »lieben Gott« bezeichnet hatte.
Es war Direktor Doktor Wulicke, der Leiter der Schule, der auf dem Hofe erschienen war: ein außerordentlich langer Mann mit schwarzem Schlapphut, kurzem Vollbart, einem spitzen Bauche, viel zu kurzen Beinkleidern und trichterförmigen Manschetten, die stets sehr unsauber waren. Er ging mit einem Gesicht, das

vor Zorn beinahe leidend aussah, schnell über die Steinfliesen, indem er mit ausgestrecktem Arme auf die Pumpe wies ... Das Wasser floß! Eine Anzahl Schüler liefen vor ihm her und überstürzten sich, dem Schaden dadurch abzuhelfen, daß sie die Leitung schlossen. Aber auch dann standen sie noch lange und betrachteten mit verstörten Gesichtern abwechselnd die Pumpe und den Direktor, der sich an den mit rotem Antlitz herbeigeeilten Doktor Goldener gewandt hatte und mit tiefer, dumpfer und bewegter Stimme auf ihn einsprach. Seine Rede war mit brummenden und unartikulierten Lippenlauten durchsetzt ...

Dieser Direktor Wulicke war ein furchtbarer Mann. Er war der Nachfolger des jovialen und menschenfreundlichen alten Herrn, unter dessen Regierung Hannos Vater und Onkel studiert hatten, und der bald nach dem Jahre einundsiebenzig gestorben war. Damals war Doktor Wulicke, bislang Professor an einem preußischen Gymnasium, berufen worden, und mit ihm war ein anderer, ein neuer Geist in die alte Schule eingezogen. Wo ehemals die klassische Bildung als ein heiterer Selbstzweck gegolten hatte, den man mit Ruhe, Muße und fröhlichem Idealismus verfolgte, da waren nun die Begriffe Autorität, Pflicht, Macht, Dienst, Karriere zu höchster Würde gelangt, und der »kategorische Imperativ unseres Philosophen Kant« war das Banner, das Direktor Wulicke in jeder Festrede bedrohlich entfaltete. Die Schule war ein Staat im Staate geworden, in dem preußische Dienststrammheit so gewaltig herrschte, daß nicht allein die Lehrer, sondern auch die Schüler sich als Beamte empfanden, die um nichts als ihr Avancement und darum besorgt waren, bei den Machthabern gut angeschrieben zu stehen ... Bald nach dem Einzug des neuen Direktors war auch unter den vortrefflichsten hygienischen und ästhetischen Gesichtspunkten mit dem Umbau und der Neueinrichtung der Anstalt begonnen und alles aufs glücklichste fertiggestellt worden. Allein es blieb die Frage, ob nicht früher, als weniger

Komfort der Neuzeit und ein bißchen mehr Gutmütigkeit, Gemüt, Heiterkeit, Wohlwollen und Behagen in diesen Räumen geherrscht hatte, die Schule ein sympathischeres und segenvolleres Institut gewesen war...

Was Direktor Wulicke persönlich betraf, so war er von der rätselhaften, zweideutigen, eigensinnigen und eifersüchtigen Schrecklichkeit des alttestamentarischen Gottes. Er war entsetzlich im Lächeln wie im Zorne. Die ungeheure Autorität, die in seinen Händen lag, machte ihn schauerlich launenhaft und unberechenbar. Er war imstande, etwas Scherzhaftes zu sagen und fürchterlich zu werden, wenn man lachte. Keine seiner zitternden Kreaturen wußte Rat, wie man sich ihm gegenüber zu benehmen habe. Es blieb nichts übrig, als ihn im Staube zu verehren und durch eine wahnsinnige Demut vielleicht zu verhüten, daß er einen nicht dahinraffe in seinem Grimm und nicht zermalme in seiner großen Gerechtigkeit...

Der Name, den Kai ihm gegeben hatte, wurde nur von ihm selbst und Hanno Buddenbrook gebraucht, und sie hüteten sich, ihn vor den Kameraden laut werden zu lassen, aus Scheu vor dem starren und kalten Blick des Unverständnisses, den sie so wohl kannten... Nein, es gab nicht einen Punkt, in dem diese beiden sich mit ihren Genossen verstanden. Es war ihnen sogar die Art von Opposition und Rache fremd, an der die anderen sich genügen ließen, und sie mißachteten die üblichen Spottnamen, weil ein Humor daraus sprach, der sie nicht berührte und sie nicht einmal zum Lächeln brachte. Es war so billig, so nüchtern und unwitzig, den dünnen Professor Hückopp »die Spinne« und Oberlehrer Ballerstedt »Kakadu« zu nennen, eine so armselige Schadloshaltung für den Zwang des Staatsdienstes! Nein, Kai Graf Mölln war ein wenig bissiger! Für seine und Hannos Person hatte er den Brauch eingeführt, von den Lehrern nur vermittelst ihres richtigen bürgerlichen Namens unter Hinzufügung des Wortes »Herr« zu sprechen: »Herr Ballerstedt«, »Herr Mantelsack«, »Herr Hückopp«... Das ergab gleichsam eine ablehnende und ironische Kälte, eine spöttische Distanz und Fremdheit... Sie sprachen von dem »Lehrkörper« und amüsierten sich während ganzer Pausen damit, sich ein wirklich vorhandenes Geschöpf, eine Art Ungeheuer von widerlicher und phantastischer Gestaltung darunter vorzustellen. Und sie sprachen im allgemeinen von der »Anstalt« mit einer Betonung, als handele es sich um eine solche wie die, in der Hannos Onkel Christian sich aufhielt...

Durch den Anblick des lieben Gottes, der noch eine Weile alles in bleichen Schrecken versetzte, indem er mit fürchterlichem Brummen nach verschiedenen Richtungen auf das Butterbrotpapier zeigte, das hie und da auf den Fliesen lag, war Kai in vorzügliche Laune geraten. Er zog Hanno mit sich fort, zu einem Tore, durch das die Lehrer, die zur zweiten Stunde eintrafen, den Hof beschritten, und fing an, sich ungeheuer tief vor den rotäugigen, blassen und dürftigen Seminaristen zu verbeugen, die vorübergingen, um sich zu ihren Sextanern und Septimanern auf die hinteren Höfe zu begeben. Er bückte sich übermäßig, ließ die Arme hängen und blickte von unten herauf hingebungsvoll zu den armen Gesellen empor. Als jedoch der greise Rechenlehrer, Herr Tietge, erschien, einige Bücher mit zitternder Hand auf dem Rücken haltend, auf unmögliche Art in sich hineinschielend, krumm, gelb und speiend, da sagte er mit klangvoller Stimme: »Guten Tag, du Leiche.« Worauf er klaren und scharfen Blickes irgendwohin in die Luft sah...

Es schellte gellend in diesem Augenblick, und sofort begannen die Schüler von allen Seiten zu den Eingängen zusammenzuströmen. Aber Hanno hörte nicht auf zu lachen; er lachte noch auf der Treppe so sehr, daß seine Klassengenossen, die ihn und Kai umgaben, ihm kalt, befremdet und sogar ein wenig angewidert von soviel Albernheit ins Gesicht blickten...

Es ward still in der Klasse, und alles stand einmütig auf, als

Oberlehrer Doktor Mantelsack eintrat. Er war der Ordinarius, und es war Sitte, vor dem Ordinarius Respekt zu haben. Er zog die Tür hinter sich zu, indem er sich bückte, reckte den Hals, um zu sehen, ob alle standen, hing seinen Hut an den Nagel, und ging dann rasch zum Katheder, wobei er seinen Kopf in schnellem Wechsel hob und senkte. Hier nahm er Aufstellung und sah ein wenig zum Fenster hinaus, indem er seinen ausgestreckten Zeigefinger, an dem ein großer Siegelring saß, zwischen Kragen und Hals hin und her bewegte. Er war ein mittelgroßer Mann mit dünnem, ergrautem Haar, einem krausen Jupiterbart und kurzsichtig hervortretenden saphirblauen Augen, die hinter den scharfen Brillengläsern glänzten. Er war gekleidet in einen offenen Gehrock aus grauem, weichem Stoff, den er in der Taillengegend mit seiner kurzfingerigen und runzeligen Hand sanft zu betasten liebte. Seine Beinkleider waren, wie bei allen Lehrern, bis auf den feinen Doktor Goldener, zu kurz und ließen die Schäfte von einem Paar außerordentlich breiter und marmorblank gewichster Stiefel sehen.

Plötzlich wandte er den Kopf vom Fenster weg, stieß einen kleinen freundlichen Seufzer aus, indem er in die lautlose Klasse hineinblickte, sagte »Ja, ja!« und lächelte mehrere Schüler zutraulich an. Er war guter Laune, es war offenbar. Eine Bewegung der Erleichterung ging durch den Raum. Es kam so viel, es kam alles darauf an, ob Doktor Mantelsack guter Laune war oder nicht, denn man wußte, daß er sich seinen Stimmungen unbewußt und ohne die geringste Selbstkritik überließ. Er war von einer ganz ausnehmenden, grenzenlos naiven Ungerechtigkeit, und seine Gunst war hold und flatterhaft wie das Glück, Stets hatte er ein paar Lieblinge, zwei oder drei, die er »Du« und mit Vornamen nannte, und die es gut hatten wie im Paradiese. Sie konnten beinahe sagen, was sie wollten, und es war dennoch richtig; und nach der Stunde plauderte Doktor Mantelsack aufs Menschlichste mit ihnen. Eines Tages jedoch, vielleicht nach den Ferien, Gott allein wußte, warum, war man gestürzt, vernichtet, abgeschafft, verworfen, und ein anderer wurde mit Vornamen genannt... Diesen Glückseligen pflegte er die Fehler in den Extemporalien ganz leicht und zierlich anzustreichen, so daß ihre Arbeiten auch bei großer Mangelhaftigkeit einen reinlichen Aspekt behielten. In anderen Heften aber fuhr er mit breiter und zorniger Feder umher und überschwemmte sie mit Rot, so daß sie einen abschreckenden und verwahrlosten Eindruck machten. Und da er die Fehler nicht zählte, sondern die Zensuren je nach der Menge von roter Tinte erteilte, die er an eine Arbeit verausgabt hatte, so gingen seine Günstlinge mit großem Vorteil aus der Sache hervor. Bei diesem Verfahren dachte er sich nicht das Geringste, sondern fand es vollständig in der Ordnung und ahnte nichts von Parteilichkeit. Hätte jemand den traurigen Mut besessen, dagegen zu protestieren, so wäre er der Aussicht verlustig gegangen, jemals geduzt und mit Vornamen genannt zu werden. Und diese Hoffnung ließ niemand fahren...

Nun kreuzte Doktor Mantelsack im Stehen die Beine und blätterte in seinem Notizbuch. Hanno Buddenbrook saß vornüber gebeugt und rang unter dem Tische die Hände. Das B, der Buchstabe B war an der Reihe! Gleich würde sein Name ertönen, und er würde aufstehen und nicht eine Zeile wissen, und es würde einen Skandal geben, eine laute, schreckliche Katastrophe, so guter Laune der Ordinarius auch sein mochte... Die Sekunden dehnten sich martervoll. »Buddenbrook«... jetzt sagte er »Buddenbrook«...

»Edgar!« sagte Doktor Mantelsack, schloß sein Notizbuch, indem er seinen Zeigefinger darin stecken ließ, und setzte sich aufs Katheder, als ob nun alles in bester Ordnung sei.

Was? Wie war das? Edgar... Das war Lüders, der dicke Lüders dort, am Fenster, der Buchstabe L, der nicht im entferntesten an der Reihe war! Nein, war es möglich? Doktor Mantelsack war so guter Laune, daß er einfach einen Liebling herausgriff und sich gar nicht darum kümmerte, wer heute ordnungsmäßig vorgenommen werden müßte...

Der dicke Lüders stand auf. Er hatte ein Mopsgesicht und braune apathische Augen. Obgleich er einen vorzüglichen Platz innehatte und mit Bequemlichkeit hätte ablesen können, war er auch hierzu zu träge. Er fühlte sich zu sicher im Paradiese und antwortete einfach: »Ich habe gestern wegen Kopfschmerzen nicht lernen können.«

»Oh, du lässest mich im Stich, Edgar?« sagte Doktor Mantelsack betrübt... »Du willst mir die Verse vom goldenen Zeitalter nicht sprechen? Wie jammerschade, mein Freund! Hattest du Kopfschmerzen? Aber mich dünkt, du hättest mir das zu Beginn der Stunde sagen sollen, bevor ich dich aufrief... Hattest du nicht schon neulich Kopfschmerzen gehabt? Du solltest etwas dagegen tun, Edgar, denn sonst ist die Gefahr nicht ausgeschlossen, daß du Rückschritte machst... Timm, wollen Sie ihn vertreten.«

Lüders setzte sich. In diesem Augenblick war er allgemein verhaßt. Man sah deutlich, daß des Ordinarius Laune beträchtlich gesunken war, und daß Lüders vielleicht schon in der nächsten Stunde würde mit Nachnamen genannt werden... Timm stand auf, in einer der hintersten Bänke. Es war ein blonder Junge von ländlichem Äußeren, mit einer hellbraunen Jacke und kurzen, breiten Fingern. Er hielt seinen Mund mit eifrigem und törichtem Ausdruck trichterförmig geöffnet und rückte hastig sein offenes Buch zurecht, indem er angestrengt geradeaus blickte. Dann senkte er den Kopf und begann vorzulesen, langgezogen, stockend und monoton, wie ein Kind aus der Fibel: »Aurea prima sate est aetas...«

Es war klar, daß Doktor Mantelsack heute außerhalb jeder Ordnung fragte und sich gar nicht darum kümmerte, wer am längsten nicht examiniert worden war. Es war jetzt nicht mehr so drohend wahrscheinlich, daß Hanno aufgerufen wurde, es konnte nur noch durch einen unseligen Zufall geschehen. Er wechselte einen glücklichen Blick mit Kai und fing an, seine Glieder ein wenig abzuspannen und auszuruhen...

Plötzlich ward Timm in seiner Lektüre unterbrochen. Sei es nun, daß Doktor Mantelsack den Rezitierenden nicht recht verstand, oder daß er sich Bewegung zu machen wünschte: er verließ das Katheder, lustwandelte gemächlich durch die Klasse und stellte sich, seinen Ovid in der Hand, dicht neben Timm, der mit kurzen unsichtbaren Bewegungen sein Buch beiseite geräumt hatte und nun vollkommen hilflos war. Er schnappte mit seinem trichterförmigen Munde, blickte den Ordinarius mit blauen, ehrlichen, verstörten Augen an und brachte nicht eine Silbe mehr zustande.

»Nun, Timm«, sagte Doktor Mantelsack ... »Jetzt geht es auf einmal nicht mehr?«

Und Timm griff sich nach dem Kopf, rollte die Augen, atmete heftig und sagte schließlich mit einem irren Lächeln: »Ich bin so verwirrt, wenn Sie bei mir stehen, Herr Doktor.«

Auch Doktor Mantelsack lächelte; er lächelte geschmeichelt und sagte: »Nun, sammeln Sie sich und fahren Sie fort.« Damit wandelte er zum Katheder zurück.

Und Timm sammelte sich. Er zog sein Buch wieder vor sich hin, öffnete es, indem er, sichtlich nach Fassung ringend, im Zimmer umherblickte, senkte dann den Kopf und hatte sich wiedergefunden.

»Ich bin befriedigt«, sagte der Ordinarius, als Timm geendet hatte. »Sie haben gut gelernt, das steht außer Zweifel. Nur entbehren Sie zu sehr des rhythmischen Gefühles, Timm. Über die Bindungen sind Sie sich klar, und dennoch haben Sie nicht eigentlich Hexameter gesprochen. Ich habe den Eindruck, als ob Sie das Ganze wie Prosa auswendig gelernt hätten ... Aber wie gesagt, Sie sind fleißig gewesen, Sie haben Ihr Bestes getan, und

wer immer strebend sich bemüht... Sie können sich setzen.«
Timm setzte sich stolz und strahlend, und Doktor Mantelsack schrieb eine wohl befriedigende Note hinter seinen Namen. Das Merkwürdige aber war, daß in diesem Augenblick nicht allein der Lehrer, sondern auch Timm selbst und seine sämtlichen Kameraden der aufrichtigen Ansicht waren, daß Timm wirklich und wahrhaftig ein guter und fleißiger Schüler sei, der seine gute Note vollauf verdient hatte. Auch Hanno Buddenbrook war außerstande, sich diesem Eindruck zu entziehen, obgleich er fühlte, wie etwas in ihm sich mit Widerwillen dagegen wehrte... Wieder horchte er angespannt auf den Namen, der nun ertönen würde...
»Mumme!« sagte Doktor Mantelsack. »Noch einmal! Aurea prima...?«
Also Mumme! Gott sei gelobt, nun war Hanno wohl in Sicherheit! Zum drittenmal würden die Verse kaum rezitiert werden müssen, und bei der Neupräparation war der Buchstabe B erst kürzlich an der Reihe gewesen...
Mumme erhob sich. Er war ein langer, bleicher Mensch mit zitternden Händen und außerordentlich großen, runden Brillengläsern. Er war augenleidend und so kurzsichtig, daß es ihm unmöglich war, im Stehen aus einem vor ihm liegenden Buche zu lesen. Er mußte lernen, und er hatte gelernt. Da er aber herzlich unbegabt war und außerdem nicht geglaubt hatte, heute aufgerufen zu werden, so wußte er dennoch nur wenig, und verstummte schon nach den ersten Worten. Doktor Mantelsack half ihm ein, er half ihm zum zweiten Male mit schärferer Stimme und zum dritten Male mit äußerst gereiztem Tone ein; als aber Mumme dann ganz und gar festsaß, wurde der Ordinarius von heftigem Zorne ergriffen.
»Das ist vollständig ungenügend, Mumme! Setzen Sie sich hin! Sie sind eine traurige Figur, dessen können Sie versichert sein, Sie Kretin. Dumm *und* faul ist zu viel des Guten...«

Mumme versank. Er sah aus wie das Unglück, und es gab in diesem Augenblicke niemanden im Zimmer, der ihn nicht verachtet hätte. Abermals stieg ein Widerwille, eine Art von Brechreiz in Hanno Buddenbrook auf und schnürte ihm die Kehle zusammen. Gleichzeitig aber beobachtete er mit entsetzlicher Klarheit, was vor sich ging. Doktor Mantelsack malte heftig ein Zeichen von böser Bedeutung hinter Mummes Namen und sah sich dann mit finsteren Brauen in seinem Notizbuch um. Aus Zorn ging er zur Tagesordnung über, sah nach, wer eigentlich an der Reihe war, es war klar! Und als Hanno von dieser Erkenntnis gerade gänzlich überwältigt war, hörte er auch schon seinen Namen, hörte ihn wie in einem bösen Traum.

»Buddenbrook!« – Doktor Mantelsack hatte »Buddenbrook« gesagt, der Schall war noch in der Luft, und dennoch glaubte Hanno nicht daran. Ein Sausen war in seinen Ohren entstanden. Er blieb sitzen.

»*Herr* Buddenbrook!« sagte Doktor Mantelsack und starrte ihn mit seinen saphirblauen, hervorquellenden Augen an, die hinter den scharfen Brillengläsern glänzten ... »Wollen Sie die Güte haben?«

Gut, also es sollte so sein. So hatte es kommen müssen. Ganz anders, als er es sich gedacht hatte, aber nun war dennoch alles verloren. Er war nun gefaßt. Ob es wohl ein sehr großes Gebrüll geben würde? Er stand auf und war im Begriffe, eine unsinnige und lächerliche Entschuldigung vorzubringen, zu sagen, daß er »vergessen« habe, die Verse zu lernen, als er plötzlich gewahrte, daß sein Vordermann ihm das offene Buch hinhielt.

Sein Vordermann, Hans Hermann Kilian, war ein Kleiner, Brauner, mit fettem Haar und breiten Schultern. Er wollte Offizier werden und war so beseelt von Kameradschaftlichkeit, daß er selbst Johann Buddenbrook, den er doch nicht leiden mochte, nicht im Stiche ließ. Er wies sogar mit dem Zeigefinger auf die Stelle, wo anzufangen war ...

Und Hanno starrte dorthin und fing an zu lesen. Mit wankender Stimme und verzogenen Brauen und Lippen las er von dem goldenen Zeitalter, das zuerst entsprossen war und ohne Rächer, aus freiem Willen, ohne Gesetzesvorschrift, Treue und Recht gepflegt hatte. »Strafe und Furcht waren nicht vorhanden«, sagte er auf Lateinisch. »Es wurden weder drohende Worte auf angehefteter eherner Tafel gelesen, noch scheute die bittende Schar das Antlitz ihres Richters ...« Er las mit gequältem und angeekeltem Gesichtsausdruck, las mit Willen schlecht und unzusammenhängend, vernachlässigte absichtlich einzelne Bindungen, die in Kilians Buch mit Bleistift angegeben waren, sprach fehlerhafte Verse, stockte und arbeitete sich scheinbar nur mühsam vorwärts, immer gewärtig, daß der Ordinarius alles entdecken und sich auf ihn stürzen werde ... Der diebische Genuß, das offene Buch vor sich zu sehen, verursachte ein Prickeln in seiner Haut; aber er war voll Widerwillen und betrog mit Absicht so schlecht wie möglich, nur um den Betrug dadurch weniger gemein zu machen. Dann schwieg er, und es entstand eine Stille, in der er nicht aufzublicken wagte. Diese Stille war entsetzlich; er war überzeugt, daß Doktor Mantelsack alles gesehen habe, und seine Lippen waren ganz weiß. Schließlich aber seufzte der Ordinarius und sagte:

»O Buddenbrook, si tacuisses! Sie entschuldigen wohl ausnahmsweise das klassische Du! ... Wissen Sie, was Sie getan haben? Sie haben die Schönheit in den Staub gezogen, Sie haben sich benommen wie ein Vandale, wie ein Barbar, Sie sind ein amusisches Geschöpf, Buddenbrook, man sieht es Ihnen an der Nase an! Wenn ich mich frage, ob Sie die ganze Zeit gehustet oder erhabene Verse gesprochen haben, so neige ich mehr der ersteren Ansicht zu. Timm hat wenig rhythmisches Gefühl entwickelt, aber gegen Sie ist er ein Genie, ein Rhapsode ... Setzen Sie sich, Unseliger. Sie haben gelernt, gewiß, Sie haben gelernt. Ich kann Ihnen kein schlechtes Zeugnis geben. Sie haben sich wohl nach Kräften bemüht... Hören Sie, erzählt man sich nicht, daß Sie musikalisch sind, daß Sie Klavier spielen? Wie ist das möglich?... Nun, es ist gut, setzen Sie sich, Sie mögen fleißig gewesen sein, es ist gut.«

Er schrieb eine befriedigende Note in sein Taschenbuch, und Hanno Buddenbrook setzte sich. Wie es vorhin bei dem Rhapsoden Timm gewesen war, so war es auch jetzt. Er konnte nicht umhin, sich durch das Lob, das in Doktor Mantelsacks Worten enthalten gewesen war, aufrichtig getroffen zu fühlen. Er war in diesem Augenblick ernstlich der Meinung, daß er ein etwas unbegabter, aber fleißiger Schüler sei, der verhältnismäßig mit Ehren aus der Sache hervorgegangen war, und er empfand deutlich, daß seine sämtlichen Klassengenossen, Hans Hermann Kilian nicht ausgeschlossen, eben derselben Anschauung huldigten. Wieder regte sich etwas wie Übelkeit in ihm; aber er war zu ermattet, um über die Vorgänge nachzudenken. Bleich und zitternd schloß er die Augen und versank in Lethargie...

Doktor Mantelsack aber setzte den Unterricht fort. Er ging zu den Versen über, die für heute neu zu präparieren waren und rief Petersen auf. Petersen erhob sich, frisch, munter und zuversichtlich, in tapferer Attitüde, streitbar und bereit, den Strauß zu wagen. Und dennoch war ihm heute der Untergang bestimmt! Ja, die Stunde sollte nicht vorübergehen, ohne daß eine Katastrophe eintrat, weit schrecklicher, als diejenige mit dem armen, kurzsichtigen Mumme...

Petersen übersetzte, indem er dann und wann einen Blick auf die andere Seite seines Buches warf, dorthin, wo er eigentlich gar nichts zu suchen hatte. Er trieb dies mit Geschick. Er tat, als störe ihn dort etwas, fuhr mit der Hand darüber hin und blies darauf, als gelte es, ein Staubfäserchen oder dergleichen zu entfernen, das ihn inkommodierte. Und doch erfolgte nun das Entsetzliche.

Doktor Mantelsack nämlich vollführte plötzlich eine heftige

Bewegung, die Petersen mit einer ebensolchen Bewegung beantwortete. Und in demselben Augenblick verließ der Ordinarius das Katheder, er stürzte sich förmlich kopfüber hinab und ging mit langen, unaufhaltsamen Schritten auf Petersen zu.
»Sie haben einen Schlüssel im Buche, eine Übersetzung«, sagte er, als er bei ihm stand.
»Einen Schlüssel ... ich ... nein ...«, stammelte Petersen. Es war ein hübscher Junge, mit einem blonden Haarwulst über der Stirn und außerordentlich schönen blauen Augen, die jetzt angstvoll flackerten.
»Sie haben keinen Schlüssel im Buche?«
»Nein ... Herr Oberlehrer ... Herr Doktor ... Einen Schlüssel? ... Ich habe wahrhaftig keinen Schlüssel ... Sie befinden sich im Irrtum ... Sie haben mich in einem falschen Verdacht ...« Petersen redete, wie man eigentlich nicht zu reden pflegte. Die Angst bewirkte, daß er ordentlich gewählt sprach, in der Absicht, dadurch den Ordinarius zu erschüttern. »Ich betrüge nicht«, sagte er aus übergroßer Not. »Ich bin immer ehrlich gewesen ... mein Lebtag!«
Aber Doktor Mantelsack war seiner traurigen Sache allzu sicher.
»Geben Sie mir Ihr Buch«, sagte er kalt.
Petersen klammerte sich an sein Buch, er hob es beschwörend mit beiden Händen empor und fuhr fort, mit halb gelähmter Zunge zu deklamieren: »Glauben Sie mir doch ... Herr Oberlehrer ... Herr Doktor ... Es ist nichts im Buche ... Ich habe keinen Schlüssel ... Ich habe nicht betrogen ... Ich bin immer ehrlich gewesen ...«
»Geben Sie mir das Buch«, wiederholte der Ordinarius und stampfte mit dem Fuße.
Da erschlaffte Petersen, und sein Gesicht wurde ganz grau.
»Gut«, sagte er und lieferte das Buch aus, »hier ist es. Ja, es ist ein Schlüssel darin! Sehen Sie selbst, da steckt er! ... Aber ich

habe ihn nicht gebraucht!« schrie er plötzlich in die Luft hinein. Allein Doktor Mantelsack überhörte diese unsinnige Lüge, die der Verzweiflung entsprang. Er zog den »Schlüssel« hervor, betrachtete ihn mit einem Gesicht, als hätte er stinkenden Unrat in der Hand, schob ihn in die Tasche und warf den Ovid verächtlich auf Petersens Platz zurück. »Das Klassenbuch«, sagte er dumpf.

Adolf Todtenhaupt brachte dienstbeflissen das Klassenbuch herbei, und Petersen erhielt einen Tadel wegen versuchten Betruges, was ihn auf lange Zeit hinaus vernichtete und die Unmöglichkeit seiner Versetzung zu Ostern besiegelte. »Sie sind der Schandfleck der Klasse«, sagte Doktor Mantelsack noch und kehrte dann zum Katheder zurück.

Petersen setzte sich und war gerichtet. Man sah deutlich, wie sein Nebenmann ein Stück von ihm wegrückte. Alle betrachteten ihn mit einem Gemisch von Ekel, Mitleid und Grauen. Er war gestürzt, einsam und vollkommen verlassen, darum, daß er ertappt worden war. Es gab nur *eine* Meinung über Petersen, und das war die, daß er wirklich »der Schandfleck der Klasse« sei. Man anerkannte und akzeptierte seinen Fall ebenso widerstandslos, wie man Timms und Buddenbrooks Erfolge und das Unglück des armen Mumme anerkannt und akzeptiert hatte ... Und er selbst tat desgleichen.

Wer unter diesen fünfundzwanzig jungen Leuten von rechtschaffener Konstitution, stark und tüchtig für das Leben war, wie es ist, der nahm in diesem Augenblicke die Dinge völlig wie sie lagen, fühlte sich nicht durch sie beleidigt und fand, daß alles selbstverständlich und in Ordnung sei. Aber es gab auch Augen, die sich in finsterer Nachdenklichkeit auf einen Punkt richteten ... Der kleine Johann starrte auf Hans Hermann Kilians breiten Rücken, und seine goldbraunen, bläulich umschatteten Augen waren ganz voll von Abscheu, Widerstand und Furcht ... Doktor Mantelsack aber fuhr fort zu unterrichten. Er rief einen anderen Schüler auf, irgendeinen, Adolf Todtenhaupt, weil er für heute ganz und gar die Lust verloren hatte, die Zweifelhaften zu prüfen. Und dann kam noch einer daran, der mäßig vorbereitet war, und nicht einmal wußte, was »patula Jovis arbore, glandes« hieß, weshalb Buddenbrook es sagen mußte ... Er sagte es leise und ohne aufzublicken, weil Doktor Mantelsack ihn fragte, und erhielt ein Kopfnicken dafür.

Und als es mit den Produktionen der Schüler zu Ende war, hatte die Stunde auch jedes Interesse verloren. Doktor Mantelsack ließ einen Hochbegabten auf eigene Faust weiter übersetzen und hörte ebenso wenig zu, wie die anderen vierundzwanzig, die anfingen, sich für die nächste Stunde zu präparieren. Dies war nun gleichgültig. Man konnte niemandem ein Zeugnis dafür geben, noch überhaupt den dienstlichen Eifer darnach beurteilen ... Auch war die Stunde nun gleich zu Ende. Sie war zu Ende; es schellte. So hatte es kommen sollen für Hanno. Sogar ein Kopfnicken hatte er bekommen.

»Nun«, sagte Kai, als sie inmitten der Kameraden über die gotischen Korridore ins Chemiezimmer gingen ... »Was sagst du jetzt, Hanno! Wenn sie die Stirn des Cäsar werden sehen ... Du hast ein unerhörtes Glück gehabt!«

»Mir ist übel, Kai«, sagte der kleine Johann. »Ich will es gar nicht, das Glück, es macht mir übel ...«

Und Kai wußte, daß er in Hannos Lage genau so empfunden haben würde.

Das Chemiezimmer war ein Gewölbe mit amphitheatralisch aufsteigenden Bänken, einem langen Experimentiertisch und zwei Glasschränken voller Phiolen. Die Luft war in der Klasse zuletzt wieder sehr heiß und schlecht gewesen, aber hier war sie gesättigt mit Schwefelwasserstoff, mit dem soeben experimentiert worden war, und stank über alle Maßen. Kai riß das Fenster auf, stahl dann Adolf Todtenhaupts Reinschriftheft und begann in großer Eile das Pensum abzuschreiben, das heute vorzuweisen war. Hanno und mehrere andere Schüler taten dasselbe. Das nahm die ganze Pause in Anspruch, bis es schellte und Doktor Marotzke erschien.

Dies war der tiefe Oberlehrer, wie Kai und Hanno ihn nannten. Es war ein mittelgroßer, brünetter Mann, mit außerordentlich gelbem Teint, zwei Wulsten an der Stirn, einem harten und schmierigen Bart und ebensolchem Haupthaar. Er sah beständig übernächtigt und ungewaschen aus, was aber wohl auf Täuschung beruhte. Er unterrichtete in den Naturwissenschaften, aber sein Hauptgebiet war die Mathematik, und er galt für einen bedeutenden Denker in diesem Fache. Er liebte es, von den philosophischen Stellen der Bibel zu sprechen, und zuweilen, in guter und träumerischer Stimmung, ließ er sich vor Sekundanern und Primanern herab, seltsame Auslegungen geheimnisvoller Schriftstellen zu liefern ... Außerdem aber war er Reserveoffizier und zwar mit Begeisterung. Als Beamter, der zugleich Militär war, stand er bei Direktor Wulicke aufs beste angeschrieben. Er hielt von allen Lehrern am meisten auf Disziplin, musterte die Front der strammstehenden Schüler mit kritischem Blick und verlangte kurze und scharfe Antworten. Diese Mischung von Mystizismus und Schneidigkeit war ein wenig abstoßend ...

Die Reinschriften wurden vorgezeigt, und Doktor Marotzke ging umher und tippte auf jedes Heft mit dem Finger, wobei gewisse Schüler, die nichts geschrieben hatten, ihm ganz andere Bücher oder alte Arbeiten vorlegten, ohne daß er dies bemerkte.

Dann begann er den Unterricht; und wie soeben gelegentlich des Ovid, so hatten die fünfundzwanzig jungen Leute sich jetzt mit Rücksicht auf Bor, Chlor oder Strontium über ihren Diensteifer auszuweisen. Hans Hermann Kilian ward belobigt, weil er wußte, daß $BaSO_4$ oder Schwerspat das gebräuchlichste Fälschungsmittel sei. Überhaupt war er der Beste, darum, weil er Offizier werden wollte. Hanno und Kai wußten gar nichts, und in Doktor Marotzkes Notizbuch erging es ihnen übel.

Und als es mit dem Prüfen, Verhören und Zeugnisgeben zu Ende war, war auch das Interesse an der Chemiestunde allerseits so gut wie erschöpft. Doktor Marotzke fing an, ein paar Experimente zu machen, ein wenig zu knallen und farbige Dämpfe zu entwickeln, aber das war gleichsam nur, um den Rest der Stunde auszufüllen. Schließlich diktierte er das Pensum, das fürs nächste Mal zu lernen war. Dann klingelte es, und auch die dritte Stunde war vorüber.

Alle waren vergnügt, bis auf Petersen, den es heute getroffen hatte; denn jetzt kam eine lustige Stunde, vor der sich keine Seele zu fürchten brauchte, und die nichts als Unfug und Amüsement versprach. Es war das Englische bei dem Kandidaten Modersohn, einem jungen Philologen, der seit ein paar Wochen probeweise in der Anstalt wirkte oder, wie Kai Graf Mölln es ausdrückte, ein Gastspiel auf Engagement absolvierte. Aber er hatte wenig Aussicht, engagiert zu werden, es ging allzu fröhlich in seinen Stunden zu...

Einige blieben im Chemiesaale und andere gingen ins Klassenzimmer hinauf; aber auf dem Hofe brauchte jetzt niemand zu frieren, denn droben auf dem Korridor hatte schon während der Pause Herr Modersohn die Aufsicht, und der wagte keinen hinunterzuschicken. Auch galt es, Vorbereitungen zu seinem Empfange zu treffen...

Es wurde nicht einmal ein wenig stiller in der Klasse, als es zur vierten Stunde schellte. Alles schwatzte und lachte, voll Freude auf den Tanz, der nun bevorstand. Graf Mölln, den Kopf in beide Hände gestützt, fuhr fort, sich mit Roderich Usher zu beschäftigen, und Hanno saß still und sah dem Spektakel zu. Einige ahmten Tierstimmen nach. Ein Hahnenschrei zerriß die Luft, und dort hinten saß Wasservogel und grunzte genau wie ein Schwein, ohne daß man sehen konnte, daß diese Laute aus

seinem Innern kamen. An der Wandtafel prangte eine große Kreidezeichnung, eine schielende Fratze, die der Rhapsode Timm vollbracht hatte. Und als dann Herr Modersohn eintrat, konnte er trotz der heftigsten Anstrengungen die Tür nicht hinter sich schließen, weil ein dicker Tannenzapfen in der Spalte stak, der erst von Adolf Todtenhaupt entfernt werden mußte ...
Der Kandidat Modersohn war ein kleiner, unansehnlicher Mann, der beim Gehen eine Schulter schräg voranschob, mit einem säuerlich verzogenen Gesicht und sehr dünnem schwarzen Bart. Er war in furchtbarer Verlegenheit. Immer zwinkerte er mit seinen blanken Augen, zog den Atem ein und öffnete den Mund, als wollte er etwas sagen. Aber er fand nicht die Worte, die nötig waren. Nach drei Schritten, die er von der Tür aus zurückgelegt, trat er auf eine Knallerbse, eine Knallerbse von seltener Qualität, die einen Lärm verursachte, als habe er auf Dynamit getreten. Er fuhr heftig zusammen, lächelte dann in seiner Not, tat als sei nichts geschehen und stellte sich vor die mittlere Bankreihe, indem er sich nach seiner Gewohnheit, schief gebückt, mit einer Handfläche auf die vorderste Pultplatte stützte. Aber man kannte diese seine Lieblingsstellung, und darum hatte man diese Stelle des Tisches mit Tinte beschmiert, so daß Herr Modersohn sich nun seine ganze kleine, ungeschickte Hand besudelte. Er tat, als bemerke er es nicht, legte die nasse und geschwärzte Hand auf den Rücken, blinzelte und sagte mit weicher und schwacher Stimme: »Die Ordnung in der Klasse läßt zu wünschen übrig.«
Hanno Buddenbrook liebte ihn in diesem Augenblick und blickte unbeweglich in sein hilflos verzogenes Gesicht. Aber Wasservogels Grunzen ward immer lauter und natürlicher und plötzlich prasselten eine Menge Erbsen gegen die Fensterscheibe, prallten ab und fielen rasselnd ins Zimmer zurück.
»Es hagelt«, sagte jemand laut und deutlich; und Herr Modersohn schien dies zu glauben, denn er zog sich ohne weiteres aufs

Katheder zurück und verlangte nach dem Klassenbuche. Dies tat er nicht, um jemanden einzuschreiben; sondern, obgleich er bereits fünf oder sechs Unterrichtsstunden in dieser Klasse erteilt hatte, kannte er doch die Schüler bis auf einige wenige noch nicht und war genötigt, die Namen aufs Geratewohl aus dem schriftlichen Verzeichnis abzulesen.

»Feddermann«, sagte er, »wollen Sie, bitte, das Gedicht aufsagen.«

»Fehlt!« schrie eine Menge verschiedenartiger Stimmen. Und dabei saß Feddermann groß und breit an seinem Platze und schnellte mit unglaublicher Geschicklichkeit Erbsen durch die ganze Stube.

Herr Modersohn blinzelte und buchstabierte sich einen neuen Namen zusammen.

»Wasservogel«, sagte er.

»Verstorben!« rief Petersen, der vom Galgenhumor ergriffen worden war. Und unter Füßescharren, Gegrunz, Gekräh und Hohngelächter wiederholten alle, daß Wasservogel tot sei.

Herr Modersohn blinzelte abermals, er blickte um sich, verzog säuerlich den Mund und sah dann wieder ins Klassenbuch, indem er mit seiner kleinen, ungeschickten Hand auf den Namen zeigte, den er nun aufrufen wollte.

»Perlemann«, sagte er ohne viel Zuversicht.

»Leider dem Wahnsinn verfallen«, sprach Kai Graf Mölln klar und fest; und unter wachsendem Hallo wurde auch dies bestätigt.

Da stand Herr Modersohn auf und rief in den Lärm hinein: »Buddenbrook, Sie werden mir eine Strafarbeit anfertigen. Wiederholt sich Ihr Lachen, so werde ich Sie tadeln müssen.« Dann setzte er sich wieder. – In der Tat, Buddenbrook hatte gelacht, er war über Kais Witz in ein leises und heftiges Lachen geraten, dem er nicht Einhalt gebieten konnte. Er fand ihn gut, und besonders das »Leider« erschütterte ihn mit Komik. Als aber Herr Modersohn ihn anherrschte, wurde er ruhig und blickte still und finster auf den Kandidaten. Er sah in diesem Augenblick alles an ihm, jedes jämmerliche Härchen seines Bartes, der überall die Haut durchscheinen ließ, und seine braunen, blanken, hoffnungslosen Augen; sah, daß er gleichsam zwei Paar Manschetten an seinen kleinen, ungeschickten Händen trug, weil seine Hemdärmel an den Gelenken ebenso lang und breit waren, wie die eigentlichen Manschetten, sah seine ganze armselige und verzweifelte Gestalt. Er sah auch in sein Inneres hinein. Hanno Buddenbrook war beinahe der einzige, den Herr Modersohn schon mit Namen kannte, und das benutzte er dazu, ihn beständig zur Ordnung zu rufen, ihm Strafarbeiten zu diktieren und ihn zu tyrannisieren. Er kannte den Schüler Buddenbrook nur deshalb, weil er sich durch stilles Verhalten von den anderen unterschieden hatte, und diese Sanftmut nützte er dazu aus, ihn unaufhörlich die Autorität fühlen zu lassen, die er den Lauten und Frechen gegenüber nicht geltend zu machen wagte. Selbst das Mitleid wird einem auf Erden durch die Gemeinheit unmöglich gemacht, dachte Hanno. Ich nehme nicht daran teil, Sie zu quälen und auszubeuten, Kandidat Modersohn, weil ich das brutal, häßlich und gewöhnlich finde, und wie antworten Sie mir? Aber so ist es, so ist es, so wird es immer und überall sich verhalten, dachte er, und Furcht und Übelkeit stiegen wieder in ihm auf. Und daß ich Sie obendrein so widerlich deutlich durchschauen muß! ... Endlich fand sich einer, der weder tot noch wahnsinnig war und es übernehmen wollte, die englischen Verse aufzusagen. Es handelte sich um ein Gedicht, das »The monkey« hieß, ein kindisches Machwerk, das man diesen jungen Leuten, die sich großenteils aufs Meer, ins Geschäft, ins ernsthafte Lebensgetriebe sehnten, zugemutet hatte, auswendig zu lernen.

»Monkey, little merry fellow,
Thou art nature's punchinello...«

Es gab eine Menge Strophen, und der Schüler Kaßbaum las sie aus seinem Buche vor. Herrn Modersohn gegenüber brauchte man sich nicht den geringsten Zwang anzutun. Und der Lärm war immer noch ärger geworden. Alle Füße waren in Bewegung und scharrten den staubigen Boden. Der Hahn krähte, das Schwein grunzte, die Erbsen flogen. Die Zügellosigkeit berauschte die fünfundzwanzig. Die ungeordneten Instinkte ihrer sechzehn, siebzehn Jahre wurden wach. Blätter mit den obszönsten Bleistiftzeichnungen wurden emporgehoben, umhergeschickt und gierig belacht...

Auf einmal verstummte alles. Der Rezitierende unterbrach sich. Herr Modersohn selbst richtete sich auf und lauschte. Etwas Liebliches geschah. Feine und glockenreine Klänge drangen aus dem Hintergrunde des Zimmers und flossen süß, sinnig und zärtlich in die plötzliche Stille. Es war eine Spieluhr, die jemand mitgebracht hatte, und die »Du, du liegst mir am Herzen« spielte, mitten in der englischen Stunde. Genau aber in dem Augenblick, da die zierliche Melodie verklang, vollzog sich etwas Fürchterliches... es brach über alle Anwesenden herein, grausam, unerwartet, übergewaltig und lähmend.

Ohne daß nämlich geklopft worden wäre, öffnete sich mit einem Ruck die Tür sperrangelweit, etwas Langes und Ungeheures kam herein, stieß einen brummenden Lippenlaut aus und stand mit einem einzigen Seitenschritt mitten vor den Bänken... Es war der liebe Gott.

Herr Modersohn war aschfahl geworden und zerrte den Armstuhl vom Katheder herunter, indem er ihn mit seinem Schnupftuche abwischte. Die Schüler waren emporgeschnellt wie ein Mann. Sie preßten die Arme an die Flanken, stellten sich auf die Zehenspitzen, beugten die Köpfe und bissen sich auf die Zungen vor rasender Devotion. Es herrschte tiefe Lautlosigkeit. Jemand seufzte vor Anstrengung, und dann war alles wieder still.

Direktor Wulicke musterte eine Weile die salutierenden Kolonnen, worauf er die Arme mit den trichterförmigen schmutzigen Manschetten erhob und sie mit weit gespreizten Fingern senkte, wie jemand, der voll in die Tasten greift. »Setzt euch«, sagte er dabei mit seinem Kontrabaßorgan. Er duzte jedermann.

Die Schüler versanken. Herr Modersohn zog mit zitternden Händen den Armstuhl herbei, und der Direktor setzte sich zur Seite des Katheders. »Bitte, nur fortzufahren«, sagte er; und das klang genau so entsetzlich, als hätte er gesagt: »Wir werden ja sehen, und wehe demjenigen ...

Es war klar, warum er erschienen war. Herr Modersohn sollte vor ihm eine Probe seiner Unterrichtskunst ablegen, sollte zeigen, was die Real-Untersekunda in sechs oder sieben Stunden bei ihm gelernt hatte; es galt Herrn Modersohns Existenz und Zukunft. Der Kandidat bot einen traurigen Anblick, als er wieder auf dem Katheder stand und jemanden zur Wiederholung des Gedichtes »The monkey« aufrief. Und wie bislang nur die Schüler geprüft und begutachtet worden waren, so geschah es nun gleichzeitig auch mit dem Lehrer ... Ach, es erging beiden Teilen schlecht! Das Erscheinen Direktor Wulickes war eine Überrumpelung, und niemand, bis auf zwei oder drei, war vorbereitet. Herr Modersohn konnte unmöglich die ganze Stunde lang Adolf Todtenhaupt fragen, der alles wußte. Da »The monkey« in Gegenwart des Direktors nicht mehr abgelesen werden konnte, so ging es jammervoll, und als die Lektüre von »Ivanhoe« an die Reihe kam, konnte eigentlich nur der junge Graf Mölln ein wenig übersetzen, weil bei ihm ein privates Interesse für den Roman vorhanden war. Die übrigen stocherten hustend und hilflos zwischen den Vokabeln umher. Auch Hanno Bud-

denbrook ward aufgerufen und kam nicht über eine Zeile hinweg. Direktor Wulicke stieß einen Laut aus, wie wenn die tiefste Saite des Kontrabasses heftig angestrichen wird. Herr Modersohn rang seine kleinen, ungeschickten, mit Tinte besudelten Hände und wiederholte jammernd: »Und sonst ging es immer so gut! Und sonst ging es immer so gut!«
Dies wiederholte er noch, als es schellte, verzweiflungsvoll halb an die Schüler und halb an den Direktor gewendet. Aber der liebe Gott stand fürchterlich aufgerichtet, mit verschränkten Armen vor seinem Stuhle und blickte mit abweisendem Kopfnicken starr über die Klasse hinweg... Und dann befahl er das Klassenbuch und schrieb langsam allen denjenigen, deren Leistungen soeben mangelhaft oder gleich Null gewesen waren, einen Tadel wegen Trägheit hinein, sechs oder sieben Schülern auf einmal. Herr Modersohn konnte nicht eingeschrieben werden, aber er war schlimmer daran als alle; er stand da, fahl, gebrochen und abgetan. Hanno Buddenbrook aber war ebenfalls unter den Getadelten. – »Ich will euch eure Karriere schon verderben«, sagte Direktor Wulicke noch. Und dann verschwand er.
Es schellte, die Stunde war aus. So hatte es kommen sollen. Ja, so war es immer. Wenn man sich am meisten ängstigte, so ging es einem, wie aus Hohn, beinahe gut; aber wenn man nichts Übles gewärtigte, so kam das Unglück. Hannos Avancement zu Ostern war nun endgültig unmöglich. Er stand auf und ging mit müden Augen aus dem Zimmer, indem er seine Zunge an dem kranken Backenzahne scheuerte.
Kai kam zu ihm, legte den Arm um ihn und ging mit ihm, inmitten der erregten Kameraden, die über die außerordentlichen Ereignisse disputierten, auf den Hof hinunter. Er blickte ängstlich und liebevoll in Hannos Gesicht und sagte: »Verzeih, Hanno, daß ich eben übersetzt habe und nicht lieber stillschwieg und mich auch einschreiben ließ! Es ist so gemein...«

»Habe ich vorhin nicht auch gesagt, was ›patula Jovis arbore, glandes‹ heißt?« antwortete Hanno. »Das ist nun schon so, Kai, laß es gut sein. Man muß es gut sein lassen.«
»Ja, das muß man wohl. – Also der liebe Gott will dir die Karriere verderben. Dann mußt du dich wohl darein ergeben, Hanno; denn wenn es sein unerforschlicher Wille ist... Die Karriere, was für ein liebes Wort! Herrn Modersohns Karriere ist nun auch dahin. Er wird nie Oberlehrer werden, der Arme! Ja, es gibt Hilfslehrer und es gibt Oberlehrer, mußt du wissen, aber Lehrer gibt es nicht. Dies ist nun etwas, was man nicht so leicht verstehen kann, weil es nur für ganz Erwachsene ist und solche, die vom Leben gereift sind. Man könnte sagen: Jemand ist ein Lehrer oder er ist keiner; wie jemand ein Oberlehrer sein kann, das verstehe ich nicht. Man könnte damit vor den lieben Gott oder Herrn Marotzke hintreten und es ihnen auseinandersetzen. Was würde geschen? Sie würden es als Beleidigung nehmen und dich wegen Unbotmäßigkeit vernichten, während du doch eine sehr viel höhere Meinung von ihrem Beruf an den Tag gelegt hättest, als sie selber besitzen können... Na, laß sie, komm, es sind lauter Nashörner.«
Sie gingen auf dem Hofe spazieren, und Hanno horchte wohlgefällig auf das, was Kai zum besten gab, um ihn seinen Tadel vergessen zu lassen.
»Sieh, hier ist eine Tür, eine Hoftür, sie ist offen, da draußen ist die Straße. Wie wäre es, wenn wir hinausträten und ein bißchen auf dem Trottoir umhergingen? Es ist Pause, wir haben noch sechs Minuten; und wir könnten ja pünktlich zurückkehren. Aber die Sache ist die: es ist unmöglich. Verstehst du das? Hier ist die Tür, sie ist offen, es ist kein Gitter davor, nichts, kein Hindernis, hier ist die Schwelle. Und dennoch ist es unmöglich, schon der Gedanke ist unmöglich, auch nur auf eine Sekunde hinauszutreten... Nun, sehen wir davon ab! Aber nehmen wir ein anderes Beispiel. Es wäre gänzlich verkehrt, zu sagen, daß

die Uhr jetzt ungefähr halb zwölf ist. Nein, es kommt jetzt die Geographiestunde an die Reihe: so verhält es sich! Nun frage ich aber jedermann: ist dies ein Leben? Alles ist verzerrt... Ach, Herr Gott, wollte die Anstalt uns erst aus ihrer liebenden Umarmung entlassen!«

»Ja, und was dann? Nein, laß nur, Kai, dann wäre es auch noch so: Was soll man anfangen? Hier ist man wenigstens aufgehoben. Seit mein Vater tot ist, haben Herr Stephan Kistenmaker und Pastor Pringsheim es übernommen, mich tagtäglich zu fragen, was ich werden will. Ich weiß es nicht. Ich kann nichts antworten. Ich kann nichts werden. Ich fürchte mich vor dem Ganzen...«

»Nein, wie kann man so verzagt reden! Du mit deiner Musik...«

»Was ist mit meiner Musik, Kai? Es ist nichts damit. Soll ich umherreisen und spielen? Erstens würden sie es mir nicht erlauben, und zweitens werde ich nie genug dazu können. Ich kann beinahe nichts, ich kann nur ein bißchen phantasieren, wenn ich allein bin. Und dann stelle ich mir das Umherreisen auch schrecklich vor... Mit dir ist es anders. Du hast mehr Mut. Du gehst hier herum und lachst über das Ganze und hast ihnen etwas entgegenzuhalten. Du willst schreiben, willst den Leuten Schönes und Merkwürdiges erzählen, gut: das ist etwas. Und du wirst sicher berühmt werden, du bist so geschickt. Woran liegt es? Du bist lustiger. Manchmal in der Stunde sehen wir uns an, wie vorhin einen Augenblick, bei Herrn Mantelsack, als Petersen unter allen, die abgelesen hatten, einen Tadel bekam. Wir denken dasselbe, aber du schneidest eine Fratze und bist stolz... Ich kann das nicht. Ich werde so müde davon. Ich möchte schlafen und nichts mehr wissen. Ich möchte sterben, Kai!... Nein, es ist nichts mit mir. Ich kann nichts wollen. Ich will nicht einmal berühmt werden. Ich habe Angst davor, genau als wäre ein Unrecht dabei! Es kann nichts aus mir werden, sei

sicher. Neulich nach der Konfirmationsstunde hat Pastor Pringsheim zu jemandem gesagt, man müsse mich aufgeben, ich stammte aus einer verrotteten Familie ...«
»Hat er das gesagt?« fragte Kai mit angespanntem Interesse ...

Alfred Döblin
Sein letzter Unterricht

Morgens um einhalb neun Uhr fuhr Becker an der Schule vor. Den roten nüchternen Steinkasten zwischen den grauen Mietskasernen in einer engen Seitenstraße hatte er als Lehrer am 3. August 1914 verlassen. Die Straßen waren damals geflaggt – überall auf Straßen und Plätzen Uniformierte und Trupps von Zivilisten, jungen Männern, unter Führung von Unteroffizieren, die zu einem Bahnhof wollten, um verladen zu werden –, Spannung, Erregung, Rausch in der Stadt, und schon Siegesnachrichten, und jeder wollte mitmachen – die Kasernen konnten die Freiwilligen, die sich meldeten und Schlange standen, nicht bewältigen.

Das alte Gebäude hatte Triumphe und Niederlagen des Krieges überstanden. Es schien leicht in sich eingesunken zu sein; es war schmutziger geworden. Der Anbau nach der Straße zu beherbergte die Sammlungen, Bibliothek, Dienstwohnungen. Das hohe eiserne Tor führte an der Pförtnerwohnung vorbei auf den weiten Schulhof. Der Hof war jetzt leer. Rechts standen die Turngeräte, das Klettergerüst, die Barren.

Vier Jahre war das alles aus Beckers Leben weggewischt gewesen, jetzt nahmen es seine Augen wieder auf. Ob es wieder an seinen alten Platz tritt? Bin ich jemand, der aus der Unterwelt wieder auftaucht, und wieder nichts?

Da lagerte breit der düsterrote Backsteinbau, das Gymnasium, schwer und freudlos. Beckers Schritt über den Hof verlangsamte sich. Das Haus, ernst und drohend, unterschied sich in nichts von anderen Bauten, die der Staat errichtete, von Bahnhöfen, Kasernen, Krankenhäusern, Gefängnissen. Er schreckte zurück. Wieder unter das Joch gehen?

Den weichen schwarzen Hut in die Stirn gedrückt, den blau-

grauen dicken Wintermantel um seinen langen mageren Rumpf gezogen, beide Hände in den Taschen, am linken Unterarm eingehakt den starken Stock, hielt Friedrich vor den untersten Stufen, die zu der Eingangshalle der Schule führten, und zögerte.
Aber während er noch überlegte, tastete sich schon der eine Fuß auf die nächste Stufe, sein Körper hob sich. Er war im Gehen, stand vor dem offenen Eingang und trat ein.
Aber als die kreisrunde Halle sich über ihm wölbte und die weißen Säulen ihre Doppelreihe, zwei Polypenarme, um ihn schoben und die getünchte Decke ihn mit ihren toten Augen anbläkte, schwankte er und beeilte sich, zur Wand auf eine Bank zu kommen.
Da saß er minutenlang, gebeugt. Irgend etwas hier rührte an die Schrecken seiner Krise. Er raffte sich auf. Rechts zweigte sich ein Gang ab, der in das Lehrerzimmer führte. Vor dem Zimmer am Fenster stand ein kleiner Tisch mit Gesteinsproben; er beugte sich darüber; eine Versteinerung lag da mit einem Farnkraut aus einer Urperiode. Ein Gedanke kündigte sich in Friedrich an, ein Gedanke an Urdinge, aber er vollendete sich nicht.
Becker betrat das Lehrerzimmer.
Der gelbe Mitteltisch, die Reihe der Stühle rechts und links. Er legte ab, nahm Platz, blätterte in einer Lehrerzeitung. Die Glocke schrillte; neun Uhr.
Ein Lehrer nach dem anderen trat ein, mit und ohne Hefte und Bücher, kurze Begrüßungen. Der Direktor kam auf Becker zu und schüttelte ihm freudig die Hand. Während sie zusammenstanden, erschien Dr. Krug, der behäbige Naturwissenschaftler, Beckers alter Freund, der noch nichts von Beckers Entschluß wußte. So gerührt war Krug von Beckers unerwartetem Anblick hier in den alten Räumen, daß er ihn umarmte. Beim zweiten Klingelzeichen stieg der Direktor mit Becker langsam die Treppe hinauf, an der Periklesbüste vorbei im ersten Stock,

an der Bismarckbüste im zweiten Stock. Nahe der Aula lag die Prima.

Die Klasse, fünfzehn junge Männer, erhob sich schweigend, als der Direktor in Begleitung eines unbekannten langen, blassen und viel jüngeren Herrn eintrat. Als die beiden das Lehrerpodium betraten und die Klasse sich setzte, sprang ein Schüler auf und stellte, von Becker mit einem Kopfnicken bedankt, einen zweiten Stuhl auf das Podium.

Der Direktor, im schwarzen langen Gehrock, distinguiert, das volle glatte und etwas jungenhafte Gesicht rosig, die dünne Lage der blonden Haare glänzend und sorgfältig in der Mitte gescheitelt, redete, ohne sich zu setzen, seine ›lieben Freunde‹ an. Er stellte ihnen ihren neuen und eigentlichen Griechischlehrer vor: »Herr Dr. Becker hat der Schule, wie Sie aus Mitteilungen in der Aula und aus dem Schulprogramm wissen, große Ehre gemacht. Er ist aus dem Feld mit dem Eisernen Kreuz und leider auch schwer verletzt zurückgekehrt. Die schwere, nun behobene Verletzung hat ihn bis jetzt vom Unterricht ferngehalten. Machen Sie ihm, meine lieben Freunde, den Wiedereintritt in den Schulbetrieb durch Fleiß und ernste Arbeit leicht.«

Die Klasse trampelte studentisch Beifall.

Becker begleitete den Chef zur Tür. Als er allein auf das Podium trat, donnerte der Beifall noch einmal und hörte erst auf, als er saß und die Hände hob.

Der Primus, ein langer, blasser, bebrillter Jüngling, kam und wies ihm im Klassenbuch die Liste der Schüler; zwei fehlten wegen Krankheit. Becker rief die Anwesenden einzeln auf. Jeder stand auf, Becker blickte ihn an, nickte und sagte »Danke«. Dann griff er nach dem Buch, das ihm der Direktor hinterlassen hatte, und der Unterricht begann: die ›Antigone‹ von Sopho-

Da die Lektüre des Stücks im Detail beendet war, sollte man sich jetzt ein Bild des Ganzen machen. Becker regte an, die

Dichtung ›Antigone‹ mit den beiden andern Dichtungen aus demselben Stoffkreis zu vergleichen, mit ›König Ödipus‹ und ›Ödipus auf Kolonos‹.

Ein Rothaariger von der zweiten Bank, der sehr rasch und mit einer hohen piepsenden Stimme sprach, erzählte:

In ›König Ödipus‹ und ›Ödipus auf Kolonos‹ kämen zwar auch Frauen vor; in der ›Antigone‹ sei aber eine Frau die Heldin. Es zeigte sich, daß dem Rothaarigen diese Heldin nicht gefiel. Sie verstieße gegen die Gesetze des Staates, und noch dazu während eines Krieges, und zwar aus einem privaten Motiv, und demnach geschehe ihr ganz recht. Bei einer Tragödie müsse man nach Aristoteles Furcht und Mitleid für den Helden empfinden, wovon bei einer so unsympathischen Heldin von vornherein keine Rede sein könne. Ferner wäre da noch der Bräutigam des ›Mädchens‹ (der junge Mann nannte Antigone hartnäckig zum Vergnügen der Klasse das ›Mädchen‹), der Sohn des Königs Kreon. Daß der sich ihretwegen aufhänge, als eigener Sohn des Königs, wäre geradezu jämmerlich. Das Stück strotze von Sentimentalität.

Nach dieser vielversprechenden Einleitung kam es zur Debatte. Nur einer nahm sich der Antigone, des ›Mädchens‹, an: sie sei mutig, sogar enorm für ein Mädchen. Aber das ›Mädchen‹ blieb verdammt.

Becker begriff: diese Debatte sollte eine Huldigung für ihn sein. Man hielt es für nötig, Männlichkeit herauszukehren, und glaubte ihm, dem heimkehrenden Krieger, diese Haltung schuldig zu sein.

Einer strich den ›König Ödipus‹ heraus. Das sei ein wirkliches Drama. Ödipus habe auch eine Schuld auf sich geladen, aber dann stehe er seinen Mann und vollziehe eigenhändig die Strafe an sich.

Nun wartete man gespannt, was Becker bringen werde. Es war sein Debüt in der Klasse. Die verschwiegene Ovation, die ihm die Diskussion gebracht hatte, freute ihn. Er besaß also Kredit bei der Klasse.

»Lassen Sie uns über das Tragische in diesen drei Stücken sprechen. Worin besteht die Tragödie des Ödipus?«

Man wiederholte: er habe eine schwere Schuld auf sich geladen, die Ermordung seines Vaters, die Ehe mit seiner eigenen Mutter, und dann erfolge die Sühne.

»Lassen Sie uns nachdenken«, bat Becker. »Nennen Sie mir nicht nur die Taten, sondern zeigen Sie mir, inwiefern und ob er daran schuldig ist. Er ist der Täter – ist er auch der Urheber, der Schuldige?«

Man begriff, worauf er hinauswollte: der delphische Orakelspruch, der den Taten vorausging.

Ein großer blonder Bursche auf der ersten Bank sagte langsam und leise: »Es ist nicht seine Schuld. Es liegt ein Orakel vor, aus der Zeit vor seiner Geburt. Es prophezeit, er werde die beiden Verbrechen begehen. Sobald er später davon hört, tut er alles, was er kann, um nicht in Schuld zu verfallen.«

Die Klasse widersprach heftig: »Darum hat er noch immer den alten Laios getötet und die Jokaste geheiratet, und das wäscht ihm kein Regen ab.«

Der sehr selbstsichere Rothaarige rief herüber: »Ödipus würde es sich sehr verbitten, daß er nicht verantwortlich sein soll. Sonst würde er die Sache doch einfach auf sich beruhen lassen und erklären: was kann ich dafür. Statt dessen sticht er sich die Augen aus.«

Der blonde ruhige Bursche auf der ersten Bank, Heinz Riedel, fragte nach einer Pause: »Bitte, dann erklärt mir: wie soll er es einrichten, um nicht zu morden? Seine Eltern haben ihn wegen des Orakels gleich nach seiner Geburt ausgesetzt. Er ist bei einem Schuster aufgewachsen. Er hat weder seinen eigenen Namen noch den seiner Eltern kennengelernt. Später nimmt ihn der König Polybius von Korinth zu sich, den hält er für seinen

Vater, und da erfährt er, er werde der Mörder seines Vaters sein. Sofort zieht er seine Konsequenzen, kehrt nicht mehr nach Korinth zurück, und da muß ihm nun auf der Landstraße, an einem engen Kreuzweg, ein völlig unbekannter alter Mann begegnen, es kommt zu Streitigkeiten wegen des Ausweichens, der Alte schlägt zuerst und Ödipus trifft unglücklicherweise so, daß der Alte stürzt und tot ist. Von Ödipus aus war das eine gewöhnliche Schlägerei. Er kümmerte sich auch nicht weiter darum.«

Der Rothaarige, Neumann mit Namen, rief von hinten: »Dann wäre es also eine bloße Zufallsangelegenheit. Dann ist das Stück überhaupt keine Tragödie.«

Als der Blondhaarige schwieg, ermunterte ihn Becker: »Riedel, Sie können der Frage nicht ausweichen. Liegt keine Schuld vor?«

Riedel: »Es war einfach nicht zu vermeiden. Es war Schicksal.«

Becker, dem der warme ruhige Ton des Jungen gefiel: »Es lag auf den Menschen. Dann waren also die Menschen nicht schuldig? Sind vielleicht die Götter schuldig, bei den Griechen?«

Riedel: »Über den Göttern steht noch die Moira.«

Becker: »Richtig: das unentrinnbare Geschick. Und so denkt Sophokles. Sophokles zeigt im Drama die völlige Ohnmacht der Menschen gegenüber einem unentrinnbaren Schicksal, dessen Sinn und Motiv, dessen Beziehung zu sich sie nicht begreifen. Sobald Ödipus diesem Geschick begegnet, sucht er ihm auszuweichen. Aber das Fatum läßt sich nicht prellen. Ödipus muß den schrecklichen Weg gehen, der ihm – er weiß nicht warum – vorgezeichnet ist. Er will das Beste. Er sträubt sich umsonst. Man sieht das handgreiflich in dem Abschnitt seines Lebens, wo er glaubt, seinem Vater in Korinth entfliehen zu müssen, und wie er flieht, aber nur, um eben auf dieser Landstraße, die er dann wandert, seinem Vater zu begegnen. Und das Verhängnis nimmt seinen Lauf.«

Die Klasse schwieg. Von der freudigen Verdammung des ›Mädchens‹ Antigone war man abgekommen. Man sah die Sache des Ödipus, aber man konnte nichts damit anfangen.
»Es bleibt also die Frage offen – wenn wir nicht vom bloßen Zufall in diesem Stück sprechen wollen –, wo dann hier wirklich in unserm Sinn Schuld und Verantwortung liegen. Die menschliche Freiheit, die persönliche Freiheit, ist für uns die Voraussetzung für die Verantwortung. Sie ist das Kernstück der Tat. Wir werden, denke ich, ein Drama dann eine Tragödie nennen, wenn in ihm ein Held mit ganzer Kraft etwas Großes und Würdiges erstrebt, das aber menschliche Kräfte übersteigt. So kämpft Prometheus gegen die Götter oder ein gefallener Engel gegen die Macht des Himmels, er wird in den Abgrund geschleudert. Die Tat, für die diese leiden, haben sie gewollt. Die Rechnung geht auf. Im ›Ödipus‹, bemerken Sie, stimmt die Rechnung für unsere Begriffe nicht. Dann wollen wir nun forschen: empfindet Ödipus selber seine Taten so wie einige von Ihnen, als Zufallstaten?«
Da kam man dann langsam auf die düsteren Umstände zu sprechen, welche dem Orakelspruch und der Geburt des Ödipus vorausgingen. Es kam eine furchtbare Vorgeschichte zum Vorschein – vom Vater, vom Großvater des Ödipus, und dieser längst tote Großvater, ergab sich jetzt, hatte vom Gott Apollo eine Warnung erhalten, eine gewisse Ehe zu schließen.
Er schlug aber, resümierte Becker, die göttliche Warnung in den Wind. »Und da wurde ihm dann, dem Gottlosen, Laios geboren, der ermordet wurde, und dem Laios der Ödipus, der sich blenden mußte, und dem Ödipus zwei Söhne, die sich gegenseitig umbrachten, und jene arme Antigone, mit deren traurigem Schicksal wir uns zuletzt befaßt haben. Einer, ein einzelner, hatte in der Vergangenheit also eine Schuld begangen, wie in der biblischen Geschichte Adam. Aber diese eine Schuld, die Schuld dieses einen, war groß, weil sie sich gegen die göttliche

Macht richtete. Das Leiden der Kinder als eine Folge der Schuld der Eltern und Voreltern. Die Kinder wissen von nichts, aber der Fluch liegt auf ihnen, und sie zerstören sich selber.«
Beklommen saßen die Schüler.
Friedrich blickte in die Klasse hinein und schloß die Augen. Sie waren die Kinder, die Erben, herangewachsen, während man draußen im Krieg lag. Sie übernahmen die Schuld der Älteren – und wußten nichts.
Hinten flüsterten zwei. Becker lud sie ein, zu sprechen.
Schließlich sagte der eine: »Ich dachte an die Geschlechtskrankheiten.«
Becker mußte ihn drängen, sich zu erklären. Der junge Mensch bekam einen roten Kopf und gab an, er habe gelesen, Geschlechtskrankheiten gingen auf die Kinder über, wenigstens oft. Manche Kinder würden daher als Idioten geboren.
Becker: »Richtig. Also auch die späte Folge eines Vorgangs und eine, die sich nicht auf eine einzelne Person beschränkt. Da macht quasi die Natur die Familie kollektiv für etwas verantwortlich, und die Familienmitglieder können sich dieser Solidarität nicht entziehen. Wir haben da eine Art Erbfluch auf körperlichem Gebiet.«
Noch immer lag der Druck auf der Klasse. Becker freute sich: sie protestieren, sie nehmen kein Schicksal an.
Jetzt drehte sich der lange, blasse Primus nach der Klasse um, machte eine kleine Kopfbewegung, hob vorsichtig seine Brille von der Nase, und während er sie sorgfältig mit einem Lederläppchen putzte, bemerkte er ruhig:
»Man liest auch, daß sich Begabungen vererben, manchmal auch die Anlage zu Verbrechen und zu krankhaften Neigungen.«
Totenstille in der Klasse. Der Primus setzte sich lansam die Brille wieder auf und fixierte unbefangen Becker. Man räusperte sich. Einer flüsterte kichernd: »Alles ist Schicksal, Ver-

brechen gibt's nicht mehr, die Gefängnisse können zumachen. Da könnte ja jeder, der etwas pekziert, sich mit seiner Großmutter rausreden.«

Der Primus nickte zustimmend und meinte sachlich: »Das denke ich auch. Darum sind wir auch für König Kreon.«

Becker begriff diese eigentümlich unterstrichene Bemerkung Schröters nicht. Das Verhalten der Klasse war so sonderbar, und während er noch nachdenklich in seinem Buch blätterte, äußerte sich der Rothaarige wieder:

»Da bleibt es also dabei, was ich vorhin sagte: Schuld hat nur, wer selber etwas pekziert, und da darf er sich mit nichts herausreden.«

Becker, unsicher wie er war, hatte das dunkle Gefühl, er täte am besten, von diesem Thema abzugehen. Er bat darum die Klasse, wieder die Texte aufzuschlagen, man würde auf die Sache in der nächsten Stunde zurückkommen.

Und man begann mit dem erschütternden Wechselgesang zwischen Antigone und dem Chor. Antigone, verurteilt und von den Wächtern abgeführt, singt ihr Totenlied:

»Seht mich, ihr Bürger meiner Vaterstadt, seht mich auf meinem letzten Weg. Zum letzten Male sehe ich das Sonnenlicht, das nicht mehr für mich ist. Hades, der den Schlaf gibt, hat meine Hand gefaßt und führt mich lebend aus dem Reich der Lebenden an das Ufer der Unterwelt.«

Sie singt von ihrer Brautschaft, die solch ein Ende nehmen muß: »Den Herrn des schwarzen Sees muß ich heiraten«, worauf der Chor mit Trostworten antwortet, die ihr keine sind:

»Ruhmreich und gepriesen du, die du hinunterziehst zum tiefen Platz des Todes. Dich hat nicht Krankheit und Siechtum verwüstet. Das Schwert hat dich nicht hinweggerafft.«

Becker fühlte, wie er der Übersetzung folgte und seine Bemerkungen machte, daß er zu kämpfen hatte, um sich von einer Beklemmung zu befreien. Er wußte jetzt klar: Schröters Hinweis

zielte auf den Direktor. Aber was nahm sich dieser glatte und kalte Bengel eigentlich heraus. Man glaubte, im Unterricht sich solche Bemerkungen gestatten zu dürfen, ein Schüler gegen seinen Direktor. Die Dinge mußten weit gediehen sein.
In der Pause spazierte Becker mit dem rundlichen Doktor Krug auf dem Hof. Die Schüler der Oberklasse flüsterten hinter ihm, Becker war heute Schulgespräch. Er sah eine Gruppe seiner Primaner um Schröter, den Primus, versammelt. Sie diskutierten heftig. Wie Becker mit Krug vorbeiging, verstummten sie.
Wieder dröhnendes Trampeln, als er die Klasse betrat. Man beendete die Übersetzung des großen Wechselgesanges. Der Chor preist jetzt Antigones Geschick:
»Du bist vorgestoßen zu dem höchsten Gipfel des Wagnisses, und vor dem Thron, auf dem die Gerechtigkeit sitzet, bist du, meine Tochter, gestürzt in einem schmerzreichen Fall.«
Antigone aber klagt:
»Ohne Freude, ohne Hochzeitsgesang werde ich weggeführt in meinem Jammer auf diese Reise, die keinen Aufschub duldet. Glücklos soll ich nicht länger des Tages heiliges Auge erblicken. Es klagt kein Freund hinter mir. Um mein Schicksal vergießt keiner eine Träne.«
»Womit«, fragte Becker, als man die Bücher schloß, »wollen wir uns jetzt beschäftigen? Haben Sie die Pause dazu benutzt, um die Probleme der antiken Tragödie weiter zu diskutieren?«
Man lächelte. Becker lud den Primus, den schmächtigen feinen Jungen (er hatte etwas von einem Zierbengel an sich) ein, zu sprechen. Der machte Umstände, erklärte dann, etwas für die Klasse sagen zu wollen.
Sie hätten sich alle gefreut, daß er bei ihnen die Griechischstunde übernommen hatte, die einen aus dem, die andern aus jenem Grunde (lautes »Hm, hm« von mehreren Bänken, dann ein scharfes »Pst«). Man würde sich aber besonders freuen, wenn er etwas aus dem Krieg erzählte.

Begeistertes Trampeln.
Becker bat, auf die Klassen unten Rücksicht zu nehmen. Dann: er wolle es sich überlegen. Er bäte, ihm etwas Zeit zu lassen, der Augenblick werde sich finden.
Wieder ein Ansatz zum Trampeln, der aber rasch unterdrückt wurde. Becker blätterte in seinem Text. Was bedeutete dieser geheimnisvolle Hinweis auf die verschiedenen Gründe, wegen deren die Klasse seine Rückkehr begrüßte? Was sollte das »Hm, hm« und »Pst«? Er würde sich doch wegen der Sache mit Krug ins Benehmen setzen müssen.
Nun zum Thema. Es herrschte keine große Begeisterung, sich überhaupt noch mit der Antigone zu befassen. Diese Kriegsgeneration lehnte das Stück als schwächlich und sentimental ab. Der Primus machte sich zum Sprachrohr der Klasse: »Antigone hat wirklich keine Sympathie bei uns. Ihr einer Bruder hat sich tapfer für seine Vaterstadt geschlagen, er ist gefallen und wird mit Ehren begraben. Das geht in Ordnung. Der andere Bruder war ein Verräter, der gegen seine Heimat eine große feindliche Armee mobilisierte. Das ist so, als wenn heute Spartakisten Frankreich einladen würden, Truppen hierher zu schicken, damit sie Deutschland unterkriegen. (»Gut!« aus der Klasse.) Wenn in dem Stück Polyneikes, der Rebell, bei seinem Versuch fällt, so tun die Thebaner recht, ihn auf dem Felde liegen zu lassen.«
Becker: »Und seine Schwester Antigone?«
Schröter, der Primus: »Sollte ebenso denken. Sie ist selber Thebanerin und erwachsen genug, um zu wissen, was vorgeht. Selbst als Frau sollte sie das wissen. Kreon hätte nicht nötig, deswegen eine besondere Verfügung zu erlassen. Er tut es doch, und trotzdem geht Antigone vor das Tor.«
Es war sichtlich die allgemeine Auffassung. Sophokles mit seiner Schicksalsidee und seiner Heldin war hier glatt durchgefallen.

Der Primus meinte noch keck, Becker werde als Offizier und Soldat, der im Felde stand, sicher ihre Auffassung teilen.
Die Primaner hingen an seinen Lippen. Becker strich sich über Stirn und Wangen. Er ging die Klasse hinunter und lehnte am Fenster, die Arme übereinander geschlagen.
»Sie haben mich gebeten, Ihnen von meinen Kriegserlebnissen zu sprechen. Ich kann in gewissser Hinsicht mein Versprechen schon jetzt erfüllen, wenn ich, ohne direkt vom Krieg zu sprechen, Ihnen meine Stellung zum Fall der Antigone darlege. Sie werden natürlich finden: ich als Lehrer, der sein Unterrichtsfach und seinen Lehrstoff verteidigt, als Altphilologe, werde doch meinen lieben Sophokles nicht fallenlassen. Nein, es ist doch mehr.
In der vorigen Stunde konnten Sie sich mit der griechischen Schicksalsidee, der Erbschuld, nicht befreunden. Es ist aber die antike Idee. Der Mensch in der vorchristlichen Zeit empfand nicht wie wir, nicht so persönlich, so bewußt seiner Person, seines Ichs. Darum ist es auch mit dem Handeln eines antiken Helden etwas Besonderes. Die antiken Helden ringen förmlich darum, handeln zu können. Aber es gelingt ihnen nicht. Es gelingt ihnen nicht, ihr Ich zu erhaschen und seine Tat zu tun. Nun Antigone. Grade sie freilich können wir beinah ohne die alte Schicksalsidee erfassen, und das hat auch das Stück so frisch erhalten. Sie handelt, jedenfalls zunächst, völlig aus ihrem Gefühl heraus. Der Gefallene ist einfach ihr Bruder. Sie läßt sich in diesem Gefühl nicht beirren – und da kann der König dies oder jenes befehlen. Es ist ihr Bruder und sie hat die schwesterliche Pflicht, ihn zu betrauern und zu bestatten. Ihrem Gefühl folgend fordert sie den König heraus und verletzt willentlich und wissentlich das Staatsgesetz. Sie begeht also wirklich eine Tat in unserem Sinn und macht sich schuldig. Jetzt lassen Sie uns diese Tat betrachten.«
Nun hob ein sehr erwachsener, breitschultriger und großköpfi-

ger Bursche aus der Mitte der Klasse die Hand, August Schramm, Sohn eines linken Bezirksverordneten dieser Gegend, selber schon in Arbeiterorganisationen tätig, der ›Rote‹ der Klasse. Er wollte zu der Tat Antigones etwas sagen. Er machte erst abfällige Bemerkungen über das Stück überhaupt: Fabeln aus der Urzeit, Vatermord, Blutschande, lauter Greuel, finsterster Aberglauben.

Dann fuhr er fort: »Aber Antigone stellt einen modernen Typ dar. Sie steht einem Tyrannen gegenüber und pariert eben nicht, wie einige hier gern möchten. Ihr Bruder ist gefallen, und daß er beerdigt wird, steht bei ihr fest, und das läßt sie sich nicht nehmen. Wenn der König es verbietet, so beweist das, was solche Tyrannen sich herausnehmen. Ob sie ein Weib oder ein Mann ist, bleibt dabei gehüpft wie gesprungen. Schlimm genug, daß sich in der Stadt keine Männer dafür finden.«

Becker (er bemerkte die eisige Miene der andern): »Antigone vertritt also, wenn ich Sie recht verstehe, das Recht der Person, des Individuums, gegenüber dem Staat?«

Schramm: »Das politische Recht des Unterdrückten gegen den Tyrannen. Und da stellt sich Sophokles auf ihre Seite. Und wenn das Stück so berühmt ist, so kommt es daher, daß es, wie Schillers ›Wilhelm Tell‹, zur politischen Freiheitsdichtung gehört.«

Der Rothaarige hakte ein (man merkte, diese beiden waren unversöhnliche Gegner): »Antigone ist ein Weib, das nicht die mindeste Ahnung davon hat, was ein Staat ist. Daß man sich seine Gefühle zu verkneifen hat, wenn es um die Allgemeinheit geht und daß sich manche sogar für den Staat opfern,das geht in ihren kleinen Gehirnkasten nicht hinein. Sie kann nur wie ein Schloßhund jaulen, nachdem man ihr auf den Fuß getreten hat. Es ist eigentlich eine ausgefallene Idee, eine solche Person, die ihrer Umgebung mit ihren Gefühlen Schwierigkeiten bereitet und die imstande ist, alle zu gefährden, zu einer tragischen Heldin aufputzen zu wollen.«

Hinten rief einer bestätigend: »Sie ist bloß lächerlich.«
Becker rang verzweifelt die Hände: »Es wird immer schlimmer.«
Man lachte.
Der ›rote‹ Schramm: »Natürlich folgt sie ihrem Gefühl. Es wäre noch schöner, wenn sie nicht reagierte. Sie läßt sich die Roheit des Tyrannen nicht gefallen und tut, was sie kann. Greulich bloß, daß der Chor dabeisteht und Trauerlieder singt, statt dreinzuschlagen.«
»Revolution gefällig?« warf ihm der streitsüchtige Neumann zu.
»Warum nicht?« gab Schramm zurück.
Neumann: »Schramm will natürlich die Sache auf ein anderes Geleis bringen. Angeblich folgt Antigone mit ihrer Tat gar nicht ihrem Gefühl, sondern hat ein bestimmtes politisches Ziel. Davon sehe ich nichts. Sie überlegt sich nichts. Ihre Schwester Ismene ist viel klüger.«
Becker bat, wieder die Bücher aufzuschlagen.
Man las Vers vierhundertfünfzig.
Der Wächter hat eben Antigone bei einer Kulthandlung an der Leiche ihres Bruders ertappt und führt sie Kreon vor. Der König befragt sie in Gegenwart des Wächters:
»Du, die ihr Antlitz tief zur Erde senkt, gestehst du oder nicht die Tat?«
Antigone: »Ich gestehe.«
Worauf der Wächter entlassen wird und die eigentliche Vernehmung beginnt.
Kreon fragt, ob sie das Gesetz kannte, welches die Bestattung des Polyneikes als eines Staatsfeindes verbot? Sie bejaht.
Kreon: »Und du nahmst dir heraus, das Gesetz zu übertreten?«
Da antwortet Antigone: »Ja, denn es war nicht Zeus, der das Gesetz erlassen, noch sind von dieser Art Gesetze, welche die Gerechtigkeit erläßt, die bei den himmlischen Göttern wohnt,

noch schien es mir, daß deine Dekrete von solcher Kraft wären, daß ein Sterblicher ihretwegen die ungeschriebenen und unfehlbaren Anweisungen des Himmels beiseite schieben dürfte. Denn deren Leben und Gültigkeit ist nicht von heute und gestern, sondern für alle Zeit, und kein Mensch weiß, wann sie zuerst gegeben wurden.«

Becker: »Hier haben wir das Zentrum des Stücks. Antigone bekräftigt noch später (Vers fünfhundertachtzehn) ihre Auffassung, als Kreon ihr vorhält, daß ihr Bruder als Feind des Vaterlandes fiel. Sie weicht nicht und antwortet: ›Der Hades fordert die Totenriten.‹ Sie gibt auch nicht nach, als Kreon in Wut ausbricht und ihr zu verstehen gibt: ›Die Totenwelt ist dann der rechte Platz für dich.‹«

Becker, wieder an seinem Pult, schloß: »Man sieht also: Antigone folgt mit ihrer Tat keinem blinden Impuls, sondern läßt sich von allgemein anerkannten, sittlichen, religiösen Vorstellungen leiten. Antigone kämpft überhaupt nicht. Sie fühlt sich als ein Instrument. Sie dient dem göttlichen Gesetz. Sie ist ihm auf Gedeih und Verderb verbunden. Und damit leitet sie, ohne es zu wissen, auch die Auflösung des schrecklichen Erbfluches ein. Sie unterwirft sich dem göttlichen Gebot.«

Kühl und schnoddrig bemerkte Schramm, der Sozialist: »Man soll den Griechen ihre religiösen Ideen nicht weiter übelnehmen. Die Leute von damals waren eben nicht vernünftiger. Ohne diese Märchen von Zeus und Hades wäre das Stück noch besser und könnte direkt zeitgemäß wirken.«

»Zeitgemäß wodurch?« mokierte sich der Primus. »Immer wegen deiner Revolution? Darauf beißt ja nicht mal der Chor an.«

»Weil der feige ist. Er läßt Antigone im Stich. Aber der Tyrann hat die Antigone begriffen und handelt danach. Auch die Anhänger von Tyrannen würden sie sofort verstehen. Sie haben es ja auch hier verstanden.«

Der Primus: »Wo?«

Schramm: »Hier in der Klasse. Darum ist euch ja das Stück nicht sympathisch.«
Der Primus erhob sich und wandte sich hilfeflehend an Becker, ihn vor politischen Beschimpfungen im Unterricht zu schützen. Kräftiges Trampeln folgte. Ein weniger kräftiges Scharren suchte zu protestieren.
Becker winkte ab: im Unterricht würde niemand daran denken, einen andern beschimpfen zu wollen. Er denke, das sei auch keinem eingefallen.
Er war sehr ernst. Er lobte die Klasse, daß sie das Stück nicht bloß ästhetisch und als eine Übersetzungsaufgabe nehme. Er wolle ihnen aber nochmal den Konflikt vor Augen halten, und sie möchten sich damit in Ruhe auseinandersetzen.
»Wie verhält man sich zum Staat? fragt Sophokles. Er macht sich die Sache nicht leicht, nicht so leicht, wie einige von Ihnen meinten. Daß kleine billige Gefühle vor allgemeinen Notwendigkeiten zurückzutreten haben, darüber diskutiert er gar nicht. Antigone, bemerken Sie das gut, steht nicht als eine beliebige Privatperson der Staatsmacht in der Person des Königs gegenüber, sondern sie vertritt ein Prinzip, welches mindestens so legitim ist wie das, welches der König vertritt. Sie meinten, Schramm, sie wäre eine Rebellin und riefe zur Revolution auf. Sie ist mutig, aber keine Rebellin. Sie ist überhaupt das Gegenteil einer Revolutionärin. Wenn einer im Stück Umstürzler ist, so ist es – wundern Sie sich nicht – Kreon, der König. Sie haben es noch nicht bemerkt? Ja, er in seinem in der Tat tyrannischen Willen, in seinem Stolz, Sieger und endlich König zu sein, er glaubt sich über geheiligte Traditionen, über uralte Selbstverständlichkeiten hinwegsetzen zu können. Denn es war in dem kultivierten Griechenland eine Selbstverständlichkeit, daß die Familie ihre Toten betrauert und begräbt. Sie hatte die Pflicht, bei der Bestattung gewisse Zeremonien zu üben und die Totengötter zu ehren. Kreon glaubt, diese alten frommen Sitten igno-

rieren zu können. Er glaubt, nachdem er den Feind besiegt und vernichtet hat, mit ihm auch über den Tod hinaus machen zu können, was er will. Aber da sind Grenzen, die von einer andern Macht gesetzt sind. Er stößt gegen das Übernatürliche. Von da kommen Gesetze, an denen niemand rütteln darf und die so stark sind, daß sie es sich erlauben können, aus dem Mund eines schwachen Mädchens zu sprechen. Denn diese unsichtbaren Mächte haben ihre Gesetze an dem sichersten Ort niedergelegt, in den Herzen der Menschen. Auf solch ungeschriebenes Gesetz beruft sich Antigone. Alle Menschen wissen von diesem Gesetz, auch Kreon. Er glaubt, es brechen zu können, und Antigone muß in den Tod gehen. Aber er selbst erhält eine furchtbare Lehre.«
Man saß still. Keiner wußte etwas zu sagen. Man nahm es an, aber lau. Man wußte im Augenblick noch nicht, wie sich dazu stellen. Das alles lag sehr abseits. Es konnte stimmen, aber wen ging es etwas an? Antike Sitten bei einer Leichenbestattung, und eine Frau regt sich dabei auf und beruft sich auf ein ungeschriebenes Gesetz in ihr. Eigentlich komisch.
Wieder meldete sich der feine glatte Schröter, der Primus, um mit seiner gleichmäßig ruhigen, kalten Stimme zu bemerken: »Ohne die Richtigkeit dieser Lehre von dem ungeschriebenen Gesetz antasten zu wollen, möchte ich doch die Frage stellen: Wie weit kommt man damit? Der Staat muß sich doch auf etwas verlassen. Er muß mit klaren, geschriebenen Paragraphen arbeiten, die ein für allemal festgesetzt sind. In den Paragraphen eines geschriebenen Gesetzbuches drückt sich die Moral eines Volkes aus. Man darf unter keinen Umständen einem Bürger die Möglichkeit geben, und noch dazu in Kriegszeiten, sich auf göttliche Eingebungen zu berufen, die ihm zuteil geworden wären, womit er das ganze Staatsleben in Unordnung bringen kann.«
Schon während Schröter sprach, gab der blonde Riedel Zei-

chen, daß er sich zum Wort melde. Als ihn nun Becker einlud, zu reden, zögerte er und saß mit einem roten Gesicht da. Er brachte schließlich hervor, er hätte nichts Besonderes hinzuzufügen, er wolle nur sagen, von sich aus, daß ihm Beckers Darstellung einleuchte und daß er ... Er stotterte einiges, Becker nickte ihm zu, um ihn zu ermuntern, es kam aber nichts mehr. Nun erklärte Becker, man wolle jetzt das Thema verlassen, und falls jemand noch Fragen zu stellen hätte, so stünde er im Lehrerzimmer zur Verfügung. Übrigens würde man, in dem oder jenem Zusammenhang, noch auf die Fragen zu sprechen kommen. Er fühlte sich angestrengt von der Debatte. Sie deprimierte ihn.

Der Primus und Riedel meldeten sich nachher. Kurios, wie sie vor der Tür des Lehrerzimmers standen: Becker fand sie nebeneinander, und einer blickte fremd am andern vorbei. Zuerst kam der Primus herein. Er bat um eine kurze Besprechung, wenn möglich außerhalb der Schule.

Becker bestellte ihn auf den Spätnachmittag in seine Privatwohnung. Der Primus machte auf ihn auch bei dem kurzen Gespräch einen unangenehmen Eindruck. Er hatte eine sonderbare kategorische Art, um die ›Besprechung‹, wie er sich ausdrückte, zu bitten – als wenn es sich nicht um ein gern bewilligtes Gespräch, sondern um eine dienstliche Angelegenheit handle.

Der blonde Riedel stand wieder glühendrot da und fing richtig wieder damit an, Becker stammelnd zu danken und zu versichern, daß er mit ihm übereinstimme. Becker dankte freundlich dem jungen Menschen, der schwitzte. Er hatte natürlich noch irgend etwas anderes auf dem Herzen. Er wollte etwas ganz anderes vorbringen. Becker ermunterte ihn. Aber er kam nicht damit heraus. Abrupt beendete der junge Mensch die Unterhaltung, machte eine Verbeugung. »Vielen Dank«, und war weg, ohne einen Blick in Beckers Gesicht zu wagen.

Der Direktor ließ sich an diesem Vormittag nicht sehen. Auch Krug blieb unsichtbar. Da machte sich Becker, als das große Haus still war und Lehrer und Schüler in ihren Klassen saßen (welche ungeheure Lernfabrik), wieder auf den Weg nach Hause.

Die Griechischstunde am nächsten Vormittag war von neun bis zehn. Als Becker an der Pförtnerwohnung vorbeiging, fegte der Pförtner grade Schnee und drehte sich, als er Beckers Schritte hörte, zu ihm um und sagte ohne Gruß:

»Herr Dr. Becker, Herr Direktor läßt Sie bitten, zwischen zehn und elf auf seine Wohnung zu kommen.«

Becker: »Seine Wohnung? Tut Herr Direktor heute keinen Dienst?«

Der Schuldiener fegte schon wieder: »Weiß nicht. Professor Wendig vertritt.« Absolutes Schweigen, als Becker die Klasse betrat.

Er setzte sich, öffnete das Buch und warf einen Blick in die Klasse. Der Primus saß unbefangen auf seinem Platz, der Junge hatte sich gut in der Gewalt. Riedel fehlte, schade. Becker wies auf den leeren Platz:

»Riedel krank? Weiß einer was von ihm?«

Absolutes Schweigen.

Becker: »So.«

Sie wissen etwas, wahrscheinlich mehr als ich.

Die Klasse hatte sich vor seinem Eintritt etwas ausgedacht. Es sollte ein kleines Theater, eine Art Haberfeldtreiben gegen ihn werden. Dieser Becker hatte sie enttäuscht. Sie hatten von einem Frontoffizier etwas Kräftiges, Heroisches erwartet. Und da kam dieser Mann mit solchem flauen Gerede. Als Frontoffizier so von Staat und Vaterland zu reden. Und nun hatte der Primus noch herausgebracht und allen erzählt, daß dieser Mensch mit dem übel beleumundeten Direktor in Verbindung stand, vielleicht selber so einer war. In der Pause um neun hatte der Primus die Parole ausgegeben: sich von dem Mann nichts bieten lassen, unter allen Umständen passive Resistenz und Obstruktion.

Als Becker aber eintrat, sein Buch aufschlug und in die Klasse blickte, wurde alles ganz anders. Da saß am Pult ein hoher, hagerer und ruhiger Mensch, sehr ernst, sehr bleich, mit einem eigensinnig strengen Gesicht, die Stirn breit, um den Mund scharfe Linien, wahrscheinlich von langer Krankheit. Ihn anzublicken war, wie in ein fernes unbekanntes Land zu reisen. Das erlebten die Primaner. Sie bemerkten vor ihm, daß ein Mensch mehr ist als seine bloße Sichtbarkeit, daß er ein Zeichen für etwas hinter ihm ist. Es geht auch etwas von ihm aus, er bildet ein Spannungsfeld, das andere Spannungsfelder entstehen läßt.

Becker blickte in die Klasse. Es waren die Augen, die den Satan gesehen hatten. Er sah auf vierzehn junge Menschen, die etwas gegen ihn vorhatten.

Sie lauern, ich weiß, sie wollen mich nicht annehmen. Warum nicht? Sie kommen mit alten schlechten Gedanken, aus den Häusern, die den Krieg nicht erlebt haben. Sie sind keine jungen Leute, sie sind das Jahr 1900 und 1910.

Er begann den Unterricht mit der Bemerkung, man würde heute noch einen letzten Blick auf die ›Antigone‹ werfen. Eine historische Notiz voraus: die drei Stücke aus dem Ödipuskreis, der ›König Ödipus‹, ›Ödipus auf Kolonos‹ und die ›Antigone‹, sind nicht in dieser Reihenfolge geschrieben worden. Die ›Antigone‹ war das zweiunddreißigste Stück von Sophokles, der ›Kolonos‹ aber fällt in sein Greisenalter. Damals, etwa neunzig Jahre alt, hatte der Dichter viel erlebt, aber der ›Kolonos‹, sein letztes Stück, verrät keine Bitterkeit wie etwa das Altersstück unseres größten neuzeitlichen Dramatikers, Shakespeares ›Timon von Athen‹. Sophokles, obwohl tief resigniert, schreibt in seinem ›Kolonos‹, wie Cicero später sagte, das allerzarteste Gedicht. Das geheimnisvolle Wirken des Schicksals bleibt der

Grundgedanke. Die Welt ist von ewigen Gesetzen beherrscht, und die Menschen, das ist Sophokles' besondere Note im Unterschied zu seinem Vorgänger Äschylus, leiden schuldlos. Uns bleibt nur Ehrfurcht und fromme Scheu gegenüber den Göttern, die die Geschicke leiten.
Becker wußte nicht, wie sehr er die Klasse damit ärgerte, die großen Jungen, die nur durch seine achtunggebietende Gestalt niedergehalten wurden.
Sie saßen unschlüssig da und warfen sich Blicke zu, bis der rothaarige Neumann, der Streithammel der Klasse, Mut faßte und die Frage stellte, ob man noch einmal auf einen gewissen Punkt bei der ›Antigone‹ zurückkommen könne.
»Bitte!« sagte Becker.
Aber da hatte Neumann eigentlich nicht viel zu sagen. Er wiederholte nur seine These von dem Backfisch Antigone, dem Mädchen, das keine Ahnung von Staat und Nation hätte und ahnungslos in die gewaltigsten politischen Dinge hineinschlittere.
Becker, der begriff, worauf es hinausging, blieb geduldig und sprach nur seine Verwunderung darüber aus, daß danach offenbar alles, was man über das ungeschriebene Gesetz gesprochen hätte, in den Wind geredet worden sei. Er fragte:
»Warum verstopfen Sie eigentlich Ihre Ohren dagegen? Warum wollen Sie es nicht annehmen?«
Munter antwortete Neumann mit seiner hellen Stimme: »Weil wir es eben so ansehen. Weil wir diese Figur der Antigone ablehnen, weil sie uns herausfordert. Da soll ein ungeschriebenes Gesetz vom Himmel herunterkommen. Das kann schließlich jeder sagen. Dann bleibt bloß rätselhaft, warum sie allein davon weiß. Und ein himmlisches Gesetz über das Beerdigungswesen. Man sieht bloß wieder einmal, worauf eine aufgeregte Frau in ihrer Verbohrtheit verfallen kann.«
Die ganze Klasse lachte.

Schramm, der Größte in der Klasse, der Sozialist, trat auf die Seite seiner Feinde und gab mit seiner tiefen, langsamen Stimme folgendes zum besten:
»Daran, was Neumann gesagt hat, ist etwas Richtiges. Jede Zeit hat eben ihre Ammenmärchen, und dafür sind besonders Frauen Abnehmer. Und warum grade Frauen? Weil man sie systematisch vom öffentlichen Leben ausschließt.«
»Laß bloß deine ollen Kamellen«, warf ihm Neumann zu. »Du denkst immer, du bist in einer Volksversammlung.«
»Prinz von Homburg«, rief einer von hinten. Es war offenbar ein Stichwort. Becker fragte, was man damit wolle. Der Primus antwortete (es war Regie):
»Das Problem Staat und Individuum, Staat gegen Individuum oder Individuum gegen Staat, findet in der ›Antigone‹ seine griechische Lösung. Der ›Prinz von Homburg‹ von Heinrich Kleist, den wir jetzt grade lesen, gibt die deutsche Lösung. Der Prinz befolgt einen Befehl nicht, im Krieg, bei Fehrbellin. Aber obwohl er die Schlacht sogar zum Siege bringt, wird er zum Tode verurteilt, wegen Eigenmächtigkeit. Und er erkennt das als Deutscher auch ohne weiteres an. Er nimmt keine Zuflucht zu irgendeinem unbekannten Gesetz. (Zuruf: ›Wäre damit auch beim Großen Kurfürsten schlecht angekommen!‹) Er erkennt die Souveränität des Staates und seine eigene Gehorsamspflicht an. Das Vaterland ist ihm wie seinem Kurfürsten das höchste Gut.«
Was half es Becker, da doch sichtbar eine Art Komplott vorlag, daß er diese Gegenüberstellung der ›Antigone‹ und des ›Prinzen von Homburg‹ ablehnte. Seinen Erklärungen setzte der Primus nonchalant die Bemerkung entgegen: »Gut, dann ist das eben griechisch. Wir haben dazu nichts zu sagen. Es ist uns fremd, exotisch. Für uns Deutsche ist und bleibt und soll bleiben das Vaterland das höchste Gebot, und zwar absolut und durchaus. Und da werden keine Kompromisse zugelassen.«

Becker blickte auf den feinen intelligenten Primus, das Herrchen, das dasaß und sich nichts anmerken ließ. Er bezwang sich. Diese Generation hat nichts gelernt. Wann würden sie wohl lernen? Wodurch? Wie tief mußte das Messer schneiden, bis sie Schmerz empfanden? Und ohne daß er wußte, warum, kam er auf den Krieg zu sprechen, ein Plädoyer in eigener Sache:

»Nehmen Sie ein praktisches Beispiel. Keiner von uns, die 1914 ins Feld zogen, warf die Frage auf: göttliches Recht oder Staatsrecht? Es war wie 1813, der König rief und alle, alle kamen. Wir waren Männer, wir hatten den Treueid geschworen und folgten der Fahne. Keiner von denen, die ich kannte, niemand, der auch nur einmal den Staat, unseren Staat kritisierte und sich von ihm als einzelner absonderte. Keiner von uns zögerte, für ihn in den Tod zu gehen.«

Man saß still. Erst einzelnes Trampeln. Dann trampelte die ganze Klasse.

»Wir gehorchten. Die Antithese: Individuum gegenüber dem Staat existiert aber dauernd im Frieden. Sie soll und muß existieren, da wir Träger des Staates sind. Bei Ausbruch eines Krieges müssen Sie sich über Ihr Verhältnis zum Staat völlig klar sein, um gut zu wissen: dafür gebe ich mein Leben hin.«

Becker begann jetzt sehr leise zu sprechen, den Blick auf die Pultplatte. Er stand zum erstenmal als Christ unter Heiden und war gezwungen zu bekennen, auch wenn es zum Martyrium führte:

»Es ist ein furchtbares Ding, in die Hand des lebenden Gottes zu fallen. Das zeigte auch dieser Krieg. Wir standen in Deutschland strahlend da. Und so traten wir in den Krieg ein. Wir haben uns mit unserer ganzen Kraft, mit unserem ganzen Willen und Wissen eingesetzt und sind zusammengebrochen, als Kollektivum. Es ist unter diesen Umständen sinnlos und unwürdig, wie man es jetzt im Ausland tut, nach Kriegsverbrechern zu suchen. Man liest, daß unsere ehemaligen Gegner Listen vorbereiten mit Namen von Männern, die die eigentlichen Kriegsschuldigen wären. Wir alle, jung oder alt, die leben, die vor dem Krieg gelebt haben und am Krieg teilnahmen, hüben und drüben, sind schuldig. Das Ganze ging in den Krieg, das Volk, und wurde bestraft.«

Schröter räusperte sich laut und warf, als Becker pausierte, in einem leichten Ton ein: Woran soll man denn schuldig sein?«

Andere, die schon eingeschüchtert waren, nickten: »Ja, bitte, worin soll eine Schuld liegen?«

Becker: »Da haben Sie die dunkle Frage. Sie sehen die Strafe. Das Unglück liegt auf der Hand. Untersuchen Sie, es hat keiner eine greifbare Schuld. So wenig Ödipus eine hatte. Aber irgend etwas, etwas über uns, fällt sein Verdikt.«

Der Primus, auf den die ganze Klasse blickte, saß straff aufgerichtet da und hörte Becker zu, als spräche er zu ihm. Er hielt den Mund gespitzt und sprach zu Becker, als wenn er ihn verhörte:

»Und wer soll dieses dunkle Etwas sein, dieses über uns, bitte?«

Sein hochmütiger Ton irritierte den blassen und versonnenen Mann, den Lehrer da oben, nicht. Der war schon im Zug, die Gedanken zu äußern, die ihn befielen, und er fing unvermittelt vom Tod an:

»Hinter der Frage ›Staat oder Individuum‹ oder ›Pflicht gegen Staat und ein ungeschriebenes Gesetz‹ versteckt sich die Frage nach dem Tod. Und da sind wir eigentlich auf den Kernpunkt der Tragödie ›Antigone‹ gestoßen. Einige von Ihnen haben Anstoß daran genommen, daß sich eine ganze Tragödie auf dem Streit aufbauen soll: soll ein Toter beerdigt werden oder nicht? Ihnen schien solch Streit wegen einer Bestattung und seine ungeheuerlichen Konsequenzen absurd. Aber, um es Ihnen exakt zu formulieren: das Thema der ›Antigone‹ ist weder ›Gefühl gegen Pflicht‹ noch ›Pflicht gegen den Staat gegenüber

Pflicht gegen die Himmlischen‹, sondern: ›wie hat sich die Welt der Lebenden zur Welt der Toten zu verhalten?«
Die Schüler unten blickten sich an, einige grinsten, einer flüsterte: »Fatzke«, andere waren gefesselt und mußten folgen.
Becker: »Die Heldin des Stücks empfindet den Tod als ein sehr wichtiges Ding. Und in der Tat: der eigentliche Held des Stükkes ist nicht sie, sondern – der tote Polyneikes. Es handelt sich in dem Stück um den Rechtsanspruch eines Toten an die Lebenden. Ein Krieger ist gefallen. Er hat kein reines Andenken hinterlassen. Dieser Tote wird nicht sichtbar und nicht fühlbar, nicht einmal hörbar, aber er drängte sich in die Sphäre der Lebenden ein und findet einen Anwalt in seiner Schwester Antigone. Es ist eine Frau, die sich seiner annimmt. Wie die Frau das Ungeborene, das noch nicht Vorhandene empfängt. Er ist behindert und kann sich selbst nicht äußern, aber er agiert in ihr, bedient sich ihres Körpers und ihrer Seele, und sie kann sich ihm nicht entziehen. Und sie entzieht sich ihm auch nicht. Denn was er fordert, ist sein Recht. Sie spricht und bringt seine Argumente vor. Eine Stütze seiner Existenz, eine Pflege wird von dem Toten verlangt. Wir wollen uns nicht mit den Vorstellungen der Alten über die Existenzweise der Toten befassen. Sie stellten sich vor, die Toten lebten als Schatten in der Unterwelt. Aber sicher war den Alten: das Leben des Menschen fällt nicht mit seiner sichtbaren Existenz zusammen. Er ragt darüber hinaus. Die Alten meinten, wie wir auch aus diesem herrlichen Stück erfahren: wir sollen mit Ehrfurcht und Schaudern auf das Jenseits unserer sichtbaren Existenz blicken.«
(So wie Antigone sich ihres einen toten Bruders annimmt, habe ich mich vieler Gefallener anzunehmen, vieler zu früh Gestorbener und bewußtlos Dahingegangener. Ich weiß es, ich diene ihnen, ich vergesse sie nicht.)
Er fuhr fort, nach einer jetzt recht respektvollen Bitte aus der Mitte der Klasse, doch von sich aus mehr darüber zu sagen –

auf eine Weise, die sie überraschte. Er sprach nämlich von der merkwürdigen Gegenbewegung in unserm astronomischen und unserm geistigen Weltbild. Mit Kopernikus hätte sich unsere astronomische Welt erweitert, die Erde, die früher kaum ein paar tausend Jahre alt war, habe jetzt ihre Jahrmillionen auf dem Buckel, und von der Weite des Weltalls könne man schon überhaupt nicht mehr reden, alle Begriffe, alle Zahlenvorstellungen versagten da.

»Und entgegengesetzt dazu die Schrumpfung unserer geistigen Welt. Der Mensch wird immer kleiner, immer unbedeutender. Die Abstammungslehre verdammt ihn zu einer einzelnen Tierart in einer riesigen Reihe. Sein Geist wird zu einem Organ der Nützlichkeit, zu einem bloßen Instrument, womit er sich auf der Erde behauptet. Und wenn dann der Tod über solch Menschentier kommt, so kann natürlich sein Sterben nicht viel mehr Interesse beanspruchen als das eines Kalbes oder eines Grashalmes.

Aber nun sehen wir einmal selber ruhig die Dinge an. Da liegt im Stück des Sophokles auf dem Feld der Stadt ein Toter, ein gefallener Krieger. Ist es nur ein verwesender Körper? Gibt es Polyneikes nicht mehr? Antigone sagt und weiß, er lebt, er führt eine andere Existenz, verschwunden aus dem Dasein ist er nicht, und er läßt sie nicht los, ihr Bruder, und sie läßt ihn nicht los. Sie muß ihn ehren und ihm dienen, mindestens indem sie seinen Körper bestattet. Wir von heute haben andere Vorstellungen über Tod und Leben als die Alten. Aber wir wissen, wir haben nur eine kurze sichtbare körperliche Existenz. Und da fahren wir in einem kleinen Boot über einen Ozean. Nennen Sie diesen Ozean, wie Sie wollen, bloß Jenseits oder bloß Tod, er ist jedenfalls nicht einfach ›Tod im Sinne des Endes, des Nichts‹. Ein tiefsinniger alter lateinischer Vers, den Sie wohl in der Lutherübersetzung kennen, sagt: ›Mitten wir im Leben sind mit dem Tod umfangen.‹«

Er fügte noch hinzu, indem er den Ton wechselte – er hatte zuletzt leise wie vor sich gesprochen:

»Nun, wenn Sie sich jetzt vor die Frage stellen: wie soll sich der Staat, unzweifelhaft eine Realität, zum Tod, einer andern Realität, verhalten, so werden Sie vielleicht vorsichtiger als vorhin antworten.«

Die jungen Leute waren gespannt gefolgt. Sie fühlten dunkel, daß dies ein Erlebnis aus dem Feld war. Aber einige ärgerten sich und ärgerten sich auch über die Dummköpfe, die sich von Becker einfangen ließen. In dieser Weise konnte man die ganze geplante Schlacht verlieren.

Schröter, der Primus, erklärte plötzlich mit klarer, kalter Stimme, daß es auf diese Dinge gar nicht ankäme.

Becker: Auf was es denn ankäme?

»Einfach darauf, ob man einen klaren Begriff von der Nation hat und was man ihr schuldig ist. Es besteht heute kein Bedarf an Spiritismus. Die Nation braucht einzig Männer, die sich ihrer annehmen.«

»Worauf, um's Himmels willen, wollen Sie hinaus, Schröter? Und ich hoffe, ich hoffe, Sie überlegen sich genau, was Sie sagen.«

»Wir erwarten, Herr Dr. Becker, von Ihnen klare Parolen und Gesichtspunkte, besonders bei einem so prekären Thema wie ›Antigone gegen den Staat‹. Wir stellen mit Bedauern fest, daß wir auf Sie nicht rechnen können. Ich bin aber, so wie die Dinge liegen, auch verpflichtet, Ihnen mitzuteilen, daß die Klasse, die zur Zeit Ihrem Griechischunterricht folgt, in Streik treten wird, wenn der Direktor es noch einmal wagt, den Klassenraum zu betreten.«

Es war eine völlig vorbeigeratene Attacke. Der Primus hatte blind daraufzugestoßen. Becker bemerkte sofort, daß die meisten Jüngeren mit gesenkten Köpfen dasaßen und sich schämten. Er blieb ruhig und zog seine Uhr. Es war kurz vor zehn.

»Sie verlassen augenblicklich die Klasse, Schröter, und melden sich im Direktorzimmer bei Professor Wendig. Sofort.«

Ohne Umstände, erhobenen Hauptes, parierte Schröter. Bekker hatte noch gerade Zeit, die Aufgaben für die nächste Stunde zu diktieren, als es läutete.

Er bemerkte, wie er hinausging, die gedrückte Stimmung der Prima. Aber er wußte nicht, daß es sein letzter Unterricht in der Klasse war.

Robert Walser
Tagebuch eines Schülers

Als Progymnasiast sollte man eigentlich anfangen, ein wenig ernsthaft über das Leben nachzudenken. Nun: Das gerade will ich versuchen. Einer unserer Lehrer heißt Wächli. Ich muß immer lachen, wenn ich an Wächli denke; er ist doch zu komisch. Er gibt immer Ohrfeigen, aber diese seltsamen Ohrfeigen tun gar nicht weh. Der Mann hat es noch nicht gelernt, richtige, gutsitzende Ohrfeigen zu geben. Er ist der gutmütigste, drolligste Mensch der Welt; und wie ärgern wir ihn! Das ist nicht edel. Wir Schüler sind überhaupt keine vornehmen Naturen; uns fehlt vielfach das schöne abmessende Taktgefühl. Warum stürzen wir uns mit unserem Witz eigentlich gerade über einen Wächli? Wir haben wenig Mut; wir verdienten einen Inquisitor zum Vorgesetzten. Ist Wächli einmal vergnügt und heiter, dann benehmen wir uns so, daß seine muntere, zufriedene Stimmung augenblicklich davonfliegen muß. Ist das richtig? Kaum. Ist er zornig, so lachen wir ihn nur aus. Ach, es gibt Menschen, die im Zorn so komisch sind; und gerade Wächli scheint zu dieser Sorte zu gehören. Des Meerrohres bedient er sich nur ganz selten; er ist sehr selten in solcher Wut, daß er nötig hat, zu diesem widerwärtigen Mittel zu greifen. Dick und groß ist er von Gestalt und sein Gesicht ist purpurrot angelaufen. Was soll ich noch sonst von diesem Wächli sagen? Im allgemeinen, scheint mir, hat er seinen Beruf verpaßt. Er sollte Bienenzüchter sein oder so etwas. Er tut mir leid.

Blok (so heißt unser Französischlehrer) ist ein langer, dürrer Mensch von unsympathischem Wesen. Er hat dicke Lippen, und die Augen möchte man auch dick und aufgeblasen nennen; sie ähneln den Lippen. Er spricht boshaft und geläufig. Das hasse ich. Ich bin sonst ein ganz guter Schüler, aber bei Blok habe ich meistens nur Mißerfolge zu verzeichnen. Das kommt jedenfalls daher, daß dieser Mensch mir das Lernen verleidet. Man muß ein unempfindlicher Kerl sein, um bei Blok gut und brav dazustehen. Nie kommt er aus sich heraus. Wie verletzend ist das für uns Schüler, empfinden zu müssen, daß wir ganz außerstande sind, diese lederne Briefmappe von Mensch irgendwie ärgern zu können. Er gleicht einer Wachsfigur und das hat etwas Unheimliches und Schreckliches. Er muß einen häßlichen Charakter haben und ein abscheuliches Familienleben führen. Gott behüte einen vor solch einem Vater. Mein Vater ist ein Juwel: Das empfinde ich besonders lebhaft, wenn ich Blok betrachte. Wie steif er immer dasteht: so, als wenn er zur Hälfte aus Holz und zur Hälfte aus Eisen wäre. Wenn man bei ihm nichts kann, so höhnt er einen aus. Andere Lehrer werden doch wenigstens wütend. Das tut einem wohl, denn man erwartet es. Ehrliche Entrüstung macht einen so guten Eindruck. Nein, kalt steht er da, dieser Blok, und konstatiert Lob oder Tadel. Sein Lob ist schmierig, denn es erwärmt einen gar nicht; und mit seinem Tadel weiß man nichts anzufangen, denn er kommt aus ganz trockenem, gleichgültigem Mund. Bei Blok verwünscht man die Schule; er ist auch gar kein rechter Lehrer. Ein Lehrer, der die Gemüter nicht zu bewegen versteht... Aber was rede ich da? Tatsache ist, daß Blok mein Französischlehrer ist. Das ist traurig, aber es ist eine Tatsache.

Neumann, genannt Neumeli: wer möchte sich nicht wälzen vor Lachen, wenn von diesem Lehrer die Rede ist? Neumann ist unser Turnlehrer und zugleich unser Schönschreiblehrer; er hat rotes Haar und finstere, vergrämte, spitze Gesichtszüge. Er ist vielleicht ein sehr, sehr unglücklicher Mensch. Er ärgert sich immer so wahnsinnig. Wir haben ihn vollständig in unserer Hand, wir sind ihm vollkommen überlegen. Solche Menschen, wie er, flößen keinen Respekt ein; zuweilen Furcht, nämlich dann, wenn sie vor Zorn den gesunden Verstand zu verlieren scheinen. Er kann sich gar nicht ein bißchen beherrschen, sondern jagt scheinbar alle seine Empfindungen bei jeder kleinsten Gelegenheit in ein Loch hinab, in den Ärger. Gewiß geben wir ihm Ärgeranlaß. Aber warum hat er so lächerlich rotes Haar? So vortreffliche Pantoffelheldmanieren? Einer meiner Schulkameraden heißt Junge; er will Koch werden, sagt er. Dieser Junge hat einen so herrlich ausgeprägten Hintern. Muß er nun Rumpfbeuge machen, so tritt der Hintere von Junge noch toller zum Vorschein. Da lacht man eben; und Neumann haßt das Lachen furchtbar. Es ist ja auch etwas Scheußliches, solch ein ganzes, ineinandertönendes und gellendes Klassengelächter. Wenn eine ganze Klasse nur so herauslacht: zu was für Mitteln muß dann ein Lehrer greifen, um sie zu besänftigen? Zur Würde? Das nützt ihm gar nichts. Ein Neumann hat überhaupt keine richtige Würde. Ich liebe die Turnstunde sehr und den lieben Junge möchte ich küssen. Man lacht so gern unmäßig. Zu Junge bin ich artig; ich mag ihn sehr gern. Ich gehe oft mit ihm spazieren; und dann reden wir vom bevorstehenden, ernsten Leben.

Rektor Wyß ist eine baumlange Erscheinung von soldatischer Haltung. Wir fürchten und achten ihn; diese beiden soliden Empfindungen sind ein bißchen langweilig. Ich kann mir die Rektoren von Progymnasien jetzt gar nicht mehr anders vorstellen als so, wie dieser Rektor Wyß aussieht. Übrigens: zu prügeln versteht er ausgezeichnet. Er nimmt einen aufs Knie und haut einen fürchterlich durch; nicht gerade barbarisch. Die Prügel von Wyß haben etwas Ordnungsgemäßes; man hat, während man diese Hiebe zu kosten bekommt, das angenehme Gefühl, es sei eine vernünftige, gerechte Strafe. Dadurch geschieht nichts Entsetzliches. Der Mann, der so meisterlich prügeln kann, muß gewissermaßen human sein. Ich glaube das auch.

Eine ganz sonderbare Figur und ein seltenes Lehrerexemplar, wie mir scheint, ist Herr Jakob, der Geographielehrer. Er gleicht einem Einsiedler oder einem sinnenden alten Dichter. Er ist über siebenzig Jahre alt und hat große, leuchtende Augen. Er ist ein schöner, prachtvoller Alter. Sein Bart reicht ihm bis auf die Brust herab. Was muß diese Brust nicht schon alles empfunden und gekämpft haben! Ich, als Schüler, muß mir unwillkürlich Mühe geben, so etwas in Gedanken mitzuerleben. Es ist grauenhaft, zu denken, wie vielen Jungen dieser Mann schon die edle Geographie eingeprägt hat. Und viele dieser Jungen sind jetzt schon erwachsene Menschen; sie stehen längst mitten im Leben und mancher von ihnen wird seine Geographiekenntnisse vielleicht haben brauchen können. An der Wand, dicht neben dem alten Jakob, den wir übrigens Kobi nennen, hängt die Landkarte, so daß man sich Jakob ohne dazugehörige Landkarte gar nicht mehr vorstellen kann. Da sieht man das zerrissene, vielfarbige und vielgestaltige Europa, das breite, große Rußland, das unheimliche, weit sich ausdehnende Asien, das zierliche, einem schöngeschwänzten Vogel ähnliche Japan, das in die Meere hinausgeworfene Australien; Indien und Ägypten und Afrika, das einen sogar auf der körperlosen Karte dunkel und unerforscht anmutet, dann Nord- und Südamerika und die beiden rätselhaften Pole. Ja, ich muß sagen, ich liebe die Geographiestunde leidenschaftlich; ich lerne da auch ganz mühelos. Es ist mir, als sei mein Verstand ein Schiffskapitänsverstand: so glatt geht es. Und wie weiß der alte Jakob durch Einflechten von abenteuerlichen Geschichten aus Schulung und Erfahrung diese Stunde interessant zu machen! Dann rollen seine alten, großen Augen vielsagend hin und her, und es ist einem, als kenne dieser Mann alle Länder und alle Meere der Erde aus eigener Anschauung. In keiner anderen Stunde strotzen wir Schüler so von mitempfindender Phantasie. Hier erleben wir jedesmal etwas, hier horchen wir und sind still; freilich: ein alter, erfahrener Mensch redet zu uns und das zwingt eben zur Aufmerksamkeit ganz von selber. Gottlob, daß wir hier im Progymnasium keine ganz jungen Lehrer haben. Das wäre nicht zum Aushalten. Was kann ein junger Mann, der selber kaum erst das Leben geschaut hat, mitzuteilen und anzuregen haben? Ein solcher Mensch kann einem nur kalte, oberflächliche Kenntnisse beibringen oder er muß dann eine seltene Ausnahme sein und durch sein bloßes Wesen zu bezaubern wissen. Lehrer sein: Das ist jedenfalls schwer. Gott, wir Schüler machen ja solche Ansprüche. Und wie abscheulich wir eigentlich sind! Sogar über den alten Jakob machen wir uns zuzeiten lustig. Dann wird er fürchterlich zornig; und ich kenne nichts Erhabeneres als den Zorn dieses alten Schulmeisters. Er zittert an allen seinen gebrechlichen Gliedern furchtbar, und unwillkürlich schämen wir uns nachher, ihn gereizt zu haben.

Unser Zeichenlehrer heißt Lanz. Lanz sollte eigentlich unser Tanzlehrer sein; er kann so prächtig hin und her hüpfen. Apropos: warum erhalten wir keinen Tanzunterricht? Ich finde, man tut gar nichts, uns zur Anmut und zu einem schönen Benehmen zu bewegen. Wir sind und bleiben sehr wahrscheinlich die reinen Flegel. Um auf Lehrer Lanz zurückzukommen: er ist unter den Lehrern der jüngste und zuversichtlichste. Er bildet sich ein, wir hätten Respekt vor ihm. Mag er selig werden mit diesem Gedanken. Übrigens kennt er gar keinen Humor. Er ist kein Schullehrer, sondern ein Dresseur; er gehört in den Zirkus. Das Hauen macht ihm, wie es scheint, seelisches Vergnügen. Das ist brutal: wir haben daher Ursache, ihn zu necken und zu verachten. Sein Vorgänger, der alte Herr Häuselmann, genannt Hüseler, war ein Schwein; er mußte das Unterrichtgeben eines Tages aufgeben. Dieser Hüseler erlaubte sich ganz sonderbare Dinge. Ich selbst fühle noch immer auf meiner Wange seine alte, knöcherne, widerwärtige Hand, mit welcher er in der Stunde uns Jungen gestreichelt und geliebkost hat. Als er sich dann herausnahm, was keine Feder beschreiben kann, wurde er seines Amtes enthoben. Nun haben wir Lanz. Jener war abscheulich, dieser aber ist eitel und grob. Kein Lehrer! Lehrer dürfen nicht so von sich selbst eingenommen sein.

Unser lustigster und kühnster Schulkamerad heißt Fritz Kocher. Dieser Kocher steht meist in der Arithmetikstunde von der Bank auf, hebt den Zeigefinger dumm in die Höhe und bittet Herrn Bur, den Rechenlehrer, ihn doch hinausgehen lassen zu wollen; er habe den Durchlauf. Bur sagt dann, er wisse schon, was Fritz Kochers Durchlauf zu bedeuten habe, und ermahnt ihn, ruhig zu sein. Wir anderen lachen dann natürlich gräßlich; und (o Wunder!) hier steht ein Lehrer, der einfach mitlacht. Und sonderbar: das flößt uns fast augenblicklich Achtung und Vorliebe für diesen seltenen Mann ein. Wir verstummen mit Lachen, denn Bur versteht es meisterlich, unsere Aufmerksamkeit sofort wieder für die ernsten Dinge zurückzugewinnen. Sein Lehrerernst hat etwas Bezauberndes und ich glaube, das kommt daher, daß Bur ein Mann von außerordentlicher Aufrichtigkeit und Charakterstärke ist. Wir lauschen auf seine Worte gespannt, denn er kommt uns fast räselhaft klug vor; und dann ist er nie ärgerlich, er ist, im Gegenteil, immer lebhaft, fröhlich und munter, da dürfen wir das glückliche Gefühl haben, seine Schulpflicht sei diesem Mann angenehm. Das schmeichelt uns eben ganz gewaltig und wir glauben, ihm dankbar dafür sein zu müssen, daß er in uns keine Lebensverbitterer und Quälgeister erblickt und führen uns brav auf. Wie komisch kann er sein, wenn es ihm darum zu tun ist! In solchen Fällen empfinden wir aber auch, daß er sich nur uns zu Liebe ein wenig verwandelt, um uns einen billigen, unschädlichen Spaß zu gönnen. Wir sehen, daß er fast ein Künstler ist; wir merken, daß er uns achtet. Er ist ein prächtiger Kerl. Und wie man bei ihm faßt und lernt! Er weiß den unkörperlichsten, unsinnlichsten Dingen Form, Sinn und Inhalt zu geben, daß es eine wahre Freude ist. Den Fritz Kocher, den ein anderer Lehrer verdammen und verfolgen würde, hat er gern wegen der unglaublichen Gerissenheit seiner Einfälle. Das scheint mir bedeutend, daß ein so tüchtiger, erfahrener Mann mit der spitzbübischen Lümmelhaftigkeit sympathisieren kann. Es muß eine noble, große Seele in Bur stecken. Er besitzt Güte und Heiterkeit. Daneben ist er sehr energisch. Er macht uns fast alle in verhältnismäßig kurzer Zeit zu schneidigen Rechnern. Dabei behandelt er die Dümmeren unter uns schonend. Diesen Bur zu ärgern, würde uns nie einfallen; sein Auftreten läßt gar nicht an so etwas auch nur denken.

Herr von Bergen war früher unser Turnlehrer; jetzt ist er Versicherungsagent. Möge er gute Geschäfte machen! Er hat wohl selbst gefühlt, daß er zum Erzieher nicht taugt. Eine hochelegante Erscheinung. Was aber nützen einem Schuljungen gutsitzende Hosen und kleidsame Röcke? Er war übrigens nicht schlecht; er gab nur zu gern »Tatzen«. Der Sohn eines Schlächtermeisters mußte dem Herrn von Bergen immer die arme kleine Tatze darhalten, um einen scharfgezogenen, beißenden Meerrohrhieb darauf zu empfangen. Ich erinnere mich noch, und nur zu deutlich, wie mich das empörte. Ich hätte damals dem fein gekleideten, parfümierten Quäler den Kopf abschlagen mögen.

Ich will meine Galerie sehenswerter Lehrerbilder mit Doktor Merz abschließen. Merz ist unter sämtlichen Lehrern scheinbar der gebildetste, er schreibt sogar Bücher; aber dieser Umstand hindert seine Schüler nicht, ihn von Zeit zu Zeit lächerlich zu finden. Er ist Geschichts- und zugleich Deutschlehrer; er hat einen übertrieben hohen Begriff von allem, was klassisch ist. Klassisch ist aber bisweilen auch sein Betragen. Er trägt Stiefel, als wenn er in die Schlacht reiten wollte; und in der Tat: es setzt oft in der Deutschstunde wahre Schlachten ab. Er ist klein und unscheinbar von Figur; nimmt man dazu die Kanonenstiefel, so muß man lachen. »Junge, setz dich. Du hast eine Fünf!« Junge setzt sich; und Herr Merz notiert eine grimmige, das Zeugnis entstellende Fünf. Einmal hat er sogar der ganzen Klasse eine große, allgemeine Fünf gegeben und dazu geschrien: »Ihr widersetzt euch, Schurken? Ihr wagt, euch gegen mich aufzulehnen? Moser, bist du der Rädelsführer? Ja oder nein?« Moser, ein tapferer, von uns beinahe vergötterter Junge erhebt sich vom Platz und sagt in grollendem, unsäglich komischem Ton, er lasse sich nicht Rädelsführer sagen. Wir sterben vor Lachen, wir wachen wieder von diesem schönen Tod auf und sterben ein zweites Mal. Merz aber scheint seinen klassischen Verstand verloren zu haben; er gebärdet sich wie unsinnig, er rennt verzweiflungsvoll mit seinem Gelehrtenkopf gegen die Wand, er fuchtelt mit den Händen, er schreit: »Ihr vergiftet mir das Leben, ihr verderbt mir das Mittagessen, ihr macht mich verrückt, ihr Halunken, die ihr seid! Gesteht es: Ihr trachtet mir nach dem Leben!« Und er wirft sich der Länge nach auf den Boden. Wie schrecklich! Man sollte es nicht für möglich halten. Und wir, die wir ihm das Mittagessen verderben und versalzen, wir erhalten von ihm die edelsten Anregungen. Wenn er von den alten Griechen erzählt, leuchten seine Augen hinter den Brillengläsern. Sicher begehen wir ein großes Unrecht, den Mann zu so wilden Auftritten zu veranlassen. In ihm vereinigt sich Schönes und Lächerliches, Hohes und Dummes, Vortreffliches und Klägliches. Was können wir dafür, daß die Zahl Fünf uns keinen sonderlichen Schrecken einzujagen vermag? Sind wir verpflichtet, vor heiliger Scheu zu sterben, wenn einer von uns das »Glück von Edenhall« von Ludwig Uhland rezitieren muß? »Setz dich, du hast eine Fünf!« So geht es zu in der Deutschstunde. Wie wird es im späteren Leben zugehen? Das frage ich mich.

James Joyce
Ein Irrtum

Pater Arnall kam herein und die Lateinstunde begann und er blieb mit verschränkten Armen auf das Pult gelehnt weiterhin still. Pater Arnall teilte die Arbeitshefte aus und sagte, sie wären ein Skandal und müßten alle mit den Verbesserungen noch einmal abgeschrieben werden, sofort. Aber die schlechteste von allen wäre Flemings Arbeit, weil durch einen Klecks die Seiten aneinanderklebten: und Pater Arnall hielt sie an einer Ecke hoch und sagte, es wäre eine Beleidigung für den Lehrer, ihm eine solche Arbeit abzuliefern. Dann ließ er Jack Lawton das Substantiv *mare* deklinieren, und Jack Lawton blieb beim Ablativ Singular stecken und mit dem Plural fortfahren konnte er auch nicht.

»Du solltest dich deiner schämen«, sagte Pater Arnall streng. »Du, der Klassenerste!«

Dann fragte er den nächsten Jungen und den nächsten und den nächsten. Keiner konnte es. Pater Arnall wurde sehr leise, leiser und leiser, als ein Junge nach dem andern zu antworten versuchte und es nicht konnte. Aber sein Gesicht sah düster aus und seine Augen blickten starr, obwohl seine Stimme so leise war. Dann fragte er Fleming und Fleming sagte, dieses Wort hätte keinen Plural. Da knallte Pater Arnall das Buch zu und brüllte ihn an:

»Knie dich hier mitten in der Klasse hin. Du bist einer der Faulsten, die ich kenne. Schreibt eure Arbeiten noch einmal ab, ihr andern.«

Fleming bewegte sich schwerfällig von seinem Platz und kniete zwischen den letzten beiden Bänken. Die anderen Jungen beugten sich über ihre Arbeitshefte und begannen zu schreiben. Ein Schweigen legte sich über das Klassenzimmer und Stephen,

der einen schüchternen Blick in Pater Arnalls dunkles Gesicht warf, sah, daß es ein wenig rot war von dem Harnisch, in dem er war.
Beging Pater Arnall damit eine Sünde, daß er in Harnisch kam, oder war es ihm erlaubt, in Harnisch zu kommen, wenn die Jungen faul waren, weil sie dadurch besser lernten, oder tat er nur so, als wäre er in Harnisch? Er wars, weil es ihm erlaubt war, weil ein Priester ja wüßte, was eine Sünde wäre, und sie nicht begehen würde. Aber wenn er sie auch nur einmal aus Irrtum beginge, was täte er dann, sie zu beichten? Vielleicht ginge er zum Kanzler zur Beichte. Und wenn der Kanzler sie beginge, ginge der zum Rektor: und der Rektor zum Provinzial: und der Provinzial zum General der Jesuiten. Das nannte man die Ordo: und er hatte seinen Vater sagen hören, sie wären alle kluge Männer. Sie alle hätten hochgestellte Menschen in der Welt werden können, wenn sie nicht Jesuiten geworden wären. Und er fragte sich, was Pater Arnall und Paddy Barrett geworden wären und was Mr. McGlade und Mr. Gleeson geworden wären, wenn sie nicht Jesuiten geworden wären. Was, das war schwer sich vorzustellen, weil man sie sich dann anders vorstellen müßte, mit andersfarbigen Röcken und Hosen und mit Voll- und Schnurrbärten und anderen Arten von Hüten.
Die Tür ging leise auf und zu. Ein rasches Geflüster lief durch die Klasse: der Studienpräfekt. Es gab einen Augenblick Totenstille und dann den lauten Knall eines Bakels auf die letzte Bank. Stephens Herz hüpfte vor Angst.
»Braucht hier ein Junge Prügel, Pater Arnall?« schrie der Studienpräfekt. »Gibts faule und müßige Bärenhäuter in dieser Klasse, die Prügel brauchen?«
Er kam in die Mitte der Klasse und sah Fleming auf den Knien. »Hoho!« schrie er. »Wer ist der Junge? Warum ist er auf den Knien? Wie heißt du, Junge?«
»Fleming, Sir.«

»Hoho, Fleming! Ein Müßiggänger natürlich. Ich seh dir das an den Augen an. Warum ist er auf den Knien, Pater Arnall?«
»Er hat eine schlechte Lateinarbeit geschrieben«, sagte Pater Arnall, »und er konnte keine Grammatikfrage beantworten.«
»Natürlich nicht!« schrie der Studienpräfekt. »Natürlich nicht! Ein geborener Müßiggänger! Ich seh ihm das an den Augenwinkeln an.«
Er ließ seinen Bakel auf das Pult krachen und schrie:
»Hoch, Fleming! Hoch, mein Junge!«
Fleming stand langsam auf.
»Streck vor!« schrie der Studienpräfekt.
Fleming streckte seine Hand vor. Der Bakel ging mit einem lauten Klatschgeräusch darauf nieder: eins, zwei, drei, vier, fünf, sechs.
»Andere Hand!«
Der Bakel ging wieder mit sechsfachem lautem raschem Klatschen nieder.
»Knie nieder!« schrie der Studienpräfekt.
Fleming kniete nieder und preßte mit schmerzverzerrtem Gesicht seine Hände unter die Achselhöhlen, aber Stephen wußte, wie hart seine Hände waren, weil Fleming immer Harz in sie einrieb. Aber vielleicht hatte er große Schmerzen, denn der Ton der Schläge war schrecklich. Stephens Herz pochte und flatterte.
»An die Arbeit, alles!« brüllte der Studienpräfekt. »Wir wollen hier keine faulen und müßigen Bärenhäuter, keine faulen müßigen kleinen Drückeberger. An die Arbeit, sag ich euch. Pater Dolan kommt jetzt jeden Tag und sieht nach euch. Pater Dolan kommt morgen wieder.«
Er stach einen Jungen mit dem Bakel in die Seite und sagte:
»Du, Junge! Wann kommt Pater Dolan wieder her?«
»Morgen, Sir«, sagte Tom Furlongs Stimme.
»Morgen, und morgen, und dann wieder morgen«, sagte der

Studienpräfekt. »Richtet euch drauf ein. Jeden Tag Pater Dolan. Schreibt weiter. Du, Junge, wer bist du?«

Stephens Herz machte einen plötzlichen Satz.

»Dedalus, Sir.«

»Warum schrcibst du nicht wie die andern?«

»Ich ... meine ...«

Vor Angst konnte er nicht sprechen.

»Warum schreibt er nicht, Pater Arnall?«

»Er hat seine Brille zerbrochen«, sagte Pater Arnall, »und ich habe ihn von der Arbeit befreit.«

»Zerbrochen? Was höre ich da? Wie war doch dein Name?« sagte der Studienpräfekt.

»Dedalus, Sir.«

»Heraus, Dedalus. Fauler kleiner Drückeberger. Ich lese dir Drückeberger am Gesicht ab. Wo hast du deine Brille zerbrochen?«

Stephen stolperte in die Mitte der Klasse, blind vor Angst und Hast.

»Wo hast du deine Brille zerbrochen?« wiederholte der Studienpräfekt.

»Am Schlackenweg, Sir.«

»Hoho! Am Schlackenweg!« rief der Studienpräfekt. »Ich kenne diesen Trick.«

Stephen hob seine Augen verwundert und sah für einen Augenblick Pater Dolans weißgraues nicht junges Gesicht, seinen fast kahlen weißgrauen Kopf mit Flaum an den Seiten, die Stahlränder seiner Brille und seine farblosen Augen, die ihn durch die Gläser anblickten. Warum sagte er, er kenne diesen Trick?

»Fauler müßiger kleiner Bärenhäuter!« schrie der Studienpräfekt. »Meine Brille zerbrochen! Ein alter Schuljungentrick! Vor die Hand, augenblicklich!«

Stephen schloß die Augen und streckte seine zitternde Hand in die Luft, die Fläche nach oben. Er spürte, wie der Studienpräfekt sie einen Augenblick an den Fingern faßte, um sie gradezustrecken, und dann, wie der Ärmel der Soutane rauschte, als der Bakel zum Schlag erhoben wurde. Ein heißer brennender sengender kribbelnder Schlag wie der laute Knall eines entzweigebrochenen Stocks ließ seine zitternde Hand zusammenschrumpfen wie ein Blatt im Feuer: und bei dem Geräusch und dem Schmerz trieb es ihm brühheiße Tränen in die Augen. Sein ganzer Körper bebte vor Angst, sein Arm bebte und seine geschrumpfte brennende blauangelaufene Hand erbebte wie ein lockeres Blatt in der Luft. Ein Schrei sprang ihm auf die Lippen, ein Gebet um Freilassung. Aber obwohl die Tränen seine Augen brühten und seine Glieder vor Schmerz und Angst zuckten, hielt er die heißen Tränen zurück und den Schrei, der seine Kehle brühte.

»Andere Hand!« brüllte der Studienpräfekt.

Stephen zog seinen versehrten und zuckenden rechten Arm weg und streckte die linke Hand vor. Der Soutanenärmel rauschte wieder, als der Bakel erhoben wurde, und ein lautes krachendes Geräusch und ein wilder wahnsinniger kribbelnder brennender Schmerz zog seine Hand mit Fingern und Innenfläche zu einer blauzuckenden Masse zusammen. Das brühheiße Wasser brach ihm aus den Augen und, brennend vor Scham und Qual und Angst, zog er seinen bebenden Arm in Panik weg und brach in ein Schmerzgewimmer aus. Sein Körper erbebte angstgelähmt und mit Scham und Wut spürte er, wie ihm der brühheiße Schrei aus der Kehle kam und wie die brühheißen Tränen ihm aus den Augen stürzten und die flammenden Backen hinunter.

»Knie nieder!« schrie der Studienpräfekt.

Stephen kniete rasch nieder und quetschte seine geschlagenen Hände in die Seiten. Wenn er daran dachte, daß sie geschlagen und, in einem einzigen Augenblick, schmerzverquollen waren, da taten sie ihm so leid, als wären es nicht seine eigenen sondern die von jemand anderem, die ihm leid täten. Und während er kniete, das letzte Schluchzen in der Kehle bezwang und den brennenden kribbelnden in die Seiten gequetschten Schmerz spürte, dachte er an die Hände, die er in die Luft gestreckt hatte, die Flächen nach oben, und an den festen Griff des Studienpräfekten, als er die bebenden Finger gradegerichtet hatte, und an die geschlagene rot verquollene Masse aus Fingern und Innenfläche, die hilflos in der Luft erbebte.

»Und jetzt an die Arbeit, alles«, schrie der Studienpräfekt von der Tür aus. »Pater Dolan kommt jetzt jeden Tag und sieht nach, ob irgendein Junge, ein fauler und müßiger kleiner Bärenhäuter, Prügel braucht. Jeden Tag. Jeden Tag.«

Die Tür schloß sich hinter ihm.

Die verstummte Klasse schrieb weiter die Arbeiten ab. Pater Arnall erhob sich von seinem Platz und ging durch die Reihen, half den Knaben mit milden Worten und sagte ihnen die Fehler, die sie gemacht hatten. Seine Stimme war sehr mild und sanft. Dann ging er zu seinem Platz zurück und sagte zu Fleming und Stephen:

»Ihr könnt euch wieder setzen, ihr beiden.«

Fleming und Stephen erhoben sich, gingen zu ihren Plätzen und setzten sich. Stephen, scharlachrot vor Scham, öffnete mit einer schwachen Hand rasch ein Buch und beugte sich darüber, das Gesicht dicht auf der Seite.

Es war ungerecht und grausam, weil der Doktor ihm verboten hatte, ohne Brille zu lesen, und er hatte am Morgen an seinen Vater nach Hause geschrieben, daß er ihm eine neue schickte. Und Pater Arnall hatte gesagt, daß er nicht lernen müßte, bis die neue Brille käme. Dann vor der Klasse ein Drückeberger genannt und geschlagen zu werden, wenn er immer die Karte für den Ersten oder Zweiten bekam und Anführer der Yorkisten war! Wie konnte der Studienpräfekt wissen, daß es ein

Trick wäre? Er spürte den Griff der Finger des Präfekten, wie sie seine Hand gradegerichtet hatten, und zuerst hatte er gedacht, er wolle ihm die Hand geben, weil die Finger sanft und fest waren: aber dann, in der Sekunde, hatte er den Soutanenärmel rauschen und das Krachen gehört. Es war grausam und ungerecht, ihn dann noch in der Mitte der Klasse knien zu lassen: und Pater Arnall hatte zu ihnen beiden gesagt, sie könnten sich wieder setzen, ohne einen Unterschied zwischen ihnen zu machen. Er horchte auf Pater Arnalls leise und milde Stimme, wie er die Arbeiten korrigierte. Vielleicht tat es ihm jetzt leid und er wollte anständig sein. Aber es war ungerecht und grausam. Der Studienpräfekt war ein Priester, doch das war grausam und ungerecht. Und sein weißgraues Gesicht und die farblosen Augen hinter der stahlgeränderten Brille blickten grausam drein, weil er die Hand mit seinen festen sanften Fingern erst gradegerichtet hatte, und zwar um sie besser und lauter zu schlagen.

»Das ist eine ganz säuische Gemeinheit ist das«, sagte Fleming im Korridor, als die Klassen im Defilé zum Refektorium zogen, »einen für etwas zu schlagen, wofür man nichts kann.«

»Du hast doch wirklich deine Brille aus Versehn zerbrochen, oder?« fragte Nasty Roche.

Stephens Herz war von Flemings Worten erfüllt, und so antwortete er nicht.

»Aber ganz klar!« sagte Fleming. »Ich tät mir das nicht gefallen lassen. Ich ging rauf zum Rektor, mich über ihn beschweren.«

»Ja«, sagte Cecil Thunder eifrig, »und ich hab gesehn, wie er mit dem Bakel über die Schulter ausgeholt hat, und das darf er nicht.«

»Hats schlimm weh getan?« fragte Nasty Roche.

»Sehr schlimm«, sagte Stephen.

»Ich tät mir das nicht gefallen lassen«, wiederholte Fleming, »weder von dem Glatzkopf noch von einem andern Glatzkopf.

Das ist ein ganz säuischer gemeiner Trick ist das. Ich ging gleich rauf zum Rektor nach dem Essen und täts ihm sagen.«
»Ja, mach das. Mach das«, sagte Cecil Thunder.
»Ja, mach das. Doch, geh rauf zum Rektor und beschwer dich über ihn, Dedalus«, sagte Nasty Roche, »weil er gesagt hat, er käm morgen wieder rein und würd dich schlagen.«
»Ja, ja. Sags dem Rektor«, sagten alle.
Und es gab einige aus Grammatik II, die zuhörten, und von denen sagte einer:
»Der Senat und das römische Volk erklärten, daß Dedalus zu Unrecht bestraft worden war.«
Es war unrecht; es war grausam und ungerecht: und während er im Refektorium saß, durchlitt er in der Erinnerung wieder und wieder die gleiche Demütigung, bis er anfing sich zu fragen, ob es denn nicht sein könne, daß in seinem Gesicht wirklich etwas wäre, das ihn wie einen Drückeberger erscheinen ließe, und er wünschte, er hätte einen kleinen Spiegel, um nachzusehen. Aber das konnte nicht sein; und es war unrechtmäßig und grausam und ungerecht.
Er konnte die schwärzlichen Bratfischchen, die sie mittwochs in der Fastenzeit bekamen, nicht essen, und eine seiner Kartoffeln hatte eine Spatenkerbe. Ja, er würde tun, was die andern ihm gesagt hatten. Er würde hochgehn und dem Rektor sagen, daß er zu Unrecht bestraft worden war. So etwas hatte schon früher einmal jemand aus der Geschichte getan, irgendein großer Mensch, dessen Kopf in den Geschichtsbüchern war. Und der Rektor würde erklären, daß er zu Unrecht bestraft worden wäre, weil der Senat und das römische Volk immer erklärten, daß die Männer, die das täten, zu Unrecht bestraft worden wären. Das waren die großen Männer, deren Namen in Richmal Magnalls Fragen drin standen. Die ganze Geschichte handelte von diesen Männern und was sie taten, und das war es auch, wovon die ganzen Erzählungen aus Griechenland und Rom von

Peter Parley handelten. Peter Parley selber war auf der ersten Seite auf einem Bild. Da war ein Heideweg drauf, mit Gras an der Seite und kleinen Büschen: und Peter Parley hatte einen breiten Hut wie ein protestantischer Geistlicher und einen großen Stock und schnell schritt er diesen Weg entlang nach Griechenland und Rom.
Was er tun mußte, war einfach. Alles, was er tun mußte, war, wenn das Essen zu Ende wäre und seine Reihe herauskäme, weiterzugehen, aber nicht hinaus in den Korridor, sondern die Treppe rechts hoch, die zum Schloß führte. Er mußte nichts als das tun: sich nach rechts wenden und schnell die Treppe hochgehen, und in einer halben Minute wäre er in dem niedrigen dunklen engen Korridor, der durchs Schloß zum Zimmer des Rektors führte. Und jeder hatte gesagt, daß es ungerecht war, sogar der aus Grammatik II, der das mit dem Senat und dem römischen Volk gesagt hatte.
Was würde geschehen? Er hörte die Oberklässler oben im Refektorium aufstehen und hörte ihre Schritte, wie sie die Matten heruntergegangen kamen: Paddy Rath und Jimmy Magee und der Spanier und der Portugiese und der fünfte war der große Corrigan, der die Prügel von Mr. Gleeson beziehen würde. Deshalb hatte der Studienpräfekt ihn einen Drückeberger genannt und wegen nichts geschlagen: und er strengte seine schwachen, tränenmüden Augen an und besah sich des großen Corrigan breite Schultern und großen hängenden schwarzen Kopf im Vorbeidefilieren. Aber der hatte etwas getan, und außerdem würde Mr. Gleeson ihn nicht schlimm prügeln: und ihm fiel ein, wie groß Corrigan im Bad aussah. Seine Haut hatte dieselbe Farbe wie das torffarbene Moorwasser im seichten Ende des Bades, und wenn er den Rand langging, klatschten seine Füße laut auf die nassen Fliesen, und bei jedem Schritt bebten seine Schenkel ein wenig, weil er dick war.
Das Refektorium war halb leer und die Jungen defilierten wei-

ter hinaus. Er konnte die Treppe hochgehen, weil vor der Tür zum Refektorium nie ein Priester oder Präfekt stand. Aber er konnte nicht gehen. Der Rektor stünde auf seiten des Studienpräfekten und hielte es für einen Schuljungentrick, und dann käme der Studienpräfekt trotzdem jeden Tag, nur wäre es noch schlimmer, weil er furchtbar in Harnisch wäre über jeden, der wegen ihm zum Rektor raufginge. Die Jungen hatten ihm gesagt, er solle gehen, aber selber würden sie nicht gehen. Sie hatten die ganze Geschichte vergessen. Nein, es war am besten, die ganze Geschichte zu vergessen, und vielleicht hatte der Studienpräfekt nur gesagt, daß er wiederkäme. Nein, es war am besten, denen aus dem Weg zu gehen, denn wenn man klein und jung war, konnte man sich auf die Weise oft aus der Schlinge ziehen. Die Jungen an seinem Tisch standen auf. Er stand auf und defilierte mit ihnen hinaus. Er mußte sich entscheiden. Er näherte sich der Tür. Wenn er mit den andern weiterginge, könnte er nie zum Rektor hochgehen, weil er wegen sowas das Spielfeld nicht verlassen durfte. Und wenn er ginge und trotzdem geschlagen würde, dann würden sich alle lustig machen und reden über den kleinen Dedalus, der zum Rektor raufging, um den Studienpräfekt anzuschwärzen.

Er ging die Matten hinunter, und er sah vor sich die Tür. Es war unmöglich: er konnte nicht. Er dachte an den kahlen Kopf des Studienpräfekten mit den grausamen farblosen Augen, die ihn ansahen, und er hörte die Stimme des Studienpräfekten ihn zweimal nach seinem Namen fragen. Warum konnte er sich den Namen nicht merken, als er ihn das erstemal gesagt bekam? Hatte er das erstemal nicht zugehört oder wollte er sich über den Namen lustig machen? Die großen Männer der Geschichte hatten solche Namen und niemand machte sich über sie lustig. Es war sein eigener Name, über den er sich hätte lustig machen können, wenn er sich lustig machen wollte. Dolan: das war wie der Name einer Waschfrau.

Er hatte die Tür erreicht und, sich rasch nach rechts wendend, ging er die Treppe hoch und, bevor er sich besinnen konnte noch umzukehren, war er in dem niedrigen dunklen engen Korridor, der zum Schloß führte. Und wie er die Türschwelle zum Korridor überschritt, sah er, ohne deshalb den Kopf zu drehen, daß alle Jungen ihm nachblickten, wie sie vorbeidefilierten.

Er lief durch den engen dunklen Korridor, lief vorbei an kleinen Türen, den Türen zu den Zimmern der Gemeinschaft. Er äugte gradaus und nach rechts und nach links durch das Düster und dachte, daß das Porträts sein müßten. Es war dunkel und still, und seine Augen waren schwach und tränenmüd, so daß er nicht sehen konnte. Aber er dachte, es wären die Porträts der Heiligen und großen Männer des Ordens, die still auf ihn herniederblickten, wie er vorbeilief: der heilige Ignatius von Loyola, der ein offenes Buch in der Hand hatte und auf die Worte *Ad Majorem Dei Gloriam* darin zeigte, der heilige Franz Xaver, der auf seine Brust zeigte, Lorenzo Ricci mit dem Birett auf dem Kopf wie einer der Klassenpräfekten, die drei Patrone der Jugend, der heilige Stanislaus Kostka, der heilige Aloysius Gonzaga und der selige John Berchmans, alle mit jungen Gesichtern, weil sie starben, als sie jung waren, und Pater Peter Kenny, der in einen großen Umhang gehüllt in einem Sessel saß.

Er kam auf dem Treppenabsatz über der Eingangshalle heraus und schaute um sich. Da war es, wo Hamilton Rowan vorübergelaufen war, und die Kerben der Musketenkugeln der Soldaten waren da. Und es war da, daß die alten Diener den Geist im weißen Umhang eines Marschalls gesehen hatten.

Ein alter Diener war am einen Ende des Treppenabsatzes am Fegen. Er fragte ihn, wo das Zimmer des Rektors wäre, und der alte Diener zeigte auf die Tür am anderen Ende und schaute ihm nach, als er da hinging und klopfte.

Es kam keine Antwort. Er klopfte noch einmal lauter und sein

Herz machte einen Satz, als er eine gedämpfte Stimme sagen hörte:
»Herein!«
Er drehte den Knopf und öffnete die Tür und tapste nach dem Knopf der grünen Fries-Tür dahinter. Er fand ihn und schob sie auf und ging hinein.
Er sah den Rektor am Pult sitzen und schreiben. Ein Totenschädel stand auf dem Pult, und ein sonderbar feierlicher Geruch wie altes Sesselleder war im Zimmer.
Sein Herz schlug schnell, wegen dem feierlichen Ort, an dem er war, und der Stille des Zimmers: und er schaute auf den Schädel und in das freundliche Gesicht des Rektors.
»Nun, kleiner Mann«, sagte der Rektor, »was ist?«
Stephen schluckte das Ding in seiner Kehle hinunter und sagte:
»Ich habe meine Brille zerbrochen, Sir.«
Der Rektor öffnete den Mund und sagte:
»Oh!«
Dann lächelte er und sagte:
»Nun, wenn wir unsere Brille zerbrochen haben, müssen wir nach Hause schreiben wegen einer neuen.«
»Ich habe nach Hause geschrieben, Sir«, sagte Stephen, »und Pater Arnall hat gesagt, ich brauche nicht zu lernen, bis sie kommt.«
»Ganz recht!« sagte der Rektor.
Stephen schluckte wieder das Ding hinunter und tat was er konnte, daß Beine und Stimme nicht zitterten.
»Aber, Sir...«
»Ja?«
»Pater Dolan ist heute dagewesen und hat mich geschlagen, weil ich die Arbeit nicht geschrieben habe.«
Der Rektor schaute ihn schweigend an, und er konnte spüren, wie ihm das Blut ins Gesicht stieg und die Tränen ihm in die Augen steigen wollten.

Der Rektor sagte:
»Dein Name ist doch Dedalus, nicht?«
»Ja, Sir.«
»Und wo hast du deine Brille zerbrochen?«
»Am Schlackenweg, Sir. Eine Junge ist aus dem Radschuppen gekommen und ich bin hingefallen und sie ist zerbrochen. Ich weiß nicht, wie der Junge heißt.«
Der Rektor schaute ihn wieder schweigend an. Dann lächelte er und sagte:
»Na nun, das war ein Irrtum; Pater Dolan hat das bestimmt nicht gewußt.«
»Aber ich habe ihm gesagt, daß ich sie zerbrochen hätte, Sir, und er hat mich geschlagen.«
»Hast du ihm auch gesagt, daß du nach Hause geschrieben hättest wegen einer neuen?« fragte der Rektor.
»Nein, Sir.«
»Na dann«, sagte der Rektor, »hat Pater Dolan nicht begriffen. Du kannst sagen, daß ich dich ein paar Tage vom Unterricht befreie.«
Aus Angst, sein Beben könnte ihn daran hindern, sagte Stephen rasch:
»Ja, Sir, aber Pater Dolan hat gesagt, daß er morgen wiederkommt und mich nochmal dafür schlägt.«
»Nun gut«, sagte der Rektor, »es ist ein Irrtum und ich werde selbst mit Pater Dolan sprechen. Ist es gut so?«
Stephen fühlte die Tränen seine Augen nässen und murmelte:
»Oh ja Sir, danke.«
Der Rektor streckte seine Hand über die Seite des Pults, an der der Schädel stand, und Stephen, der seine Hand einen Augenblick hineinlegte, fühlte eine kühle feuchte Innenfläche.
»Nun guten Tag«, sagte der Rektor, zog seine Hand weg und neigte den Kopf.
»Guten Tag, Sir«, sagte Stephen.

Er verneigte sich und ging leise aus dem Zimmer, vorsichtig und langsam die Türen schließend.
Aber als er an dem alten Diener auf dem Treppenabsatz vorüber und wieder in dem niedrigen engen dunklen Korridor war, begann er schneller und schneller zu gehen. Schneller und schneller eilte er aufgeregt durch das Düster fort. Er stieß sich den Ellbogen gegen die Tür am Ende und ging, die Treppe hinuntereilend, rasch durch die beiden Korridore und hinaus in die Luft.
Er konnte die Schreie der Jungen auf den Spielfeldern hören. Er begann zu rennen und rannte, rascher und rascher rennend, quer über den Schlackenweg und kam am Spielfeld der dritten Klasse außer Atem an.
Die Jungen hatten ihn rennen sehen. Sie schlossen einen Ring um ihn herum, stießen einer gegen den andern, um zu hören.
»Erzähl schon! Erzähl schon!«
»Was hat er gesagt?«
»Bist du reingegangen?«
»Was hat er gesagt?«
»Erzähl schon! Erzähl schon!«
Er erzählte ihnen, was er gesagt hatte und was der Rektor gesagt hatte, und als er ihnen fertig erzählt hatte, schleuderten alle Jungen ihre Mützen wirbelnd hoch in die Luft und schrien:
»Hurraa!«
Sie fingen ihre Mützen und warfen sie wieder wirbelnd himmelhoch und schrien wieder:
»Hurraa! Hurraa!«
Sie machten eine Schaukel aus ihren verklammerten Händen und hievten ihn zwischen sich hoch und trugen ihn fort, bis er sich freistrampelte. Und als er ihnen ausgekommen war, tobten sie in alle Richtungen auseinander, schleuderten ihre Mützen wieder in die Luft und pfiffen, wie sie sich wirbelnd hochschraubten und schrien:

»Hurraa!«
Und da kam ein dreifaches Buh für Dolan, den Glatzkopf, und für Conmee ein dreifaches Hoch und sie sagten, er wäre der anständigste Rektor, den Clongowes je gehabt hätte.
Die Hochrufe erstarben in der sanften grauen Luft. Er war allein. Er war glücklich und frei: aber er würde in keiner Weise stolz Pater Dolan gegenüber sein. Er würde sehr leise und gehorsam sein: und er wünschte, er könnte etwas Freundliches für ihn tun, um ihm zu zeigen, daß er nicht stolz wäre.
Die Luft war sanft und grau und mild und der Abend kam. Der Geruch des Abends war in der Luft, der Geruch der Äcker auf dem Land, wo sie Steckrüben ausmachten, die sie schälten und aßen, wenn sie zu Major Barton hinausspazierten, der Geruch, der in dem Wäldchen hinter dem Pavillon war, wo es die Galläpfel gab.
Die Jungen übten langen Einwurf und Bowling Lobs und langsame Twisters. In der sanften grauen Stille konnte er den Aufschlag der Bälle hören: und von hier und von da durch die leise Luft das Geräusch der Schlaghölzer: pick, peck, pock, pack: wie Wassertropfen in einem Springbrunnen, die in das überschäumende Becken sanft fallen.

Hermann Hesse
Das Landexamen

Hans Giebenrath war ohne Zweifel ein begabtes Kind; es genügte, ihn anzusehen, wie fein und abgesondert er zwischen den andern herumlief. Das kleine Schwarzwaldnest zeitigte sonst keine solchen Figuren, es war von dort nie ein Mensch ausgegangen, der einen Blick und eine Wirkung über das Engste hinaus gehabt hätte. Gott weiß, wo der Knabe die ernsthaften Augen und die gescheite Stirn und das Feine im Gang her hatte. Vielleicht von der Mutter? Sie war seit Jahren tot, und man hatte zu ihren Lebzeiten nichts Auffallendes an ihr bemerkt, als daß sie ewig kränklich und bekümmert gewesen war. Der Vater kam nicht in Betracht. Also war wirklich einmal der geheimnisvolle Funke von oben in das alte Nest gesprungen, das in seinen acht bis neun Jahrhunderten so viele tüchtige Bürger, aber noch nie ein Talent oder Genie hervorgebracht hatte.
Ein modern geschulter Beobachter hätte, sich an die schwächliche Mutter und an das stattliche Alter der Familie erinnernd, von Hypertrophie der Intelligenz als Symptom einer einsetzenden Degeneration sprechen können. Aber die Stadt war so glücklich, keine Leute von dieser Sorte zu beherbergen, und nur die Jüngeren und Schlaueren unter den Beamten und Schulmeistern hatten von der Existenz des »modernen Menschen« durch Zeitschriftenartikel eine unsichere Kunde. Man konnte dort noch leben und gebildet sein, ohne die Reden Zarathustras zu kennen; die Ehen waren solid und oft glücklich, und das ganze Leben hatte einen unheilbar altmodischen Habitus. Die warmgesessenen, wohlhabenden Bürger, von denen in den letzten zwanzig Jahren manche aus Handwerkern zu Fabrikanten geworden waren, nahmen zwar vor den Beamten die Hüte ab und suchten ihren Umgang, unter sich nannten sie sie aber

Hungerleider und Schreibersknechte. Seltsamerweise kannten sie trotzdem keinen höheren Ehrgeiz als den, ihre Söhne womöglich studieren und Beamte werden zu lassen. Leider blieb dies so gut wie immer ein schöner, unerfüllter Traum, denn der Nachwuchs kam zumeist schon durch die Lateinschule nur mit großem Ächzen und wiederholtem Sitzenbleiben hindurch.
Über Hans Giebenraths Begabung gab es keinen Zweifel. Die Lehrer, der Rektor, die Nachbarn, der Stadtpfarrer, die Mitschüler und jedermann gab zu, der Bub sei ein feiner Kopf und überhaupt etwas Besonderes. Damit war seine Zukunft bestimmt und festgelegt. Denn in schwäbischen Landen gibt es für begabte Knaben, ihre Eltern müßten denn reich sein, nur einen einzigen schmalen Pfad: durchs Landexamen ins Seminar, von da ins Tübinger Stift und von dort entweder auf die Kanzel oder aufs Katheder. Jahr für Jahr betreten drei bis vier Dutzend Landessöhne diesen stillen, sicheren Weg, magere, überarbeitete Neukonfirmierte durchlaufen auf Staatskosten die verschiedenen Gebiete des humanistischen Wissens und treten acht oder neun Jahre später den zweiten, meist längeren Teil ihres Lebensweges an, auf welchem sie dem Staate die empfangenen Wohltaten heimbezahlen sollen.
In wenigen Wochen sollte das »Landexamen« wieder stattfinden. So heißt die jährliche Hekatombe, bei welcher »der Staat« die geistige Blüte des Landes auswählt und während deren Dauer aus Städtchen und Dörfern Seufzer, Gebete und Wünsche zahlreicher Familien sich nach der Hauptstadt richten, in deren Schoß die Prüfung vor sich geht.
Hans Giebenrath war der einzige Kandidat, den das Städtlein zum peinlichen Wettbewerb zu entsenden dachte. Die Ehre war groß, doch hatte er sie keineswegs umsonst. An die Schulstunden, die täglich bis vier Uhr dauerten, schloß sich die griechische Extralektion beim Rektor an, um sechs war dann der Herr Stadtpfarrer so freundlich, eine Repetitionsstunde in Latein

und Religion zu geben, und zweimal in der Woche fand nach dem Abendessen noch eine einstündige Unterweisung beim Mathematiklehrer statt. Im Griechischen wurde nächst den unregelmäßigen Zeitwörtern hauptsächlich auf die in den Partikeln auszudrückende Mannigfaltigkeit der Satzverknüpfungen Wert gelegt, im Latein galt es, klar und knapp im Stil zu sein und namentlich die vielen prosodischen Feinheiten zu kennen, in der Mathematik wurde der Hauptnachdruck auf komplizierte Schlußrechnungen gelegt. Dieselben seien, wie der Lehrer häufig betonte, zwar scheinbar ohne Wert fürs spätere Studium und Leben, jedoch eben nur scheinbar. In Wirklichkeit waren sie sehr wichtig, ja wichtiger als manche Hauptfächer, denn sie bilden die logischen Fähigkeiten aus und sind die Grundlage alles klaren, nüchternen und *erfolgreichen* Denkens.

Damit jedoch keine geistige Überlastung eintrete und damit nicht etwa über den Verstandesübungen das Gemüt vergessen werde und verdorre, durfte Hans jeden Morgen, eine Stunde vor Schulbeginn, den Konfirmandenunterricht besuchen, wo aus dem Brenzischen Katechismus und aus dem anregenden Auswendiglernen und Aufsagen der Fragen und Antworten ein erfrischender Hauch religiösen Lebens in die jugendlichen Seelen drang. Leider verkümmerte er sich diese erquickenden Stunden selbst und beraubte sich ihres Segens. Er legte nämlich heimlicherweise beschriebene Zettel in seinen Katechismus, griechische und lateinische Vokabeln oder Übungsstücke, und beschäftigte sich fast die ganze Stunde mit diesen weltlichen Wissenschaften. Doch war immerhin sein Gewissen nicht so abgestumpft, daß er dabei nicht fortwährend eine peinliche Unsicherheit und ein leises Angstgefühl empfunden hätte. Wenn der Dekan in seine Nähe trat oder gar seinen Namen rief, zuckte er jedesmal scheu zusammen, und wenn er eine Antwort geben mußte, hatte er Schweiß auf der Stirn und Herzklopfen.

Die Antworten aber waren tadellos richtig, auch in der Aussprache, und darauf gab der Dekan viel.
Die Aufgaben, zum Schreiben oder zum Auswendiglernen, zum Repetieren und Präparieren, die sich tagsüber von Lektion zu Lektion ansammelten, konnten dann am späten Abend bei traulichem Lampenlicht zu Hause erledigt werden. Dieses stille, vom häuslichen Frieden segensreich umhegte Arbeiten, dem der Klassenlehrer eine besonders tiefe und fördernde Wirkung zusprach, dauerte dienstags und samstags gewöhnlich nur etwa bis zehn Uhr, sonst aber bis elf, bis zwölf und gelegentlich noch darüber. Der Vater grollte ein wenig über den maßlosen Ölverbrauch, sah dies Studieren aber doch mit wohlgefälligem Stolze an. Für etwaige Mußestunden und für die Sonntage, die ja den siebenten Teil unseres Lebens ausmachen, war die Lektüre einiger in der Schule nicht gelesener Autoren und Repetieren der Grammatik dringend empfohlen.
»Natürlich mit Maß, mit Maß! Ein-, zweimal in der Woche spazierengehen ist notwendig und tut Wunder. Bei schönem Wetter kann man ja auch ein Buch mit ins Freie nehmen – du wirst sehen, wie leicht und fröhlich es sich in der frischen Luft draußen lernen läßt. Überhaupt Kopf hoch!«
Hans hielt also nach Möglichkeit den Kopf hoch, benützte von nun an auch die Spaziergänge zum Lernen und lief still und verscheucht mit übernächtigtem Gesicht und blaurandigen, müden Augen herum.
»Was halten Sie von Giebenrath; er wird doch durchkommen?« sagte der Klassenlehrer einmal zum Rektor.
»Er wird, er wird«, jauchzte der Rektor. »Das ist einer von den ganz Gescheiten; sehen Sie ihn nur an, er sieht ja direkt vergeistigt aus.«
In den letzten acht Tagen war die Vergeistigung eklatant geworden. In dem hübschen, zarten Knabengesicht brannten tiefliegende, unruhige Augen mit trüber Glut, auf der schönen

Stirn zuckten feine, Geist verratende Falten, und die ohnehin dünnen und hageren Arme und Hände hingen mit einer müden Grazie herab, die an Botticelli erinnerte.

Es war nun soweit. Morgen früh sollte er mit seinem Vater nach Stuttgart fahren und dort im Landexamen zeigen, ob er würdig sei, durch die schmale Klosterpforte des Seminars einzugehen. Eben hatte er seinen Abschiedsbesuch beim Rektor gemacht. »Heute abend«, sagte zum Schluß der gefürchtete Herrscher mit ungewöhnlicher Milde, »darfst du nichts mehr arbeiten. Versprich es mir. Du mußt morgen absolut frisch in Stuttgart antreten. Geh noch eine Stunde spazieren und nachher beizeiten zu Bett. Junge Leute müssen ihren Schlaf haben.«

Hans war erstaunt, statt der gefürchteten Menge von Ratschlägen so viel Wohlwollen zu erleben, und trat aufatmend aus dem Schulhaus. Die großen Kirchberglinden glänzten matt im heißen Sonnenlicht des Spätnachmittags, auf dem Marktplatz plätscherten und blinkten beide große Brunnen, über die unregelmäßige Linie der Dächerflucht schauten die nahen, blauschwarzen Tannenberge herein. Dem Buben war so, als hätte er das alles schon eine lange Zeit nicht mehr gesehen, und es kam ihm alles ungewöhnlich schön und verlockend vor. Zwar hatte er Kopfweh, aber heute brauchte er ja nichts mehr zu lernen.

Langsam schlenderte er über den Marktplatz, am alten Rathaus vorüber, durch die Marktgasse und an der Messerschmiede vorbei zur alten Brücke. Dort bummelte er eine Weile auf und ab und setzte sich schließlich auf die breite Brüstung. Wochen- und monatelang war er Tag für Tag seine vier Mal hier vorbeigegangen und hatte keinen Blick für die kleine gotische Brükkenkapelle gehabt, noch für den Fluß, noch für die Stellfalle, Wehr und Mühle, nicht einmal für die Badwiese und für die weidenbestandenen Ufer, an denen ein Gerberplatz neben dem anderen lag, wo der Fluß tief, grün und still wie ein See stand und wo die gebogenen, spitzen Weidenäste bis ins Wasser hinabhingen.

Nun fiel ihm wieder ein, wieviel halbe und ganze Tage er hier verbracht, wie oft er hier geschwommen und getaucht und gerudert und geangelt hatte. Ach, das Angeln! Das hatte er nun auch fast verlernt und vergessen, und im vergangenen Jahr hatte er so bitterlich geheult, als es ihm verboten worden war, der Examensarbeit wegen. Das Angeln! Das war doch das Schönste in all den langen Schuljahren gewesen. Das Stehen im dünnen Weidenschatten, das nahe Rauschen der Mühlenwehre, das tiefe, ruhige Wasser! Und das Lichterspiel auf dem Fluß, das sanfte Schwanken der langen Angelrute, die Aufregung beim Anbeißen und Ziehen und die eigentümliche Freude, wenn man einen kühlen, feisten, schwänzelnden Fisch in der Hand hielt!

Er hatte doch manchen saftigen Karpfen herausgezogen, und Weißfische und Barben, auch von den delikaten Schleien und von den kleinen, schönfarbigen Elritzen. Lange blickte er über das Wasser, und beim Anblick des ganzen grünen Flußwinkels wurde er nachdenklich und traurig und fühlte die schönen, freien, verwilderten Knabenfreuden so weit dahinten liegen. Mechanisch zog er ein Stück Brot aus der Tasche, formte große und kleine Kugeln daraus, warf sie ins Wasser und beobachtete, wie sie sanken und von den Fischen erschnappt wurden. Zuerst kamen die winzigen Goldfallen und Blecken, fraßen die kleineren Stücke begierig auf und stießen die großen mit hungrigen Schnauzen im Zickzack vor sich her. Dann näherte sich langsam und vorsichtig ein größerer Weißfisch, dessen dunkler, breiter Rücken sich schwach vom Grunde abhob, umsegelte die Brotkugel bedächtig und ließ sie dann im plötzlich geöffneten runden Maul verschwinden. Vom trägfließenden Wasser kam ein feuchtwarmer Duft herauf, ein paar helle Wolken spiegelten sich undeutlich in der grünen Fläche, in der Mühle ächzte die

Kreissäge, und beide Wehre rauschten kühl und tieftönig ineinander. Der Knabe dachte an den Konfirmationssonntag, der kürzlich gewesen war und an dem er sich dabei ertappt hatte, daß er mitten in der Feierlichkeit und Rührung innerlich ein griechisches Verbum memorierte. Auch sonst war es ihm in letzter Zeit oft so gegangen, daß er seine Gedanken untereinander brachte und auch in der Schule statt an die vor ihm liegende Arbeit stets an die vorhergegangene oder an eine spätere dachte. Das Examen konnte ja gut werden!
Zerstreut erhob er sich von seinem Sitz und war unschlüssig, wohin er gehen sollte. Er erschrak heftig, als eine kräftige Hand ihn an der Schulter faßte und eine freundliche Männerstimme ihn anredete.
»Grüß Gott, Hans, gehst ein Stück mit mir?«
Das war der Schuhmachermeister Flaig, bei dem er früher zuweilen eine Abendstunde verbracht hatte, jetzt aber schon lange keine mehr. Hans ging mit und hörte dem frommen Pietisten ohne rechte Aufmerksamkeit zu. Flaig sprach vom Examen, wünschte dem Jungen Glück und sprach ihm Mut zu, der Endzweck seiner Rede war aber, darauf hinzuweisen, daß so ein Examen doch nur etwas Äußerliches und Zufälliges sei. Durchzufallen sei keine Schande, das könne dem Besten passieren, und falls es ihm so gehen sollte, möge er bedenken, daß Gott mit jeder Seele seine besondern Absichten habe und sie eigene Wege führe.
Hans hatte dem Manne gegenüber kein ganz sauberes Gewissen. Er fühlte eine Hochachtung für ihn und sein sicheres, imponierendes Wesen, dennoch hatte er über die Stundenbrüder so viele Witze gehört und darüber mitgelacht, oft gegen sein besseres Wissen; außerdem hatte er sich seiner Feigheit zu schämen, denn seit einer gewissen Zeit mied er den Schuster fast ängstlich, seiner scharfen Fragen wegen. Seit er der Stolz seiner Lehrer und selber ein wenig hochmütig geworden war,

hatte der Meister Flaig ihn oft so komisch angesehen und zu demütigen versucht. Darüber war dem wohlmeinenden Führer die Seele des Knaben allmählich entglitten, denn Hans stand in der Blüte des Knabentrotzes und hatte feine Fühler für jede unliebsame Berührung seines Selbstbewußtseins. Nun schritt er neben dem Redenden hin und wußte nicht, wie besorgt und gütig ihn dieser von oben beschaute.

In der Kronengasse begegneten sie dem Stadtpfarrer. Der Schuster grüßte gemessen und kühl und hatte es plötzlich eilig, denn der Stadtpfarrer war ein Neumodischer und stand im Ruf, er glaube nicht einmal an die Auferstehung. Dieser nahm den Knaben mit sich.

»Wie geht's?« fragte er. »Du wirst froh sein, daß es jetzt soweit ist.« »Ja, 's ist mir schon recht.«

»Nun, halte dich gut! Du weißt, daß wir alle Hoffnungen auf dich setzen. Im Latein erwarte ich eine besondere Leistung von dir.«

»Wenn ich aber durchfalle«, meinte Hans schüchtern.

»Durchfallen?!« Der Geistliche blieb ganz erschrocken stehen. »Durchfallen ist einfach unmöglich. Einfach unmöglich! Sind das Gedanken!«

»Ich meine nur, es könnte ja doch sein ...«

»Es kann nicht, Hans, es kann nicht; darüber sei ganz beruhigt. Und nun grüß mir deinen Papa und sei mutig!«

Hans sah ihm nach; dann schaute er sich nach dem Schuhmacher um. Was hatte der doch gesagt? Aufs Latein käme es nicht so sehr an, wenn man nur das Herz auf'm rechten Fleck habe und Gott fürchte. Der hatte gut reden. Und nun noch der Stadtpfarrer! Vor dem konnte er sich überhaupt nimmer sehen lassen, wenn er durchfiel.

Bedrückt schlich er nach Hause und in den kleinen, abschüssigen Garten. Hier stand ein morsches, längst nicht mehr benutztes Gartenhäuschen; darin hatte er seinerzeit einen Bretterstall gezimmert und drei Jahre lang Kaninchen drin gehabt. Im vorigen Herbst waren sie ihm weggenommen worden, des Examens wegen. Er hatte keine Zeit mehr für Zerstreuungen gehabt. Auch im Garten war er schon lang nicht mehr gewesen. Der leere Verschlag sah baufällig aus, die Tropfsteingruppe in der Mauerecke war zusammengefallen, das kleine, hölzerne Wasserrädchen lag verbogen und zerbrochen neben der Wasserleitung. Er dachte an die Zeit, da er das alles gebaut und geschnitzt und seine Freude daran gehabt hatte. Es war auch schon zwei Jahre her – eine ganze Ewigkeit. Er hob das Rädchen auf, bog daran herum, zerbrach es vollends und warf es über den Zaun. Fort mit dem Zeug, das war ja alles schon lang aus und vorbei. Dabei fiel ihm sein Schulfreund August ein. Der hatte ihm geholfen, das Wasserrad zu bauen und den Hasenstall zu flicken. Nachmittage lang hatten sie hier gespielt, mit der Schleuder geschossen, den Katzen nachgestellt, Zelte gebaut und zum Vesper rohe gelbe Rüben gegessen. Dann war aber die Streberei losgegangen, und August war vor einem Jahr aus der Schule getreten und Mechanikerlehrling geworden. Er hatte sich seither nur noch zweimal gezeigt. Freilich auch der hatte jetzt keine Zeit mehr. Wolkenschatten liefen eilig übers Tal, die Sonne stand schon nahe am Bergrand. Einen Augenblick hatte der Knabe das Gefühl, er müsse sich hinwerfen und heulen. Statt dessen holte er aus der Remise das Handbeil, schwang es mit den schmächtigen Ärmlein durch die Luft und hieb den Kaninchenstall in hundert Stücke. Die Latten flogen auseinander, die Nägel bogen sich knirschend, ein wenig verfaultes Hasenfutter, noch vom vorjährigen Sommer, kam zum Vorschein. Er hieb auf das alles los, als könnte er damit sein Heimweh nach den Hasen und nach August und nach all den alten Kindereien totschlagen.

»Na na na na na, was sind denn das für Sachen?« rief der Vater vom Fenster her. »Was machst du da?«

»Brennholz.«
Weiter gab er keine Antwort, sondern warf das Beil weg, lief durch den Hof auf die Gasse und dann am Ufer flußaufwärts. Draußen in der Nähe der Brauerei standen zwei Flöße angebunden. Mit solchen war er früher oft stundenweit flußab gefahren, an warmen Sommernachmittagen, vom Fahren auf dem zwischen den Stämmen klatschenden Wasser zugleich erregt und eingeschläfert. Er sprang auf die losen, schwimmenden Stämme hinüber, legte sich auf einen Weidenhaufen und versuchte, sich vorzustellen, das Floß sei unterwegs, fahre bald rasch, bald zögernd an Wiesen, Äckern, Dörfern und kühlen Waldrändern vorüber, unter Brücken und aufgezogenen Stellfallen durch, und er liege darauf und alles wäre wieder wie sonst, da er noch am Kapfberg Hasenfutter holte, in den Gerbergärten am Ufer angelte und noch kein Kopfweh und keine Sorge hatte.
Müd und verdrossen kam er zum Nachtessen heim. Der Vater war wegen der bevorstehenden Examensreise nach Stuttgart heillos aufgeregt und fragte ein dutzendmal, ob die Bücher eingepackt seien, ob er den schwarzen Anzug bereitgelegt habe, ob er nicht unterwegs noch in der Grammatik lesen wolle, ob er sich wohl fühle. Hans gab kurze, bissige Antworten, aß wenig und sagte bald Gutnacht.
»Gut' Nacht, Hans. Schlaf nur gut! Also um sechs Uhr weck ich dich morgen. Hast du auch den Lexikon nicht vergessen?«
»Nein, ich hab ›den‹ Lexikon nicht vergessen. Gut' Nacht!«
Auf seinem Stüblein saß er noch lange ohne Licht wach. Das war bis jetzt der einzige Segen, den ihm die Examengeschichte gebracht hatte – das eigene kleine Zimmer, in dem er Herr war und nicht gestört wurde. Hier hatte er im Kampf mit Ermüdung, Schlaf und Kopfweh lange Abendstunden über Cäsar, Xenophon, Grammatiken, Wörterbüchern und mathematischen Aufgaben verbrütet, zäh, trotzig und ehrgeizig, oft auch der

Verzweiflung nah. Hier hatte er aber auch die paar Stunden gehabt, die ihm mehr wert waren als alle verlorenen Knabenlustbarkeiten, jener paar traumhaft seltsamen Stunden voll Stolz und Rausch und Siegesmut, in denen er sich über Schule, Examen und alles hinweg in einen Kreis höherer Wesen hinübergeträumt und gesehnt hatte. Da hatte ihn eine freche, selige Ahnung ergriffen, daß er wirklich etwas anderes und besseres sei als die dickbackigen, gutmütigen Kameraden und auf sie vielleicht einmal aus entrückter Höhe überlegen herabsehen dürfe. Auch jetzt atmete er auf, als sei in diesem Stüblein eine freiere und kühlere Luft, setzte sich aufs Bett und verdämmerte ein paar Stunden in Träumen, Wünschen und Ahnungen. Langsam fielen die hellen Lider ihm über die großen, überarbeiteten Augen, öffneten sich nochmals, blinzelten und fielen wieder herab, der blasse Knabenkopf sank auf die hagere Schulter, die dünnen Arme streckten sich müde aus. Er war in den Kleidern eingeschlafen, und die leise, mütterliche Hand des Schlummers ebnete die Wogen in seinem unruhigen Kinderherzen und löschte die kleinen Falten auf seiner hübschen Stirn.

Es war unerhört. Der Herr Rektor hatte sich, trotz der frühen Stunde, selber auf den Bahnhof bemüht. Herr Giebenrath stak im schwarzen Gehrock und konnte vor Aufregung, Freude und Stolz gar nicht stillstehen; er trippelte nervös um den Rektor und um Hans herum, ließ sich vom Stationsvorstand und von allen Bahnangestellten gute Reise und viel Glück zu seines Sohnes Examen wünschen und hatte seinen kleinen, steifen Koffer bald in der linken, bald in der rechten Hand. Den Regenschirm hielt er einmal unter den Arm, dann wieder zwischen die Knie geklemmt, ließ ihn einigemal fallen und stellte dann jedesmal den Koffer ab, um ihn wieder aufheben zu können. Man hätte meinen sollen, er reise nach Amerika und nicht mit

Retourbillett nach Stuttgart. Der Sohn schien ganz ruhig, doch würgte ihn die heimliche Angst in der Kehle.

Der Zug kam an und hielt, man stieg ein, der Rektor winkte mit der Hand, der Vater zündete sich eine Zigarre an, unten verschwand im Tal die Stadt und der Fluß. Die Reise war für beide eine Qual.

In Stuttgart lebte der Vater plötzlich auf und begann fröhlich, leutselig und weltmännisch zu werden; ihn beseelte die Wonne des Kleinstädters, der für ein paar Tage in die Residenz gekommen ist. Hans aber wurde stiller und ängstlicher, eine tiefe Beklemmung ergriff ihn beim Anblick der Stadt; die fremden Gesichter, die protzig hohen, aufgedonnerten Häuser, die langen, ermüdenden Wege, die Pferdebahnen und der Straßenlärm verschüchterten ihn und taten ihm weh. Man logierte bei einer Tante, und dort drückten die fremden Räume, die Freundlichkeit und Gesprächigkeit der Tante, das lange zwecklose Herumsitzen und das ewige aufmunternde Zureden des Vaters den Knaben vollends ganz zu Boden. Fremd und verloren hockte er im Zimmer herum, und wenn er die ungewohnte Umgebung, die Tante und ihre städtische Toilette, die großmustrige Tapete, die Stutzuhr, die Bilder an der Wand oder durchs Fenster die geräuschvolle Straße ansah, kam er sich ganz verraten vor, und es schien ihm dann, er sei schon eine Ewigkeit von Hause fort und habe alles mühselig Gelernte einstweilen völlig vergessen. Nachmittags hatte er nochmals die griechischen Partikeln durchnehmen wollen, aber die Tante schlug einen Spaziergang vor. Einen Augenblick tauchte vor Hansens innerem Blick etwas wie Wiesengrün und Waldgebrause auf, und er sagte freudig zu. Bald genug sah er aber, daß auch das Spazierengehen hier in der großen Stadt eine andere Art von Vergnügen sei als daheim.

Er ging allein mit der Tante, da der Papa in der Stadt Besuche machte. Schon auf der Treppe ging das Elend los. Man begegnete im ersten Stockwerk einer dicken, hoffärtig aussehenden Dame, vor welcher die Tante einen Knicks machte und die sofort mit großer Eloquenz zu plaudern begann. Der Halt dauerte mehr als eine Viertelstunde. Hans stand daneben, an das Treppengeländer gepreßt, wurde vom Hündlein der Dame berochen und angegrollt und begriff undeutlich, daß man auch über ihn spreche, denn die fremde Dicke blickte ihn wiederholt durch den Zwicker von oben bis unten an. Kaum war man dann auf der Straße, so trat die Tante in einen Laden, und es dauerte eine gute Weile, bis sie wiederkam. Inzwischen stand Hans schüchtern auf der Straße, wurde von Vorübergehenden beiseite geschoben und von Gassenbuben verhöhnt. Als die Tante aus dem Laden zurückkam, überreichte sie ihm eine Tafel Schokolade, und er bedankte sich höflich, obwohl er Schokolade nicht mochte. An der nächsten Ecke bestieg man die Pferdebahn, und nun ging es unter beständigem Geklingel im überfüllten Wagen durch Straßen und wieder Straßen, bis man endlich eine große Allee und Gartenanlage erreichte. Dort lief ein Springbrunnen, blühten umzäunte Zierbeete und schwammen Goldfische in einem kleinen künstlichen Weiher. Man wandelte auf und ab, hin und her und im Kreise, zwischen einem Schwarm von andern Spaziergängern, und sah eine Menge von Gesichtern, eleganten und anderen Kleidern, Fahrrädern, Krankenfahrstühlen und Kinderwagen, hörte ein Gewirre von Stimmen und atmete eine warme, staubige Luft. Zum Schluß nahm man auf einer Bank neben anderen Leuten Platz. Die Tante hatte fast die ganze Zeit drauflos gesprochen, nun seufzte sie, lächelte den Knaben liebevoll an und forderte ihn auf, jetzt seine Schokolade zu essen. Er wollte nicht.

»Lieber Gott, du wirst dich doch nicht genieren? Nein, iß nur, iß!«

Da zog er sein Täfelchen heraus, zerrte eine Weile am Silberpapier und biß schließlich ein ganz kleines Stückchen ab. Schoko-

lade mochte er nun einmal nicht, aber er wagte es der Tante nicht zu sagen. Während er noch an dem Bissen sog und würgte, hatte die Tante einen Bekannten unter der Menge entdeckt und stürmte davon.
»Bleib nur hier sitzen, ich bin gleich wieder da.«
Hans benützte aufatmend die Gelegenheit und schleuderte seine Schokolade weit weg in den Rasen. Dann schlenkerte er die Beine im Takt, starrte die vielen Leute an und kam sich unglücklich vor. Am Ende begann er wieder einmal, die Unregelmäßigen herzusagen, aber zu seinem tödlichen Schrecken wußte er fast nichts mehr. Alles rein vergessen! Und morgen war Landexamen!
Die Tante kam zurück und hatte inzwischen in Erfahrung gebracht, es gebe dies Jahr einhundertundachtzehn Kandidaten zum Landexamen. Bestehen konnten aber nur sechsunddreißig. Da fiel dem Knaben das Herz vollends in die Hosen, und er sprach auf dem ganzen Heimweg kein Wort mehr. Zu Haus bekam er Kopfweh, wollte wieder nichts essen und war so desperat, daß der Vater ihn tüchtig ausschalt und daß ihn sogar die Tante unausstehlich fand. In der Nacht schlief er schwer und tief, von scheußlichen Traumszenen verfolgt. Er sah sich mit den einhundertundsiebzehn Kameraden im Examen sitzen, der Prüfende sah bald dem Stadtpfarrer zu Haus, bald der Tante ähnlich und häufte vor ihm Berge von Schokolade auf, die er essen sollte. Und während er unter Tränen aß, sah er die übrigen einen um den andern aufstehen und durch eine kleine Tür verschwinden. Alle hatten ihren Berg gegessen, seiner aber wurde unter seinen Augen größer und größer, quoll über Tisch und Bank und schien ihn ersticken zu wollen.
Am folgenden Morgen, während Hans Kaffee trank und die Uhr nicht aus den Augen ließ, um ja nicht zu spät in die Prüfung zu kommen, wurde seiner im Heimatstädtchen von vielen gedacht. Zuerst vom Schuhmacher Flaig; der sprach vor der Mor-

gensuppe sein Gebet, die Familie samt den Gesellen und beiden Lehrlingen stand im Kreis um den Tisch, und seinem gewöhnlichen Frühgebet fügte der Meister heute die Worte bei: »O Herr, halte deine Hand auch über den Schüler Hans Giebenrath, der heute ins Examen tritt, segne und stärke ihn und laß ihn einmal einen rechten und wackeren Verkündiger deines göttlichen Namens werden!«

Der Stadtpfarrer betete zwar nicht für ihn, sagte aber beim Frühstück zu seiner Frau: »Jetzt geht der Giebenrathle ins Examen. Aus dem wird noch was Besonderes; man wird schon auf ihn aufmerksam werden, und dann schadet es nichts, daß ich ihm mit den Lateinstunden beigesprungen bin.«

Der Klassenlehrer, ehe er die Stunde begann, sagte zu seinen Schülern: »So, jetzt fängt in Stuttgart das Landexamen an, und wir wollen dem Giebenrath alles Gute wünschen. Nötig hat er's zwar nicht, denn von solchen Faulpelzen, wie ihr seid, steckt er seine zehn in den Sack.« Und auch die Schüler dachten nun fast alle an den Abwesenden, namentlich aber die vielen, die auf sein Durchkommen oder Durchfallen untereinander Wetten abgeschlossen hatten.

Und da denn herzliche Fürbitte und innige Teilnahme mit Leichtigkeit über große Strecken hinweg in die Ferne wirken, bekam auch Hans es zu spüren, daß man zu Hause an ihn dachte. Zwar ging er mit Herzklopfen, von seinem Vater begleitet, in den Prüfungssaal, folgte scheu und erschrocken den Anweisungen des Famulus und schaute sich in dem großen, von blassen Knaben erfüllten Raume um wie ein Verbrecher in der Folterkammer. Als aber der Professor gekommen war, Ruhe gebot und den Text zur lateinischen Stilübung diktierte, fand Hans aufatmend dieselbe lächerlich leicht. Rasch und fast fröhlich machte er sein Konzept, schrieb es dann bedächtig und sauber ins reine und war einer von den Ersten, die ihre Arbeit ablieferten. Zwar verfehlte er darauf den Weg zum Haus der

Tante und irrte zwei Stunden in den heißen Stadtstraßen umher, doch störte ihm das sein wiedergefundenes Gleichgewicht nicht erheblich; er war sogar froh, der Tante und dem Vater noch für eine Weile zu entrinnen, und kam sich, durch die fremden, lärmigen Residenzstraßen wandernd, wie ein waghalsiger Abenteurer vor. Als er sich endlich mit Mühe durchgefragt und heimgefunden hatte, wurde er mit Fragen bestürmt.

»Wie ist's gegangen? Wie ist's gewesen? Hast du dein Sach gekonnt?«

»Leicht ist's gewesen«, sagte er stolz, »das hätt ich in der fünften Klasse schon übersetzen können.«

Und er aß mit redlichem Hunger.

Den Nachmittag hatte er frei. Der Papa schleppte ihn bei einigen Verwandten und Freunden herum. Bei einem derselben fanden sie einen schwarz gekleideten, schüchternen Buben, der von Göppingen hergekommen war, ebenfalls um das Landexamen zu machen. Die Knaben blieben sich selbst überlassen und sahen einander scheu und neugierig an.

»Wie ist dir die lateinische Arbeit vorgekommen? Leicht, nicht wahr?« fragte Hans.

»Riesig leicht. Aber das ist gerade der Kasus, in leichten Arbeiten macht man die meisten Schnitzer. Man paßt nicht auf. Und verborgene Fallen werden schon auch drin gewesen sein.«

»Meinst du?«

»Natürlich. So dumm sind die Herren nicht.«

Hans erschrak ein wenig und wurde nachdenklich. Dann fragte er zaghaft: »Hast du den Text noch da?«

Der andere brachte sein Heft, und nun nahmen sie zusammen die ganze Arbeit durch, Wort für Wort. Der Göppinger schien ein raffinierter Lateiner zu sein, wenigstens brauchte er zweimal grammatikalische Bezeichnungen, die Hans überhaupt noch nie gehört hatte.

»Und was kommt wohl morgen dran?«

»Griechisch und Aufsatz.«
Dann erkundigte sich der Göppinger, wieviel Examinanden aus Hansens Schule gekommen seien.
»Keiner«, sagte Hans, »bloß ich.«
»Au, wir Göppinger sind zu zwölft! Drei ganz Gescheite sind dabei, von denen erwartet man, daß sie unter die Ersten kommen. Voriges Jahr war der Primus auch ein Göppinger. – Gehst du aufs Gymnasium, falls du durchfällst?«
Davon war noch gar nie die Rede gewesen.
»Ich weiß nicht... Nein, ich glaube nicht.«
»So? Ich studiere auf alle Fälle, auch wenn ich jetzt durchfalle. Dann läßt mich meine Mutter nach Ulm.«
Das imponierte Hans gewaltig. Auch die zwölf Göppinger mit den drei ganz Gescheiten machten ihm Angst. Da konnte er sich ja nicht mehr sehen lassen.
Zu Hause setzte er sich hin und nahm die Verba auf mi noch einmal durch. Aufs Lateinische hatte er gar keine Angst gehabt, da fühlte er sich sicher. Aber mit dem Griechischen ging es ihm eigentümlich. Er hatte es gern, er schwärmte fast dafür, aber nur fürs Lesen. Namentlich Xenophon war so schön und beweglich und frisch geschrieben, alles klang heiter, hübsch und kräftig und hatte einen flotten, freien Geist, auch war alles leicht zu verstehen. Aber sobald es an die Grammatik ging oder vom Deutschen ins Griechische übersetzt werden mußte, fühlte er sich in ein Labyrinth von widerstreitenden Regeln und Formen verirrt und empfand vor der fremden Sprache fast dieselbe angstvolle Scheu wie seinerzeit in der ersten Lektion, als er noch nicht einmal das griechische Alphabet lesen konnte.
Am andern Tage kam richtig Griechisch an die Reihe und nachher deutscher Aufsatz. Die griechische Arbeit war ziemlich lang und gar nicht leicht, das Aufsatzthema war heikel und konnte mißverstanden werden. Von zehn Uhr an wurde es schwül und heiß im Saal. Hans hatte keine gute Schreibfeder

und verdarb zwei Bogen Papier, bis die griechische Arbeit ins reine geschrieben war. Beim Aufsatz kam er in die größte Not durch einen dreisten Nebensitzer, der ihm ein Blatt Papier mit einer Frage zuschob und ihn durch Rippenstöße zum Antworten drängte. Der Verkehr mit den Banknachbarn war aufs allerstrengste verboten und zog unerbittlich den Ausschluß vom Examen nach sich. Zitternd vor Furcht schrieb er auf den Zettel: »Laß mich in Ruhe« und wandte dem Frager den Rücken. Es war auch so heiß. Sogar der Aufsichtsprofessor, der beharrlich und gleichmäßig den Saal abschritt und keinen Augenblick ruhte, fuhr sich mehrmals mit dem Sacktuch übers Gesicht. Hans schwitzte in seinem dicken Konfirmationsanzug, bekam Kopfweh und gab schließlich seine Bogen ganz unglücklich ab, mit dem Gefühl, sie stecken voller Fehler und mit dem Examen sei es nun wohl fertig.
Bei Tisch sagte er kein Wort, sondern zuckte auf alle Fragen nur die Achseln und machte ein Gesicht wie ein Delinquent. Die Tante tröstete, aber der Vater regte sich auf und wurde ungemütlich. Nach dem Essen nahm er den Buben mit ins Nebenzimmer und suchte ihn nochmals auszufragen.
»Schlecht ist's gegangen«, sagte Hans.
»Warum hast du nicht aufgepaßt? Man kann sich doch auch zusammennehmen, zum Teufel!«
Hans schwieg, und als der Vater anfing zu schimpfen, wurde er rot und sagte: »Du verstehst doch nichts vom Griechischen!«
Das schlimmste war, daß er um zwei Uhr ins Mündliche mußte. Davor graute ihm am meisten. Unterwegs auf der glühend heißen Stadtstraße wurde ihm ganz elend, und er konnte vor Leid und Angst und Schwindel kaum mehr aus den Augen sehen. Zehn Minuten lang saß er vor drei Herren an einem großen, grünen Tisch, übersetzte ein paar lateinische Sätze und gab auf die gestellten Fragen Antwort. Zehn Minuten saß er dann vor drei anderen Herren, übersetzte Griechisch und wurde wieder

allerlei gefragt. Zum Schluß wollte man einen unregelmäßig gebildeten Aorist von ihm wissen, aber er gab keine Antwort.
»Sie können gehen, dort, die Türe rechts.«
Er ging, aber in der Türe fiel ihm nun doch der Aorist noch ein. Er blieb stehen.
»Gehen Sie«, rief man ihm zu, »gehen Sie! Oder sind Sie etwa unwohl?«
»Nein, aber der Aorist ist mir jetzt eingefallen.«
Er rief ihn ins Zimmer hinein, sah einen der Herren lachen und stürzte mit brennendem Kopf davon. Dann versuchte er sich auf die Fragen und auf seine Antworten zu besinnen, aber alles ging ihm durcheinander. Er sah nur immer wieder die große, grüne Tischfläche, die drei alten, ernsten Herren in Gehröcken, das aufgeschlagene Buch und seine zitternd daraufgelegte Hand. Herrgott, was mochte er für Antworten gegeben haben!
Als er durch die Straßen schritt, kam es ihm vor, als sei er schon wochenlang hier und könnte nie mehr wegkommen. Wie etwas sehr weit Entferntes, vor langer Zeit einmal Gesehenes erschien ihm das Bild des väterlichen Gartens, die tannenblauen Berge, die Angelplätze am Fluß. Oh, wenn er heut noch heimreisen dürfte! Es hatte doch keinen Wert mehr dazubleiben, das Examen war jedenfalls verpfuscht.
Er kaufte sich einen Milchwecken und trieb sich den ganzen geschlagenen Nachmittag sträßlings herum, um nur dem Vater nicht Rede stehen zu müssen. Als er endlich heimkam, war man in Sorge um ihn gewesen, und da er erschöpft und elend aussah, gab man ihm eine Eiersuppe und schickte ihn ins Bett. Morgen kam noch Rechnen und Religion daran, dann konnte er wieder abreisen.
Es ging am folgenden Vormittag ganz gut. Hans empfand es als bittere Ironie, daß ihm heute alles gelang, nachdem er gestern in den Hauptfächern so Pech gehabt hatte. Einerlei, jetzt nur fort, nach Hause!

»Das Examen ist aus, jetzt können wir heimreisen«, meldete er bei der Tante.
Sein Vater wollte heute noch dableiben. Man wollte nach Cannstatt fahren und dort im Kurgarten Kaffee trinken. Hans bat aber so flehentlich, daß der Vater ihm erlaubte, schon heute allein abzureisen. Er wurde auf den Zug gebracht, erhielt sein Billett, bekam von der Tante einen Kuß und etwas zu essen mit und fuhr nun erschöpft und gedankenlos durch das grüne Hügelland heimwärts. Erst als die blauschwarzen Tannenberge auftauchten, kam ein Gefühl von Freude und Erlösung über den Knaben. Er freute sich auf die alte Magd, auf sein Stübchen, auf den Rektor, auf das gewohnte niedere Schulzimmer und auf alles.
Zum Glück waren keine neugierigen Bekannten auf dem Bahnhof, und er konnte mit seinem Paketchen unbemerkt nach Hause eilen.
»Ist's schön gewest in Stuttgart?« fragte die alte Anna.
»Schön? Ja meinst du denn, ein Examen sei was Schönes? Ich bin bloß froh, daß ich wieder da bin. Der Vater kommt erst morgen.«
Er trank einen Napf frischer Milch, holte die vor'm Fenster hängende Badhose herein und lief davon, aber nicht zu der Wiese, wo alle anderen ihren Badplatz hatten.
Er ging weit vor die Stadt hinaus zur »Waage«, wo das Wasser tief und langsam zwischen hohem Gebüsch dahinfließt. Dort entkleidete er sich, steckte die Hand und darauf den Fuß tastend ins kühle Wasser, schauderte ein wenig und warf sich dann mit schnellem Sturz in den Fluß. Langsam gegen die schwache Strömung schwimmend, fühlte er Schweiß und Angst dieser letzten Tage von sich gleiten, und während seinen schmächtigen Leib der Fluß kühlend umarmte, nahm seine Seele mit neuer Lust von der schönen Heimat Besitz. Er schwamm rascher, ruhte, schwamm wieder und fühlte sich von

einer wohligen Kühle und Müdigkeit umfangen. Auf dem Rükken liegend, ließ er sich wieder flußab treiben, horchte auf das feine Summen der in goldigen Kreisen schwärmenden Abendfliegen, sah den Späthimmel von kleinen, raschen Schwalben durchschnitten und von der schon verschwundenen Sonne hinter den Bergen hervor rosig beglänzt. Als er wieder in den Kleidern war und träumerisch nach Hause schlenderte, war das Tal schon voll Schatten.

Er kam am Garten des Händlers Sackmann vorbei, in dem er noch als ganz kleiner Bub einmal mit ein paar anderen unreife Pflaumen gestohlen hatte. Und am Kirchnerschen Zimmerplatz, wo die weißen Tannenbalken herumlagen, unter denen er früher immer Regenwürmer zum Angeln gefunden hatte. Er kam auch am Häuschen des Inspektors Geßler vorüber, dessen Tochter Emma er vor zwei Jahren auf dem Eis so gern den Hof gemacht hätte. Sie war das zierlichste und eleganteste Schulmädel der Stadt gewesen, gleich alt wie er, und er hatte damals eine Zeitlang nichts so sehnlich gewünscht, als einmal mit ihr zu reden oder ihr die Hand zu geben. Es war nie dazu gekommen, er hatte sich zu sehr geniert. Seither war sie in eine Pension geschickt worden, und er wußte kaum mehr, wie sie aussah. Doch fielen diese Bubengeschichten ihm jetzt wieder ein, wie aus weitester Ferne her, und sie hatten so starke Farben und einen so seltsam ahnungsvollen Duft wie nichts von allem seither Erlebten. Das waren noch Zeiten gewesen, als man abends bei Nascholds Liese im Torweg saß, Kartoffeln schälte und Geschichten anhörte, als man sonntags in aller Frühe mit hochgekrempelten Hosen und schlechtem Gewissen beim untern Wehr ins Krebsen oder auf den Goldfallenfang gegangen war, um nachher in durchnäßten Sonntagskleidern vom Vater Prügel zu bekommen! Es hatte damals so viel rätselhafte und seltsame Dinge und Leute gegeben, an die er nun schon lange gar nicht mehr gedacht hatte! Der Schuhmächerle mit dem krummen Hals, der Strohmeyer, von dem man sicher wußte, daß er sein Weib vergiftet hatte, und der abenteuerliche »Herr Beck«, der mit Stecken und Schnappsack das ganze Oberamt durchstrich und zu dem man Herr sagte, weil er früher ein reicher Mann gewesen war und vier Pferde samt Equipage besessen hatte. Hans wußte von ihnen nichts mehr als die Namen und empfand dunkel, daß diese obskure, kleine Gassenwelt ihm verlorengegangen war, ohne daß etwas Lebendiges und Erlebenswertes statt dessen gekommen wäre.

Da er für den folgenden Tag noch Urlaub hatte, schlief er morgens in den Tag hinein und genoß seine Freiheit. Mittags holte er den Vater ab, der noch von allen den Stuttgarter Genüssen selig erfüllt war.

»Wenn du bestanden hast, darfst du dir etwas wünschen«, sagte er gutgelaunt. »Überleg dir's!«

»Nein, nein«, seufzte der Knabe, »ich bin sicher durchgefallen.«

»Dummes Zeug, was wirst du auch! Wünsch dir lieber was, eh's mich reut.«

»Angeln möcht ich in den Ferien wieder. Darf ich?«

»Gut, du darfst, wenn's Examen bestanden ist.«

Am nächsten Tage, einem Sonntag, ging ein Gewitter und Platzregen nieder, und Hans saß stundenlang lesend und nachdenkend in seiner Stube. Er überdachte seine Stuttgarter Leistungen nochmals genau und kam immer wieder zu dem Ergebnis, er habe heillos Pech gehabt und hätte viel bessere Arbeiten machen können. Zum Bestehen würde es nun auf keinen Fall mehr reichen. Das dumme Kopfweh! Allmählich bedrückte ihn eine wachsende Bangigkeit, und schließlich trieb eine schwere Sorge ihn zu seinem Vater hinüber.

»Du, Vater!«

»Was willst?«

»Etwas fragen. Wegen dem Wünschen. Ich will lieber das Angeln bleiben lassen.«

»So, warum denn jetzt das wieder?«
»Weil ich... Ach, ich wollte fragen, ob ich nicht...«
»Heraus damit, ist das eine Komödie! Also was?«
»Ob ich aufs Gymnasium darf, wenn ich durchfalle.«
Herr Giebenrath war sprachlos.
»Was? Gymnasium?« brach er dann los. »Du aufs Gymnasium? Wer hat dir das in den Kopf gesetzt?«
»Niemand. Ich meine nur so.«
Die Todesangst stand ihm im Gesicht zu lesen. Der Vater sah es nicht.
»Geh, geh«, sagte er unwillig lachend. »Das sind Überspanntheiten. Aufs Gymnasium! Du meinst wohl, ich sei Kommerzienrat.«
Er winkte so heftig ab, daß Hans es aufgab und verzweifelt hinausging.
»Ist das ein Bub!« grollte er hinter ihm her. »Nein so was! Jetzt will er gar noch aufs Gymnasium! Ja prosit, da brennst du dich.«
Hans saß eine halbe Stunde lang auf dem Fenstersims, stierte auf den frisch geputzten Dielenboden und versuchte sich vorzustellen, wie das sein würde, wenn es nun wirklich mit Seminar und Gymnasium und Studieren nichts wäre. Man würde ihn als Lehrling in einen Käsladen oder auf ein Bureau tun, und er würde zeitlebens einer von den gewöhnlichen armseligen Leuten sein, die er verachtete und über die er absolut hinaus wollte. Sein hübsches, kluges Schülergesicht verzog sich zu einer Grimasse voll Zorn und Leid; wütend sprang er auf, spuckte aus, ergriff die daliegende lateinische Chrestomathie und warf das Buch mit aller Wucht an die nächste Wand. Dann lief er in den Regen hinaus.
Am Montag früh ging er wieder in die Schule.
»Wie geht's?« fragte der Rektor und gab ihm die Hand. »Ich dachte, du würdest schon gestern zu mir kommen. Wie war's denn im Examen?«

Hans senkte den Kopf.
»Na, was denn? Ist's dir schlecht gegangen?«
»Ich glaube, ja.«
»Nun, Geduld!« tröstete der alte Herr. »Vermutlich kommt noch heute vormittag der Bericht von Stuttgart.«
Der Vormittag war entsetzlich lang. Es kam kein Bericht, und beim Mittagessen konnte Hans vor innerlichem Schluchzen kaum schlucken.
Nachmittags, als er um zwei Uhr ins Schulzimmer kam, war der Klassenlehrer schon dort.
»Hans Giebenrath«, rief er laut.
Hans trat vor. Der Lehrer gab ihm die Hand.
»Ich gratuliere dir, Giebenrath. Du hast das Landexamen als Zweiter bestanden.«
Es entstand eine feierliche Stille. Die Tür ging auf, und der Rektor trat herein.
»Ich gratuliere. Nun, was sagst du jetzt?«
Der Bub war ganz gelähmt vor Überraschung und Freude.

Man sage nicht, Schulmeister haben kein Herz und seien verknöcherte und entseelte Pedanten! O nein, wenn ein Lehrer sieht, wie eines Kindes lange erfolglos gereiztes Talent hervorbricht, wie ein Knabe Holzsäbel und Schleuder und Bogen und die anderen kindischen Spielereien ablegt, wie er vorwärts zu streben beginnt, wie der Ernst der Arbeit aus einem rauhen Pausback einen feinen, ernsten und fast asketischen Knaben macht, wie sein Gesicht älter und geistiger, sein Blick tiefer und zielbewußter, seine Hand weißer und stiller wird, dann lacht ihm die Seele vor Freude und Stolz. Seine Pflicht und sein ihm vom Staat überantworteter Beruf ist es, in dem jungen Knaben die rohen Kräfte und Begierden der Natur zu bändigen und auszurotten und an ihre Stelle stille, mäßige und staatlich anerkannte Ideale zu pflanzen. Wie mancher, der jetzt ein zufriedener Bürger und strebsamer Beamter ist, wäre ohne diese Bemühungen der Schule zu einem haltlos stürmenden Neuerer oder unfruchtbar sinnenden Träumer geworden! Es war etwas in ihm, etwas Wildes, Regelloses, Kulturloses, das mußte erst zerbrochen werden, eine gefährliche Flamme, die mußte erst gelöscht und ausgetreten werden. Der Mensch, wie ihn die Natur erschafft, ist etwas Unberechenbares, Undurchsichtiges, Gefährliches. Er ist ein von unbekanntem Berge herbrechender Strom und ist ein Urwald ohne Weg und Ordnung. Und wie ein Urwald gelichtet und gereinigt und gewaltsam eingeschränkt werden muß, so muß die Schule den natürlichen Menschen zerbrechen, besiegen und gewaltsam einschränken; ihre Aufgabe ist es, ihn nach obrigkeitlicherseits gebilligten Grundsätzen zu einem nützlichen Gliede der Gesellschaft zu machen und die Eigenschaften in ihm zu wecken, deren völlige Ausbildung alsdann die sorgfältige Zucht der Kaserne krönend beendigt.

Rainer Maria Rilke
Die Turnstunde

In der Militärschule zu Sankt Severin. Turnsaal. Der Jahrgang steht in den hellen Zwillichblusen, in zwei Reihen geordnet, unter den großen Gaskronen. Der Turnlehrer, ein junger Offizier mit hartem braunen Gesicht und höhnischen Augen, hat Freiübungen kommandiert und verteilt nun die Riegen. »Erste Riege Reck, zweite Riege Barren, dritte Riege Bock, vierte Riege Klettern! Abtreten!« Und rasch, auf den leichten, mit Kolophonium isolierten Schuhen, zerstreuen sich die Knaben. Einige bleiben mitten im Saale stehen, zögernd, gleichsam unwillig. Es ist die vierte Riege, die schlechten Turner, die keine Freude haben an der Bewegung bei den Geräten und schon müde sind von den zwanzig Kniebeugen und ein wenig verwirrt und atemlos.

Nur Einer, der sonst der Allerletzte blieb bei solchen Anlässen, Karl Gruber, steht schon an den Kletterstangen, die in einer etwas dämmerigen Ecke des Saales, hart vor den Nischen, in denen die abgelegten Uniformröcke hängen, angebracht sind. Er hat die nächste Stange erfaßt und zieht sie mit ungewöhnlicher Kraft nach vorn, so daß sie frei an dem zur Übung geeigneten Platze schwankt. Gruber läßt nicht einmal die Hände von ihr, er springt auf und bleibt, ziemlich hoch, die Beine ganz unwillkürlich im Kletterschluß verschränkt, den er sonst niemals begreifen konnte, an der Stange hängen. So erwartet er die Riege und betrachtet – wie es scheint – mit besonderem Vergnügen den erstaunten Ärger des kleinen polnischen Unteroffiziers, der ihm zuruft, abzuspringen. Aber Gruber ist diesmal sogar ungehorsam und Jastersky, der blonde Unteroffizier, schreit endlich: »Also, entweder Sie kommen herunter oder Sie klettern hinauf, Gruber! Sonst melde ich dem Herrn Oberlieutenant...« Und da beginnt Gruber zu klettern, erst heftig mit Überstürzung, die Beine wenig aufziehend und die Blicke aufwärts gerichtet, mit einer gewissen Angst das unermeßliche Stück Stange abschätzend, das noch bevorsteht. Dann verlangsamt sich seine Bewegung; und als ob er jeden Griff genösse, wie etwas Neues, Angenehmes, zieht er sich höher, als man gewöhnlich zu klettern pflegt. Er beachtet nicht die Aufregung des ohnehin gereizten Unteroffiziers, klettert und klettert, die Blicke immerfort aufwärts gerichtet, als hätte er einen Ausweg in der Decke des Saales entdeckt und strebte danach, ihn zu erreichen. Die ganze Riege folgt ihm mit den Augen. Und auch aus den anderen Riegen richtet man schon da und dort die Aufmerksamkeit auf den Kletterer, der sonst kaum das erste Dritteil der Stange keuchend, mit rotem Gesicht und bösen Augen erklomm. »Bravo, Gruber!« ruft jemand aus der ersten Riege herüber. Da wenden viele ihre Blicke aufwärts, und es wird eine Weile still im Saal, – aber gerade in diesem Augenblick, da alle Blicke an der Gestalt Grubers hängen, macht er hoch oben unter der Decke eine Bewegung, als wollte er sie abschütteln; und da ihm das offenbar nicht gelingt, bindet er alle diese Blicke oben an den nackten eisernen Haken und saust die glatte Stange herunter, so daß alle immer noch hinaufsehen, als er schon längst, schwindelnd und heiß, unten steht und mit seltsam glanzlosen Augen in seine glühenden Handflächen schaut. Da fragt ihn der eine oder der andere der ihm zunächst stehenden Kameraden, was denn heute in ihn gefahren sei. »Willst wohl in die erste Riege kommen?« Gruber lacht und scheint etwas antworten zu wollen, aber er überlegt es sich und senkt schnell die Augen. Und dann, als das Geräusch und Getöse wieder seinen Fortgang hat, zieht er sich leise in die Nische zurück, setzt sich nieder, schaut ängstlich um sich und holt Atem, zweimal rasch, und lacht wieder und will was sagen... aber schon achtet niemand mehr seiner. Nur Jerome, der auch in der vierten

Riege ist, sieht, daß er wieder seine Hände betrachtet, ganz darüber gebückt wie einer, der bei wenig Licht einen Brief entziffern will. Und er tritt nach einer Weile zu ihm hin und fragt: »Hast du dir weh getan?« Gruber erschrickt. »Was?« macht er mit seiner gewöhnlichen, in Speichel watenden Stimme. »Zeig mal!« Jerome nimmt die eine Hand Grubers und neigt sie gegen das Licht. Sie ist am Ballen ein wenig abgeschürft. »Weißt du, ich habe etwas dafür«, sagt Jerome, der immer Englisches Pflaster von zu Hause geschickt bekommt, »komm dann nachher zu mir.« Aber es ist, als hätte Gruber nicht gehört; er schaut geradeaus in den Saal hinein, aber so, als sähe er etwas Unbestimmtes, vielleicht nicht im Saal, draußen vielleicht, vor den Fenstern, obwohl es dunkel ist, spät und Herbst.
In diesem Augenblick schreit der Unteroffizier in seiner hochfahrenden Art: »Gruber!« Gruber bleibt unverändert, nur seine Füße, die vor ihm ausgestreckt sind, gleiten, steif und ungeschickt, ein wenig auf dem glatten Parkett vorwärts. »Gruber!« brüllt der Unteroffizier und die Stimme schlägt ihm über. Dann wartet er eine Weile und sagt rasch und heiser, ohne den Gerufenen anzusehen: »Sie melden sich nach der Stunde. Ich werde Ihnen schon ...« Und die Stunde geht weiter. »Gruber«, sagt Jerome und neigt sich zu dem Kameraden, der sich immer tiefer in die Nische zurücklehnt, »es war schon wieder an dir, zu klettern, auf dem Strick, geh mal, versuchs, sonst macht dir der Jastersky irgend eine Geschichte, weißt du ...« Gruber nickt. Aber statt aufzustehen, schließt er plötzlich die Augen und gleitet unter den Worten Jeromes durch, als ob eine Welle ihn trüge, fort, gleitet langsam und lautlos tiefer, tiefer, gleitet vom Sitz, und Jerome weiß erst, was geschieht, als er hört, wie der Kopf Grubers hart an das Holz des Sitzes prallt und dann vornüberfällt ... »Gruber!« ruft er heiser. Erst merkt es niemand. Und Jerome steht ratlos mit hängenden Händen und ruft: »Gruber, Gruber!« Es fällt ihm nicht ein, den anderen

aufzurichten. Da erhält er einen Stoß, jemand sagt ihm: »Schaf«, ein anderer schiebt ihn fort, und er sieht, wie sie den Reglosen aufheben. Sie tragen ihn vorbei, irgend wohin, wahrscheinlich in die Kammer nebenan. Der Oberlieutenant springt herzu. Er gibt mit harter, lauter Stimme sehr kurze Befehle. Sein Kommando schneidet das Summen der vielen schwatzenden Knaben scharf ab. Stille. Man sieht nur da und dort noch Bewegungen, ein Ausschwingen am Gerät, einen leisen Absprung, ein verspätetes Lachen von einem, der nicht weiß, um was es sich handelt. Dann hastige Fragen: »Was? Was? Wer? Der Gruber? Wo?« Und immer mehr Fragen. Dann sagt jemand laut: »Ohnmächtig.« Und der Zugführer Jastersky läuft mit rotem Kopf hinter dem Oberlieutenant her und schreit mit seiner boshaften Stimme, zitternd vor Wut: »Ein Simulant, Herr Oberlieutenant, ein Simulant!« Der Oberlieutenant beachtet ihn gar nicht. Er sieht geradeaus, nagt an seinem Schnurrbart, wodurch das harte Kinn noch eckiger und energischer vortritt, und gibt von Zeit zu Zeit eine knappe Weisung. Vier Zöglinge, die Gruber tragen, und der Oberlieutenant verschwinden in der Kammer. Gleich darauf kommen die vier Zöglinge zurück. Ein Diener läuft durch den Saal. Die vier werden groß angeschaut und mit Fragen bedrängt: »Wie sieht er aus? Was ist mit ihm? Ist er schon zu sich gekommen?« Keiner von ihnen weiß eigentlich was. Und da ruft auch schon der Oberlieutenant herein, das Turnen möge weitergehen, und übergibt dem Feldwebel Goldstein das Kommando. Also wird wieder geturnt, beim Barren, beim Reck, und die kleinen dikken Leute der dritten Riege kriechen mit weitgekretschten Beinen über den hohen Bock. Aber doch sind alle Bewegungen anders als vorher; als hätte ein Horchen sich über sie gelegt. Die Schwingungen am Reck brechen so plötzlich ab und am Barren werden nur lauter kleine Übungen gemacht. Die Stimmen sind weniger verworren und ihre Summe summt feiner, als ob alle immer nur ein Wort sagten: »*Ess, Ess, Ess*...« Der kleine schlaue Krix horcht inzwischen an der Kammertür. Der Unteroffizier der zweiten Riege jagt ihn davon, indem er zu einem Schlage auf seinen Hintern ausholt. Krix springt zurück, katzenhaft, mit hinterlistig blitzenden Augen. Er weiß schon genug. Und nach einer Weile, als ihn niemand betrachtet, gibt er dem Pawlowitsch weiter: »Der Regimentsarzt ist gekommen.« Nun, man kennt ja den Pawlowitsch; mit seiner ganzen Frechheit geht er, als hätte ihm irgendwer einen Befehl gegeben, quer durch den Saal von Riege zu Riege und sagt ziemlich laut: »Der Regimentsarzt ist drin.« Und es scheint, auch die Unteroffiziere interessieren sich für diese Nachricht. Immer häufiger wenden sich die Blicke nach der Tür, immer langsamer werden die Übungen; und ein Kleiner mit schwarzen Augen ist oben auf dem Bock hocken geblieben und starrt mit offenem Mund nach der Kammer. Etwas Lähmendes scheint in der Luft zu liegen. Die Stärksten bei der ersten Riege machen zwar noch einige Anstrengungen, gehen dagegen an, kreisen mit den Beinen; und Pombert, der kräftige Tiroler, biegt seinen Arm und betrachtet seine Muskeln, die sich durch den Zwillich hindurch breit und straff ausprägen. Ja, der kleine, gelenkige Baum schlägt sogar noch einige Armwellen, – und plötzlich ist diese heftige Bewegung die einzige im ganzen Saal, ein großer flimmernder Kreis, der etwas Unheimliches hat inmitten der allgemeinen Ruhe. Und mit einem Ruck bringt sich der kleine Mensch zum Stehen, läßt sich einfach unwillig in die Knie fallen und macht ein Gesicht, als ob er alle verachte. Aber auch seine kleinen stumpfen Augen bleiben schließlich an der Kammertür hängen.

Jetzt hört man das Singen der Gasflammen und das Gehen der Wanduhr. Und dann schnarrt die Glocke, die das Stundenzeichen gibt. Fremd und eigentümlich ist heute ihr Ton; sie hört auch ganz unvermittelt auf, unterbricht sich mitten im Wort.

Feldwebel Goldstein aber kennt seine Pflicht. Er ruft: »Antreten!« Kein Mensch hört ihn. Keiner kann sich erinnern, welchen Sinn dieses Wort besaß, – vorher. Wann vorher? »Antreten!« krächzt der Feldwebel böse und gleich schreien jetzt die anderen Unteroffiziere ihm nach. »Antreten!« Und auch mancher von den Zöglingen sagt wie zu sich selbst, wie im Schlaf: »Antreten! Antreten!« Aber im Grunde wissen alle, daß sie noch etwas abwarten müssen. Und da geht auch schon die Kammertür auf; eine Weile nichts; dann tritt Oberlieutenant Wehl heraus und seine Augen sind groß und zornig und seine Schritte fest. Er marschiert wie beim Defilieren und sagt heiser: »Antreten!« Mit unbeschreiblicher Geschwindigkeit findet sich alles in Reihe und Glied. Keiner rührt sich. Als wenn ein Feldzeugmeister da wäre. Und jetzt das Kommando: »Achtung!« Pause und dann, trocken und hart: »Euer Kamerad Gruber ist soeben gestorben. Herzschlag. Abmarsch!« Pause.

Und erst nach einer Weile die Stimme des diensttuenden Zöglings, klein und leise: »Links um! Marschieren: Compagnie, Marsch!« Ohne Schritt und langsam wendet sich der Jahrgang zur Tür. Jerome als der letzte. Keiner sieht sich um. Die Luft aus dem Gang kommt, kalt und dumpfig, den Knaben entgegen. Einer meint, es rieche nach Karbol. Pombert macht laut einen gemeinen Witz in bezug auf den Gestank. Niemand lacht. Jerome fühlt sich plötzlich am Arm gefaßt, so angesprungen. Krix hängt daran. Seine Augen glänzen und seine Zähne schimmern, als ob er beißen wollte. »Ich hab ihn gesehen«, flüstert er atemlos und preßt Jeromes Arm und ein Lachen ist innen in ihm und rüttelt ihn hin und her. Er kann kaum weiter: »Ganz nackt ist er und eingefallen und ganz lang. Und an den Fußsohlen ist er versiegelt...«

Und dann kichert er, spitz und kitzlich, kichert und beißt sich in den Ärmel Jeromes hinein.

Kurt Tucholsky
Der Primus

In einer französischen Versammlung neulich in Paris, wo es übrigens sehr deutschfreundlich herging, hat einer der Redner einen ganz entzückenden Satz gesagt, den ich mir gemerkt habe. Er sprach von dem Typus des Deutschen, analysierte ihn nicht ungeschickt und sagte dann, so ganz nebenbei: »Der Deutsche gleicht unserm Primus in der Klasse.« Wenn es mir die *Leipziger Neuesten Nachrichten* nicht verboten hätten, hätte ich Hurra! gerufen.

Können Sie sich noch auf unsern Klassenprimus besinnen? Kein dummer Junge, beileibe nicht. Fleißig, exakt, sauber, wußte alles und konnte alles und wurde – zur Förderung der Disziplin – vom Lehrer gar nicht gefragt, wenn ihm an der Nasenspitze anzusehen war, daß er diesmal keine Antwort wußte. Der Primus konnte alles so wie wir andern, wenn wir das Buch unter der Bank aufgeschlagen hatten und ablasen. Meist war er nicht mal ein ekelhafter Musterknabe (das waren die Streber auf den ersten Plätzen, die gern Primus werden wollten) – er war im großen ganzen ein ganz netter Mensch, wenn auch eine leise Würde von ihm sanft ausstrahlte, die einen die letzte Kameradschaft niemals empfinden ließ. Der Primus arbeitete wirklich alles, was aufgegeben wurde, er arbeitete mit Überzeugung und Pflichtgefühl, er machte seine Arbeit um der Arbeit willen, und er machte sie musterhaft.

Schön und gut.

Da waren aber noch andre in der Klasse, die wurden niemals Primus. Das waren Jungen mit Phantasie (kein Primus hat Phantasie) – Jungen, die eine fast intuitive Auffassungsgabe hatten, aber nicht seine Leistungsfähigkeit, Jungen mit ungleicher Arbeitskraft, schwankende, ewig ein wenig suspekte Gestalten. Sie verstanden ihre Dichter oder ihre Physik oder ihr Englisch viel besser als die andern, besser als der ewig gleich arbeitsame Primus und mitunter besser als der Lehrer. Aber sie brachten es zu nichts. Sie mußten froh sein, wenn man sie überhaupt versetzte.

Es müßte einmal aufgeschrieben werden, was Primi so späterhin im Leben werden. Es ist ja nicht grade gesagt, daß nur der Ultimus ein Newton wird, und daß es schon zur Dokumentierung von Talent oder gar Genie genügte, in der Klasse schlecht mitzukommen. Aber ich glaube nicht, daß es viele Musterschüler geben wird, die es im Leben weiter als bis zu einer durchaus mittelmäßigen Stellung gebracht haben.

Der Deutsche, wie er sich in den Augen eines Romanen spiegelt, ist zu musterhaft. Pflicht – Gehorsam – Arbeit: es wimmelt nur so von solchen Worten bei uns, hinter denen sich Eitelkeit, Grausamkeit und Überheblichkeit verbergen. Das Land will seine Kinder alle zum Primus erziehen. Frankreich seine, zum Beispiel, zu Menschen, England: zu Männern. Die Tugend des deutschen Primus ist ein Laster, sein Fleiß eine unangenehme Angewohnheit, seine Artigkeit Mangel an Phantasie. In der Aula ist er eine große Nummer, und auch vor dem Herrn Direktor. Draußen zählt das alles nicht gar so sehr. Deutschland, Deutschland, über alles kann man dir hinwegsehen – aber daß du wirklich nur der Primus in der Welt bist: das ist bitter.

Ödön von Horváth
Die Neger

Auf meinem Tische stehen Blumen. Lieblich. Ein Geschenk meiner braven Hausfrau, denn heute ist mein Geburtstag.
Aber ich brauche den Tisch und rücke die Blumen beiseite und auch den Brief meiner alten Eltern. Meine Mutter schrieb: »Zu Deinem vierunddreißigsten Geburtstage wünsche ich Dir, mein liebes Kind, das Allerbeste. Gott, der Allmächtige, gebe Dir Gesundheit, Glück und Zufriedenheit!« Und mein Vater schrieb: »Zu Deinem vierunddreißigsten Geburtstage, mein lieber Sohn, wünsche ich Dir alles Gute. Gott, der Allmächtige, gebe Dir Glück, Zufriedenheit und Gesundheit!«
Glück kann man immer brauchen, denke ich mir, und gesund bist du auch, gottlob! Ich klopfe auf Holz. Aber zufrieden? Nein, zufrieden bin ich eigentlich nicht. Doch das ist ja schließlich niemand.
Ich setze mich an den Tisch, entkorke eine rote Tinte, mach mir dabei die Finger tintig und ärgere mich darüber. Man sollt endlich mal eine Tinte erfinden, mit der man sich unmöglich tintig machen kann!
Nein, zufrieden bin ich wahrlich nicht.
Denk nicht so dumm, herrsch ich mich an. Du hast doch eine sichere Stellung mit Pensionsberechtigung, und das ist in der heutigen Zeit, wo niemand weiß, ob sich morgen die Erde noch drehen wird, allerhand! Wie viele würden sich sämtliche Finger ablecken, wenn sie an deiner Stelle wären?! Wie gering ist doch der Prozentsatz der Lehramtskandidaten, die wirklich Lehrer werden können! Danke Gott, daß du zum Lehrkörper eines städtischen Gymnasiums gehörst und daß du also ohne große wirtschaftliche Sorgen alt und blöd werden darfst! Du kannst doch auch hundert Jahre alt werden, vielleicht wirst du sogar

mal der älteste Einwohner des Vaterlandes! Dann kommst du an deinem Geburtstag in die Illustrierte, und drunter wird stehen: »Er ist noch bei regem Geiste.« Und das alles mit Pension! Bedenk und versündig dich nicht!

Ich versündige mich nicht und beginne zu arbeiten.

Sechsundzwanzig blaue Hefte liegen neben mir, sechsundzwanzig Buben, so um das vierzehnte Jahr herum, hatten gestern in der Geographiestunde einen Aufsatz zu schreiben, ich unterrichte nämlich Geschichte und Geographie.

Draußen scheint noch die Sonne, fein muß es sein im Park! Doch Beruf ist Pflicht, ich korrigiere die Hefte und schreibe in mein Büchlein hinein, wer etwas taugt oder nicht.

Das von der Aufsichtsbehörde vorgeschriebene Thema der Aufsätze lautet: »Warum müssen wir Kolonien haben?« Ja, warum? Nun, lasset uns hören!

Der erste Schüler beginnt mit einem B: er heißt Bauer, mit dem Vornamen Franz. In dieser Klasse gibt's keinen, der mit A beginnt, dafür haben wir aber gleich fünf mit B. Eine Seltenheit, so viele B's bei insgesamt sechsundzwanzig Schülern! Aber zwei B's sind Zwillinge, daher das Ungewöhnliche. Automatisch überfliege ich die Namensliste in meinem Büchlein und stelle fest, daß B nur von S fast erreicht wird – stimmt, vier beginnen mit S, drei mit M, je zwei mit E, G, L und R, je einer mit F, H, N, T, W, Z, während keiner der Buben mit A, C, D, I, O, P, Q, U, V, X, Y beginnt.

Nun, Franz Bauer, warum brauchen wir Kolonien?

»Wir brauchen die Kolonien«, schreibt er, »weil wir zahlreiche Rohstoffe benötigen, denn ohne Rohstoffe könnten wir unsere hochstehende Industrie nicht ihrem innersten Wesen und Werte nach beschäftigen, was zur unleidlichen Folge hätte, daß der heimische Arbeitsmann wieder arbeitslos werden würde.«

Sehr richtig, lieber Bauer! »Es dreht sich zwar nicht um die Arbeiter« – sondern, Bauer? –, »es dreht sich vielmehr um das

Volksganze, denn auch der Arbeiter gehört letzten Endes zum Volk.«

Das ist ohne Zweifel letzten Endes eine großartige Entdeckung, geht es mir durch den Sinn, und plötzlich fällt es mir wieder auf, wie häufig in unserer Zeit uralte Weisheiten als erstmalig formulierte Schlagworte serviert werden. Oder war das immer schon so?

Ich weiß es nicht.

Jetzt weiß ich nur, daß ich wieder mal sechsundzwanzig Aufsätze durchlesen muß, Aufsätze, die mit schiefen Voraussetzungen falsche Schlußfolgerungen ziehen. Wie schön wärs, wenn sich »schief« und »falsch« aufheben würden, aber sie tuns nicht. Sie wandeln Arm in Arm daher und singen hohle Phrasen.

Ich werde mich hüten, als städtischer Beamter, an diesem lieblichen Gesange auch nur die leiseste Kritik zu üben! Wenns auch weh tut, was vermag der einzelne gegen alle? Er kann sich nur heimlich ärgern. Und ich will mich nicht mehr ärgern!

Korrigier rasch, du willst noch ins Kino!

Was schreibt denn da der N?

»Alle Neger sind hinterlistig, feig und faul.«

– Zu dumm! Also das streich ich durch!

Und ich will schon mit roter Tinte an den Rand schreiben: »Sinnlose Verallgemeinerung!« – da stocke ich. Aufgepaßt, habe ich denn diesen Satz über die Neger in letzter Zeit nicht schon mal gehört? Wo denn nur? Richtig: er tönte aus dem Lautsprecher im Restaurant und verdarb mir fast den Appetit. Ich lasse den Satz also stehen, denn was einer im Radio redet, darf kein Lehrer im Schulheft streichen.

Und während ich weiterlese, höre ich immer das Radio: es lispelt, es heult, es bellt, es girrt, es droht – und die Zeitungen drucken es nach und die Kindlein, sie schreiben es ab.

Nun hab ich den Buchstaben T verlassen, und schon kommt Z.

Wo bleibt W? Habe ich das Heft verlegt? Nein, der W war ja gestern krank – er hatte sich am Sonntag im Stadion eine Lungenentzündung geholt, stimmt, der Vater hats mir ja schriftlich korrekt mitgeteilt. Armer W! Warum gehst du auch ins Stadion, wenns eisig in Strömen regnet?
Diese Frage könntest du eigentlich auch an dich selbst stellen, fällt es mir ein, denn du warst ja am Sonntag ebenfalls im Stadion und harrtest treu bis zum Schlußpfiff aus, obwohl der Fußball, den die beiden Mannschaften boten, keineswegs hochklassig war. Ja, das Spiel war sogar ausgesprochen langweilig – also: warum bliebst du? Und mit dir dreißigtausend zahlende Zuschauer?
Warum?
Wenn der Rechtsaußen den linken Half überspielt und zentert, wenn der Mittelstürmer den Ball in den leeren Raum vorlegt und der Tormann sich wirft, wenn der Halblinke seine Verteidigung entlastet und ein Flügelspiel forciert, wenn der Verteidiger auf der Torlinie rettet, wenn einer unfair rempelt oder eine ritterliche Geste macht, wenn der Schiedsrichter gut ist oder schwach, parteiisch oder parteilos, dann existiert für den Zuschauer nichts auf der Welt außer dem Fußball, ob die Sonne scheint, obs regnet oder schneit. Dann hat er alles vergessen.
Was »alles«?
Ich muß lächeln: die Neger, wahrscheinlich – –
Als ich am nächsten Morgen in das Gymnasium kam und die Treppe zum Lehrerzimmer emporstieg, hörte ich auf dem zweiten Stock einen wüsten Lärm. Ich eilte empor und sah, daß fünf Jungen, und zwar E, G, R, H, T, einen verprügelten, nämlich den F.
»Was fällt euch denn ein?« schrie ich sie an. »Wenn ihr schon glaubt, noch raufen zu müssen wie die Volksschüler, dann rauft doch gefälligst einer gegen einen, aber fünf gegen einen, also das ist eine Feigheit!«

Sie sahen mich verständnislos an, auch der F, über den die fünf hergefallen waren. Sein Kragen war zerrissen.
»Was hat er euch denn getan?« fragte ich weiter, doch die Helden wollten nicht recht heraus mit der Sprache und auch der Verprügelte nicht. Erst allmählich brachte ich es heraus, daß der F den fünfen nichts getan hatte, sondern im Gegenteil: die fünf hatten ihm seine Buttersemmel gestohlen, nicht, um sie zu essen, sondern nur, damit er keine hat. Sie haben die Semmel durch das Fenster auf den Hof geschmissen.
Ich schaue hinab. Dort liegt sie auf dem grauen Stein. Es regnet noch immer, und die Semmel leuchtet hell herauf.
Und ich denke: vielleicht haben die fünf keine Semmeln, und es ärgert sie, daß der F eine hatte. Doch nein, sie hatten alle ihre Semmeln, und der G sogar zwei. Und ich frage nochmals: »Warum habt ihr das also getan?«
Sie wissen es selber nicht. Sie stehen vor mir und grinsen verlegen. Ja, der Mensch dürfte wohl böse sein, und das steht auch schon in der Bibel. Als es aufhörte zu regnen und die Wasser der Sündflut wieder wichen, sagte Gott: »Ich will hinfort nicht mehr die Erde strafen um der Menschen willen, denn das Trachten des menschlichen Herzens ist böse von Jugend auf.«
Hat Gott sein Versprechen gehalten? Ich weiß es noch nicht. Aber ich frage nun nicht mehr, warum sie die Semmel auf den Hof geworfen haben. Ich erkundige mich nur, ob sie es nie gehört hätten, daß sich seit Urzeiten her, seit tausend und tausend Jahren, seit dem Beginn der menschlichen Gesittung, immer stärker und stärker ein ungeschriebenes Gesetz herausgebildet hat, ein männliches Gesetz: Wenn ihr schon rauft, dann raufe nur einer gegen einen! Bleibet immer ritterlich! Und ich wende mich wieder an die fünf und frage: »Schämt ihr euch denn nicht?«
Sie schämen sich nicht. Ich rede eine andere Sprache. Sie sehen mich groß an, nur der Verprügelte lächelt. Er lacht mich aus.

»Schließt das Fenster«, sage ich, »sonst regnets noch herein!« Sie schließen es.
Was wird das für eine Generation? Eine harte oder nur eine rohe?
Ich sage kein Wort mehr und gehe ins Lehrerzimmer. Auf der Treppe bleibe ich stehen und lausche: ob sie wohl wieder raufen? Nein, es ist still. Sie wundern sich.

Von 10–11 hatte ich Geographie. In dieser Stunde mußte ich die gestern korrigierte Schulaufgabe betreffs der kolonialen Frage drannehmen. Wie bereits erwähnt, hatte man gegen den Inhalt der Aufsätze vorschriftsmäßig nichts einzuwenden. Ich sprach also, während ich nun die Hefte an die Schüler verteilte, lediglich über Sprachgefühl, Orthographie und Formalitäten. So sagte ich dem einen B, er möge nicht immer über den linken Rand hinausschreiben, dem R, die Absätze müßten größer sein, dem Z, man schreibt Kolonien mit e und nicht Kolonihn mit h. Nur als ich dem N sein Heft zurückgab, konnte ich mich nicht zurückhalten: »Du schreibst«, sagte ich, »daß wir Weißen kulturell und zivilisatorisch über den Negern stehen, und das dürfte auch stimmen. Aber du darfst doch nicht schreiben, daß es auf die Neger nicht ankommt, ob sie nämlich leben könnten oder nicht. Auch die Neger sind doch Menschen.«
Er sah mich einen Augenblick starr an, und dann glitt ein unangenehmer Zug über sein Gesicht. Oder hatte ich mich getäuscht? Er nahm sein Heft mit der guten Note, verbeugte sich korrekt und nahm wieder Platz in seiner Bank.
Bald sollte ich es erfahren, daß ich mich nicht getäuscht hatte. Bereits am nächsten Tage erschien der Vater des N in meiner Sprechstunde, die ich wöchentlich einmal abhalten mußte, um mit den Eltern in Kontakt zu kommen. Sie erkundigten sich über die Fortschritte ihrer Kinder und holten sich Auskunft über allerhand meist recht belanglose Erziehungsprobleme. Es

waren brave Bürger, Beamte, Offiziere, Kaufleute; Arbeiter war keiner darunter.
Bei manchem Vater hatte ich das Gefühl, daß er über den Inhalt der diversen Schulaufsätze seines Sprößlings ähnlich denkt wie ich. Aber wir sahen uns nur an, lächelten und sprachen über das Wetter. Die meisten Väter waren älter als ich, einer war sogar ein richtiger Greis. Der jüngste ist vor knapp zwei Wochen achtundzwanzig geworden. Er hatte mit siebzehn Jahren die Tochter eines Industriellen verführt, ein eleganter Mensch. Wenn er zu mir kommt, fährt er immer in seinem Sportwagen vor. Die Frau bleibt unten sitzen, und ich kann sie von droben sehen. Ihren Hut, ihre Arme, ihre Beine. Sonst nichts. Aber sie gefällt mir. Du könntest auch schon einen Sohn haben, denke ich dann, aber ich kann mich beherrschen, ein Kind in die Welt zu setzen. Nur damits in irgendeinem Krieg erschossen wird!
Nun stand der Vater des N vor mir. Er hatte einen selbstsicheren Gang und sah mir aufrecht in die Augen. »Ich bin der Vater des Otto N.« »Freut mich, sie kennenzulernen, Herr N«, antwortete ich, verbeugte mich, wie es sich gehört, bot ihm Platz an, doch er setzte sich nicht. »Herr Lehrer«, begann er, »mein Hiersein hat den Grund in einer überaus ernsten Angelegenheit, die wohl noch schwerwiegende Folgen haben dürfte. Mein Sohn Otto teilte mir gestern nachmittag in heller Empörung mit, daß Sie, Herr Lehrer, eine schier unerhörte Bemerkung fallen gelassen hätten –«
»Ich?«
»Jawohl, Sie!«
»Wann?«
»Anläßlich der gestrigen Geographiestunde. Die Schüler schrieben einen Aufsatz über Kolonialprobleme, und da sagten Sie zu meinem Otto: Auch die Neger sind Menschen. Sie wissen wohl, was ich meine?«
»Nein.«

Ich wußte es wirklich nicht. Er sah mich prüfend an. Gott, muß der dumm sein, dachte ich.

»Mein Hiersein«, begann er wieder langsam und betont, »hat seinen Grund in der Tatsache, daß ich seit frühester Jugend nach Gerechtigkeit strebe. Ich frage Sie also: ist jene ominöse Äußerung über die Neger Ihrerseits in dieser Form und in diesem Zusammenhange tatsächlich gefallen oder nicht?«

»Ja«, sagte ich und mußte lächeln: »Ihr Hiersein wäre also nicht umsonst –«

»Bedaure bitte«, unterbrach er mich schroff, »ich bin zu Scherzen nicht aufgelegt! Sie sind sich wohl noch nicht im klaren darüber, was eine derartige Äußerung über die Neger bedeutet?! Das ist Sabotage am Vaterland! Oh, mir machen Sie nichts vor! Ich weiß es nur zu gut, auf welch heimlichen Wegen und mit welch perfiden Schlichen das Gift Ihrer Humanitätsduselei unschuldige Kinderseelen zu unterhöhlen trachtet!«

Nun wurds mir aber zu bunt!

»Erlauben Sie«, brauste ich auf, »das steht doch bereits in der Bibel, daß alle Menschen Menschen sind!«

»Als die Bibel geschrieben wurde, gabs noch keine Kolonien in unserem Sinne«, dozierte felsenfest der Bäckermeister. »Eine Bibel muß man in übertragenem Sinn verstehen, bildlich oder gar nicht! Herr, glauben Sie denn, daß Adam und Eva leibhaftig gelebt haben oder nur bildlich?! Na also! Sie werden sich nicht auf den lieben Gott hinausreden, dafür werde ich sorgen!«

»Sie werden für gar nichts sorgen«, sagte ich und komplimentierte ihn hinaus. Es war ein Hinauswurf. »Bei Philippi sehen wir uns wieder!« rief er mir noch zu und verschwand.

Zwei Tage später stand ich bei Philippi.

Der Direktor hatte mich rufen lassen. »Hören Sie«, sagte er, »es kam hier ein Schreiben von der Aufsichtsbehörde. Ein gewisser Bäckermeister N hat sich über Sie beschwert, Sie sollen da so Äußerungen fallen gelassen haben. – Nun, ich kenne das

und weiß, wie solche Beschwerden zustande kommen, mir müssen Sie nichts erklären! Doch, lieber Kollege, ist es meine Pflicht, Sie darauf aufmerksam zu machen, daß sich derlei nicht wiederholt. Sie vergessen das geheime Rundschreiben 5679 u/33! Wir müssen von der Jugend alles fernhalten, was nur in irgendeiner Weise ihre zukünftigen militärischen Fähigkeiten beeinträchtigen könnte – das heißt: wir müssen sie moralisch zum Krieg erziehen. Punkt!«
Ich sah den Direktor an, er lächelte und erriet meine Gedanken. Dann erhob er sich und ging hin und her. Er ist ein schöner alter Mann, dachte ich.
»Sie wundern sich«, sagte er plötzlich, »daß ich die Kriegsposaune blase, und Sie wundern sich mit Recht! Sie denken jetzt, siehe welch ein Mensch! Vor wenigen Jahren noch unterschrieb er flammende Friedensbotschaften, und heute? Heut rüstet er zur Schlacht!«
»Ich weiß es, daß Sie es nur gezwungen tun«, suchte ich ihn zu beruhigen.
Er horchte auf, blieb vor mir stehen und sah mich aufmerksam an. »Junger Mann«, sagte er ernst, »merken Sie sich eines: es gibt keinen Zwang. Ich könnte ja dem Zeitgeist widersprechen und mich von einem Herrn Bäckermeister einsperren lassen, ich könnte ja hier gehen, aber ich will nicht gehen, jawohl, ich will nicht! Denn ich möchte die Altersgrenze erreichen, um die volle Pension beziehen zu können.«
Das ist ja recht fein, dachte ich.
»Sie halten mich für einen Zyniker«, fuhr er fort und sah mich nun schon ganz väterlich an. »Oh, nein! Wir alle, die wir zu höheren Ufern der Menschheit strebten, haben eines vergessen: die Zeit! Die Zeit, in der wir leben. Lieber Kollege, wer so viel gesehen hat wie ich, der erfaßt allmählich das Wesen der Dinge.«
Du hast leicht reden, dachte ich wieder, du hast ja noch die

schöne Vorkriegszeit miterlebt. Aber ich? Ich hab erst im letzten Kriegsjahr zum erstenmal geliebt und frage nicht, was.
»Wir leben in einer plebejischen Welt«, nickte er mir traurig zu. »Denken Sie nur an das alte Rom, 287 vor Christi Geburt. Der Kampf zwischen den Patriziern und Plebejern war noch nicht entschieden, aber die Plebejer hatten bereits wichtigste Staatsposten besetzt.«
»Erlauben Sie, Herr Direktor«, wagte ich einzuwenden, »soviel ich weiß, regieren bei uns doch keine armen Plebejer, sondern es regiert einzig und allein das Geld.«
Er sah mich wieder groß an und lächelte versteckt. »Das stimmt. Aber ich werde Ihnen jetzt gleich ein Ungenügend in Geschichte geben, Herr Geschichtsprofessor! Sie vergessen ja ganz, daß es auch reiche Plebejer gab. Erinnern Sie sich?«
Ich erinnerte mich. Natürlich! Die reichen Plebejer verließen das Volk und bildeten mit den bereits etwas dekadenten Patriziern den neuen Amtsadel, die sogenannten Optimates.
»Vergessen Sies nur nicht wieder!«
»Nein.«

Als ich zur nächsten Stunde die Klasse, in der ich mir erlaubte, etwas über die Neger zu sagen, betrete, fühle ich sogleich, daß etwas nicht in Ordnung ist. Haben die Herren meinen Stuhl mit Tinte beschmiert? Nein. Warum schauen sie mich nur so schadenfroh an?
Da hebt einer die Hand. Was gibts? Er kommt zu mir, verbeugt sich leicht, überreicht mir einen Brief und setzt sich wieder. Was soll das?
Ich erbreche den Brief, überfliege ihn, möchte hochfahren, beherrsche mich jedoch und tue, als würd ich ihn genau lesen. Ja, alle haben ihn unterschrieben, alle fünfundzwanzig, der W ist noch immer krank.
»Wir wünschen nicht mehr«, steht in dem Brief, »von Ihnen

unterrichtet zu werden, denn nach dem Vorgefallenen haben wir Endesunterzeichneten kein Vertrauen mehr zu Ihnen und bitten um eine andere Lehrkraft.«

Ich blicke die Endesunterzeichneten an, einen nach dem anderen. Sie schweigen und sehen mich nicht an. Ich unterdrücke meine Erregung und frage wie so nebenbei: »Wer hat das geschrieben?«

Keiner meldet sich.

»So seid doch nicht so feig!«

Sie rühren sich nicht.

»Schön«, sage ich und erhebe mich, »es interessiert mich auch nicht mehr, wer das geschrieben hat, ihr habt euch ja alle unterzeichnet. – Gut, auch ich habe nicht die geringste Lust, eine Klasse zu unterrichten, die zu mir kein Vertrauen hat. Doch glaubt mir, ich wollte nach bestem Gewissen« – ich stocke, denn ich bemerke plötzlich, daß einer unter der Bank schreibt.

»Was schreibst du dort?«

Er will es verstecken.

»Gibs her!«

Ich nehm es ihm weg, und er lächelt höhnisch. Es ist ein Blatt Papier, auf dem er jedes meiner Worte mitstenographierte.

»Ach, ihr wollt mich bespitzeln?«

Sie grinsen.

Grinst nur, ich verachte euch. Hier hab ich, bei Gott, nichts mehr verloren. Soll sich ein anderer mit euch raufen!

Ich gehe zum Direktor, teile ihm das Vorgefallene mit und bitte um eine andere Klasse. Er lächelt: »Meinen Sie, die anderen sind besser?« Dann begleitet er mich in die Klasse zurück. Er tobt, er schreit, er beschimpft sie – ein herrlicher Schauspieler! Eine Frechheit wärs, brüllt er, eine Niedertracht, und die Lümmel hätten kein Recht, einen anderen Lehrer zu fordern, was ihnen einfiele, ob sie denn verrückt geworden seien, usw.! Dann läßt er mich wieder allein zurück.

Da sitzen sie nun vor mir. Sie hassen mich. Sie möchten mich ruinieren, meine Existenz und alles, nur weil sie es nicht vertragen können, daß ein Neger auch ein Mensch ist. Ihr seid keine Menschen, nein!
Aber wartet nur, Freunde! Ich werde mir wegen euch keine Disziplinarstrafe zuziehen, geschweige denn mein Brot verlieren – nichts zum Fressen soll ich haben, was? Keine Kleider, keine Schuhe? Kein Dach? Würd euch so passen! Nein, ich werde euch von nun ab nur mehr erzählen, daß es keine Menschen gibt, außer euch, ich will es euch so lange erzählen, bis euch die Neger rösten! Ihr wollt es ja nicht anders!

Franz Werfel
Ferdinand

Ferdinand besitzt die glückliche Fähigkeit, sich schnell in jede Lebenslage finden zu können. Unter dem äußeren Ungemach seiner Existenz hat er im Grunde niemals tief gelitten, ob es nun Kadettenschule, Alumnat, Kaserne, Krieg hieß, oder Obdachlosigkeit, Hauslehrerdienst und Hunger. Solange ihm ein paar Stunden des Tages lang Frieden und Beschaulichkeit gewährleistet sind, fühlt er sich ganz zufrieden. Verspräche man ihm ein eigenes Zimmer und ein paar Bücher, er ließe sich ruhig in die Hölle sperren. Dieser Stoizismus hat seinen Ursprung in zwei Tugenden, die Ferdinand in reichem Maße besitzt: Geduld und die Fähigkeit, ja die Sehnsucht, mit sich allein zu sein. Diese Tugend hat das Besitztum inneren Lebens zur Voraussetzung. Ihr Gegenteil ist Unternehmungsgeist und Aktivität, die zumeist auf den Mangel inneren Lebens gegründet ist, denn sie entspricht der Unfähigkeit, mit sich allein bleiben zu können. Auch die Klasse, zu der Ferdinand nun gehörte, umspannte auf Knabenart diese Gegensätze. Es war übrigens eine recht gewöhnliche Klasse, aus dreißig Jungen bestehend, unter denen sich weder ein besonderes Talent noch eine stärkere Eigenart bemerkbar machte. Achtundzwanzig davon gehörten, ob sie nun besser oder schlechter vorwärtskamen, dem aktiven lebenstüchtigen Typus an, die beiden übrigen hatten es schwerer. Der zweite hieß Weber. Er schloß schon in den ersten Tagen mit Ferdinand Freundschaft, der er bis zum Ende Treue hielt. Sowohl die Lehrer – es waren durchwegs Offiziere – wie auch die Mitschüler hielten Ferdinand und Weber für recht unbrauchbare Leute, obgleich sie im Studienfortgang nicht einmal zu den Schlechtesten gehörten. Aber dies ist ja eine alte Geschichte, daß der Alltagsmensch jeden, der von seiner Linie ab-

weicht, im Grunde für minderwertig ansieht. Die Schweigsamkeit Ferdinands, der verzagte Ton seiner Stimme, wenn er sprach, jenes Abseitsstehen, das ihm von der Natur auferlegt war, bot Anlaß genug für ein abschätziges Urteil. Erstaunlich war es, daß sich Weber einem schwächlichen Knaben, der an dem rohen Ton der andern Militärschüler nicht teilnahm, restlos unterwarf. Herrschertum und Unterwerfung, Despotenwut und Sklaverei, dies sind samt ihren grausamen Folgen die Hauptleidenschaften männlicher Jugendinternate. Mochten aber auch viele Kameraden Ferdinand verächtlich ansehen, weil er nicht »geweckt« war oder weil man wußte, daß er kein Zuhause besaß, – keinem gelang es, ihn in Abhängigkeit zu bringen. Den üblichen Versuchen der Quälerei hielt er stand, denn er nannte eine ehrliche Kraft, Leiden zu ertragen, sein und überdies eine glattpolierte Unnahbarkeit, an der die gewöhnlichen Mengen von Schimpf und Spott wirkungslos herabflossen. Um ihn aus dem Gleichgewicht zu bringen, bedurfte es stärkerer Teufeleien. Als die Burschen bemerkten, daß er gegen ihren Sadismus ziemlich gefeit war, halfen sie sich mit der Feststellung, er sei zu blöde, um ihre Frotzeleien überhaupt zu merken. Nach ein paar Wochen aber, da ihre Erbitterung über seine Fremdheit verraucht war, ließen sie ihn in Ruhe. Unter anderen Umständen wäre vielleicht alles seinen regelmäßigen Weg gegangen. Ferdinand gelang es immerhin, ohne besondere Mühe einen Vasallen und Freund zu finden, was seine Stellung kräftigte. Weber bewunderte ihn und war bereit, seine Überlegenheit in allen Dingen anzuerkennen. In den Pausen und Freistunden, am Abend vor dem Schlafengehen, immer steckten sie zusammen, und diese Stillen im Lande konnten dann, flüsternd und tuschelnd, mit ihrem schier unendlichen Gesprächsstoff kaum fertig werden. Schade, daß es sich nicht mehr feststellen läßt, worüber so heiß und eifrig geschwatzt wurde.
Klar steht Steidler vor Ferdinand, Steidler, der einzige wahr-

hafte Feind, der ihm im Leben begegnet ist. Wohlgemerkt, eine wirklich große Feindschaft finden, ist ebenso schwer wie eine wirklich große Liebe. Zum Begriff der reinen Feindschaft gehört es vor allem, daß sie nicht motiviert sei. Was aus Ursachen, aus Erniedrigungs-, Beleidigungs-, Rachegefühlen emporsteigt, kann noch nicht zu der reinsten Form der Feindschaft gerechnet werden. Diese muß aus dem Nichts hervorbrechen, aus den Abgründen tierhafter Antipathie, aus den mordtrunkenen Tiefen der Verneinung. Es gibt drei Stufen: Die Feindschaft der Überlegenheit, die Feindschaft der Unterlegenheit, dann erst kommt die absolute Feindschaft, die Feindschaft Steidlers gegen Ferdinand. Es begann damit, daß Steidler am zweiten Schultag in der Mittagspause durch den leeren Schlafsaal ging, um etwas aus seinem Schrank zu holen. Da man hier erst eine Nacht zugebracht hatte und einander noch nicht genau kannte, wußte Steidler wohl nicht, wer der Inhaber dieses oder jenes Bettes sei. Er kannte nur seine eigene Schlafstelle. Da sah er, daß auf einer der Matratzen ein Kadett sein hübsches Ledernecessaire vergessen hatte, was gewiß ein ordnungswidriger Umstand war. Aber nicht dies erregte den Ärger des Knaben. Etwas Unbestimmtes brachte ihn in Harnisch, vielleicht die Form des Gegenstandes, vielleicht eine Erinnerung, vielleicht nur Bosheit, die sich seiner bemächtigte. Er sah sich um, ob er allein im Saale sei, dann schleuderte er das Lederkästchen auf die Erde, so daß die Flasche mit dem Mundwasser zerbrach und die übrigen Bestandteile ringsumherrollten. Da in diesem Moment ein paar Kadetten, darunter auch Weber, eintraten, entfernte sich Steidler pfeifend, als wisse er von nichts. Das mißhandelte Ding war ein Abschiedsgeschenk an Ferdinand.

Beim ersten Abteilen der Klassenkompagnie, die nach dem Körpermaß erfolgte, zeigte es sich, daß Steidler der längste Mann der Klassenkompagnie war. Kein Wunder, zählte er doch um einundeinhalbes Jahr mehr als die anderen Schüler. Vorher

hatte er schon die unterste Klasse einer Realschule besucht, die er aber aus unbekannten Gründen verlassen mußte. Er war ein sehr hübscher Junge, unbeschadet dessen, daß er eine fast lächerlich lange Oberlippe und ein aufgeworfenes Näschen besaß. Das Haar trug er immer drei Millimeter kurz geschnitten. Obgleich er einen ziemlich trägen Schüler und von Anfang an das Haupt aller Missetäter vorstellte, wurden ihm die Lehrer-Offiziere, mochten sie ihn auch gebührend bestrafen, doch nicht gram. Sie verziehen ihm seine Faulheit, weil er sehr geistesgegenwärtig war und sich in den körperlichen Übungen durch Geschick und Mut auszeichnete. Trotz aller Einwände sah der Lehrkörper in ihm einen künftigen Prachtoffizier. So gelang es ihm, einen mittelmäßig guten Rang zu halten, wo ein anderer in die Unterwelt der Hoffnungslosen gerutscht wäre. Auch blieb er der einzige unter den Schülern, den das vernichtendste Schimpfwort einer Militärklasse nicht traf: »Zivilist!«
Der Haß Steidlers gegen Ferdinand entlud sich nicht in einer täglichen Folge kleiner Hecheleien und Gemeinheiten, er kam nur auf einigen Höhepunkten zum Ausbruch. Lange Wochen und Monate zogen vorüber, in denen die beiden zwar nicht viel miteinander sprachen, aber den üblichen Verkehr pflogen wie alle andern. Einmal hatte es sogar den Anschein, als versuche es Steidler, sich Ferdinand und Weber zu nähern. Sein Haß verriet neben jener abgründigen Wurzel noch eine zweite Seite, die man fast »politisch« nennen könnte. Wurde Ferdinand auch über die Achsel angesehen, er bildete doch mit Weber eine Partei. So winzig sie auch blieb, es war die Partei der Andersgearteten, der Träumerischen, der Beschaulichen, der Nichtbeteiligten, in denen sich vielleicht schon der hochmütige Keim des Geistes verbarg. Steidler hingegen war Anführer des grausamen Lebens, Held aller Lausbübereien, unternehmend bis zum Verbrecherischen, dennoch aber stets Vertreter der großen Partei, die ihm schmeichlerisch huldigte. Selbst der Klassenpri-

mus war gezwungen, vor ihm zu kriechen. Er sah in Ferdinand den einzigen Widerpart, der nicht überwunden war und der, was ihn noch mehr erbitterte, gar keine Möglichkeit bot, ihn zu unterwerfen.

Die erste Entladung der Feindschaft war nichts als eine grenzenlos rohe Niedertracht. Sie spielte sich im Sommersemester des Anfangsjahres ab. Als die Klasse aus einem Lehrzimmer des zweiten Stockwerkes in den Exerzierhof hinabstieg und das Stiegenhaus vom Gepolter laut erschallte, drängte sich Steidler dicht an Ferdinand heran. Während er ruhig mit einem anderen sprach, packte er unversehens die Hand seines Gegenspielers und drehte sie schnell im Gelenk um. Aufschreiend und dann wimmernd fiel Ferdinand um. Die verstauchte Hand schwoll sofort an. Untersuchung und peinliches Verhör folgte. Der Angriff war so blitzschnell vor sich gegangen, daß sich Ferdinand selbst nicht ganz im klaren über Steidlers Roheit war. Er verriet ihn nicht. Der Frevler ging leer aus, da der Klassenkommandant an einen unglücklichen Zufall glaubte. Steidler ließ die Gelegenheit vorübergehen, sich offen zu seiner Grausamkeit zu bekennen. Moralischer Feigling, der er war, blieb er im Dunkel und pfiff noch frecher als vorher (pfeifen war streng verboten) den Fledermauswalzer, wenn er über die Gänge lief. Bezeichnend für den niedrigen Geist dieser Gemeinschaft war es, daß selbst diejenigen, die den wahren Hergang erkannten, Steidlers Feigheit für selbstverständlich hielten und Ferdinands Schweigen nicht hochachteten. Den Gipfel der Frechheit aber erklomm der Sünder mit dem Ausspruch, der Verletzte sei ein wehleidiges Weib und man müsse den Verkehr mit ihm abbrechen. An dem Tag dieser Affäre fehlte Weber. Wenige Monate Militärerziehung hatten genügt, und er mußte immer länger das Marodenzimmer hüten.

Eine andere, minder rohe, doch wahrhaft teuflische Freveltat Steidlers fällt in die Zeit, da er sich an Ferdinand merklich her-

anmachte und, hochfahrend zwar wie immer, dennoch unverkennbar sein Vertrauen suchte. Es muß vorausgeschickt werden, daß Ferdinand an einem wirklichen moralischen Mangel leidet. Empfindet er auch übermäßig die Qual, unrecht zu tun, so bringt er doch die sittliche Kraft nicht auf, sich zu empören, wenn ihm Unrecht geschieht. Damals tat ihm Major Krispin, der Mathematiklehrer, gewiß unrecht, denn alle wußten, daß er ihm aufsässig sei. Wenn Ferdinand auch kein besonderer Mathematiker war, so verdienten andere das Halbjahrs-Nichtgenügend und die bedeutende Rangverschlechterung weit mehr. Während der Zensurverteilung sah man, daß Steidler leidenschaftlich auf Ferdinand einredete. Krispin, ein kalter, mechanischer Mensch, stand auf dem Katheder und schnallte seinen Säbel um. Dies war ein Zeichen für den rangältesten Kadetten, mit krähender Stimme »Habt acht!« zu kommandieren. Die Klasse fuhr starr empor.
»Will jemand noch etwas wissen?« fragte der Offizier. Ferdinand fühlte sich von erpresserischen Händen aus der Bank geschoben. Ratlos trat er vor die Reihe und nahm Stellung:
»Herr Major, ich melde gehorsamst, daß ich dem Herrn Major für seine gütige Strenge gehorsamst danke.«
Es waren genau die Worte, die Steidler vorher ihm wohl fünfmal eingetrichtert hatte. Warum sprach er sie aus? Weil er sich mangelnder mathematischer Kenntnisse schuldig glaubte? Oder war er hilflos einer Suggestion des Bösen erlegen? Noch heute bildet dieser Satz, den er, keine zwölf Jahre alt, bei der Zeugnisverteilung hervorgestoßen hatte, für Ferdinand ein ungelöstes Problem. Manchmal neigt er dazu, sich den guten Glauben zuzubilligen, manchmal ist er mit seinen damaligen Kameraden einig und hält sich für einen bodenlosen Dummkopf. Ja, die ganze Klasse wieherte, aller militärischer Mannszucht zum Trotz, nach der blamablen Danksagung schrill auf. Krispin witterte anfangs in dieser demütig-blöden Ansprache

eine unerhörte Frechheit. Als er aber eine Weile lang Ferdinands helles und trauriges Gesicht betrachtet hatte, zog er den beredten Schnurrbart zu einem säuerlichen Lächeln zusammen und klirrte ab. Das Gejohle schäumte von neuem auf. Steidler aber ging im Triumph von einem zum andern:

»Dieses Rindvieh! Die Festrede ist von mir. Ich hab sie ihm eingeschwätzt ...«

Ferdinands Selbsterniedrigung hatte bei der Klasse eine Trunkenheit ausgelöst, die gar kein Ende nehmen wollte. Jetzt stand Steidler auf dem Katheder und schmückte die Szene parodistisch aus. Ferdinand aber saß, von seinen eigenen Worten betäubt, still in der Bank. Die Sache nahm einen dramatischen Verlauf, denn Weber beschloß, seinen Freund zu rächen. Er litt an einem ähnlichen langsamen Begreifen wie Ferdinand. Alles, was er tat und sagte, schien deshalb nachzuklappen und hatte eine ruckweise Art. Auch jetzt hätte niemand seine Absichten vermutet, als er ruhig aufstand und mit seinem langsam-wiegenden Gang zum Katheder trat. Steidler ließ sich nicht beirren. Weber aber ergriff vorsichtig ein Tintenfaß, das auf dem Tisch stand, und schleuderte es unversehens auf Steidler. Der Wurf war gut gezielt. Dem Feinde troff die Tinte vom Gesicht und verdarb seine Sonntagsmontur. Eine grobe, aber gelungene Rache, gegen die es keine Berufung gab, denn eine Anzeige hätte den Kläger mit ins Verderben gezogen. Steidler warf sich auf Weber und im Nu war von allen Seiten eine rasende Schlacht entbrannt. Der Ansturm galt aber nicht nur den beiden Außenseitern. Die Wut und Erbitterung, die alle gegen alle während des Semesters in sich aufgestapelt hatten, kam zum Ausbruch. Einzelne Paare verbissen sich brüllend ineinander. Steidlers Anhang, eine feige Übermacht, riß Ferdinand und Weber zu Boden. Wer weiß, wie es den beiden ergangen wäre, hätte nicht Major Krispin seine scharfe Stimme wie eine Peitsche zwischen die Kämpfer sausen lassen. Er betrachtete von der weitaufgetanen Tür aus in strammer Stellung die Rauferei: »Ruhe! Affenhorde! Ich werd euch alle über die Ferien einsperren!«

Und er fügte hinzu, was eine ständige Lieblingsfrage von ihm war:

»Bin ich hier in einer Judenschul'? So ein Sauhaufen! Kehrt euch, marsch hinaus!«

Alle entwischten lautlos-geschmeidig an dem ragenden Major vorbei, Steidler, indem er ängstlich hinter dem Rücken eines Vormanns seine Tintenschmach verbarg. Mit der Entfernung von dem Büttel wuchs der Lärm wieder. Die Kadetten donnerten in ihren Schlafsaal hinein. Jetzt aber kümmerte sich keiner um den anderen mehr. Die Semesterferien, drei Tage, waren bedroht, denn dem Krispin durfte man es zutrauen, daß er sein Versprechen, die ganze Klasse einzusperren, noch im letzten Augenblick wahrmachen werde. Jeder suchte seine Sachen zusammen, um so schnell und unauffällig wie möglich sich aus dem Hause zu schleichen. Eltern und Verwandte warteten schon auf die Buben. Nur Ferdinand blieb zurück.

Robert Musil
Die imaginären Zahlen

Während des Mathematikunterrichtes war Törleß plötzlich ein Einfall gekommen.

Er hatte schon während der letzten Tage den Unterricht in der Schule mit besonderem Interesse verfolgt gehabt, denn er dachte sich: »Wenn dies wirklich die Vorbereitung für das Leben sein soll, wie sie sagen, so muß sich doch auch etwas von dem angedeutet finden, was ich suche.«

Gerade an die Mathematik hatte er dabei gedacht; noch von jenen Gedanken an das Unendliche her.

Und richtig war es ihm mitten im Unterrichte heiß in den Kopf geschossen. Gleich nach Beendigung der Stunde setzte er sich zu Beineberg als dem einzigen, mit dem er über etwas Derartiges sprechen konnte.

»Du, hast du das vorhin ganz verstanden?«

»Was?«

»Die Geschichte mit den imaginären Zahlen?«

»Ja. Das ist doch gar nicht so schwer. Man muß nur festhalten, daß die Quadratwurzel aus negativ Eins die Rechnungseinheit ist.«

»Das ist es aber gerade. Die gibt es doch gar nicht. Jede Zahl, ob sie nun positiv ist oder negativ, gibt zum Quadrat erhoben etwas Positives. Es kann daher gar keine wirkliche Zahl geben, welche die Quadratwurzel von etwas Negativem wäre.«

»Ganz recht; aber warum sollte man nicht trotzdem versuchen, auch bei einer negativen Zahl die Operation des Quadratwurzelziehens anzuwenden? Natürlich kann dies dann keinen wirklichen Wert ergeben, und man nennt doch auch deswegen das Resultat nur ein imaginäres. Es ist so, wie wenn man sagen würde: hier saß sonst immer jemand, stellen wir ihm also auch heute einen Stuhl hin; und selbst, wenn er inzwischen gestorben wäre, so tun wir doch, als ob er käme.«

»Wie kann man aber, wenn man bestimmt, ganz mathematisch bestimmt weiß, daß es unmöglich ist?«

»So tut man eben trotzdem, als ob dem nicht so wäre. Es wird wohl irgendeinen Erfolg haben. Was ist es denn schließlich anderes mit den irrationalen Zahlen? Eine Division, die nie zu Ende kommt, ein Bruch, dessen Wert nie und nie und nie herauskommt, wenn du auch noch so lange rechnest? Und was kannst du dir darunter denken, daß sich parallele Linien im Unendlichen schneiden sollen? Ich glaube, wenn man allzu gewissenhaft wäre, so gäbe es keine Mathematik«.

»Darin hast du recht. Wenn man es sich so vorstellt, ist es eigenartig genug. Aber das Merkwürdige ist ja gerade, daß man trotzdem mit solchen imaginären oder sonstwie unmöglichen Werten ganz wirklich rechnen kann und zum Schlusse ein greifbares Resultat vorhanden ist!«

»Nun, die imaginären Faktoren müssen sich zu diesem Zwecke im Laufe der Rechnung gegenseitig aufheben.«

»Ja, ja; alles, was du sagst, weiß ich auch. Aber bleibt nicht trotzdem etwas ganz Sonderbares an der Sache haften? Wie soll ich das ausdrücken? Denk doch nur einmal so daran: In solch einer Rechnung sind am Anfang ganz solide Zahlen, die Meter oder Gewichte oder irgend etwas anderes Greifbares darstellen können und wenigstens wirkliche Zahlen sind. Am Ende der Rechnung stehen ebensolche. Aber diese beiden hängen miteinander durch etwas zusammen, das es gar nicht gibt. Ist das nicht wie eine Brücke, von der nur Anfangs- und Endpfeiler vorhanden sind und die man dennoch so sicher überschreitet, als ob sie ganz dastünde? Für mich hat so eine Rechnung etwas Schwindliges; als ob es ein Stück des Weges weiß Gott wohin ginge. Das eigentlich Unheimliche ist mir aber die Kraft, die in solch einer Rechnung steckt und

einen so festhält, daß man doch wieder richtig landet.«
Beineberg grinste: »Du sprichst ja beinahe schon so wie unser Pfaffe: ›... Du siehst einen Apfel, – das sind die Lichtschwingungen und das Auge und so weiter, – – und du streckst die Hand aus, um ihn zu stehlen, – das sind die Muskeln und die Nerven, die diese in Bewegung setzen. – Aber zwischen den beiden liegt etwas und bringt eins aus dem andern hervor, – und das ist die unsterbliche Seele, die dabei gesündigt hat ...; ja – ja, – keine eurer Handlungen ist erklärlich ohne die Seele, die auf euch spielt wie auf den Tasten eines Klaviers ...‹« Und er ahmte den Stimmfall nach, mit dem der Katechet dieses alte Gleichnis vorzubringen pflegte. – »Übrigens interessiert mich diese ganze Geschichte wenig.«
»Ich dachte, gerade dich müßte sie interessieren. Ich wenigstens mußte gleich an dich denken, weil das – wenn es wirklich so unerklärlich ist – doch fast eine Bestätigung für deinen Glauben wäre.«
»Warum sollte es nicht unerklärlich sein? Ich halte es für ganz wohl möglich, daß hier die Erfinder der Mathematik über ihre eigenen Füße gestolpert sind. Denn warum sollte das, was jenseits unseres Verstandes liegt, sich nicht einen solchen Spaß mit eben diesem Verstande erlaubt haben? Aber ich gib mich damit nicht ab, denn diese Dinge führen doch zu nichts.«

Noch am selben Tage hatte Törleß den Lehrer der Mathematik gebeten, ihn besuchen zu dürfen, um sich über einige Stellen des letzten Vortrages Aufklärung zu holen.
Den nächsten Tag, während der Mittagspause, stieg er nun die Treppe zu der kleinen Professorswohnung hinan.
Er hatte jetzt einen ganz neuen Respekt vor der Mathematik, da sie ihm nun einmal aus einer toten Lernaufgabe unversehens etwas sehr Lebendiges geworden zu sein schien. Und von diesem Respekte aus empfand er eine Art Neid gegen den Profes-

sor, dem alle diese Beziehungen vertraut sein mußten und der ihre Kenntnis stets bei sich trug wie den Schlüssel eines versperrten Gartens. Überdies wurde Törleß aber auch von einer, allerdings ein wenig zaghaften, Neugierde angetrieben. Er war noch nie in dem Zimmer eines erwachsenen jungen Mannes gewesen, und es kitzelte ihn zu erfahren, wie denn das Leben eines solchen anderen, wissenden und doch ruhigen Menschen aussehe, wenigstens so weit man aus den äußeren, umgebenden Dingen darauf schließen kann.

Er war sonst seinen Lehrern gegenüber scheu und zurückhaltend und glaubte, daß er sich deswegen nicht ihrer besonderen Zuneigung erfreue. Seine Bitte erschien ihm daher, während er jetzt erregt vor der Türe innehielt, als ein Wagnis, bei dem es sich weniger darum handelte, eine Aufklärung zu erhalten, – denn ganz im stillen zweifelte er schon jetzt daran, – als daß er einen Blick – gewissermaßen hinter den Professor und in dessen tägliches Konkubinat mit der Mathematik hinein – tun könne.

Man führte ihn in das Arbeitszimmer. Es war ein länglicher einfenstriger Raum; ein mit Tintenflecken übertropfter Schreibtisch stand in der Nähe des Fensters und an der Wand ein Sofa, das mit einem gerippten, grünen, kratzigen Stoffe überzogen war und Quasten hatte. Oberhalb dieses Sofas hingen eine ausgeblichene Studentenmütze und eine Anzahl brauner, nachgedunkelter Photographien in Visiteformat aus der Universitätszeit. Auf dem ovalen Tische mit den X-Füßen, deren graziös sein sollende Schnörkel wie eine mißglückte Artigkeit wirkten, lag eine Pfeife und blättriger, großgeschnittener Tabak. Das ganze Zimmer hatte davon einen Geruch nach billigem Knaster.

Kaum hatte Törleß diese Eindrücke in sich aufgenommen und ein gewisses Mißbehagen in sich konstatiert, wie bei der Berührung mit etwas Unappetitlichem, als sein Lehrer eintrat.

Er war ein junger Mann von höchstens dreißig Jahren; blond, nervös und ein ganz tüchtiger Mathematiker, welcher der Akademie schon einige wichtige Abhandlungen eingereicht hatte. Er setzte sich sofort an seinen Schreibtisch, kramte ein wenig in den umherliegenden Papieren (Törleß kam es später vor, daß er sich geradenwegs dorthin gerettet hatte), putzte seinen Klemmer mit dem Taschentuche, schlug ein Bein über das andere und sah Törleß erwartend an.

Dieser hatte nun auch ihn zu mustern begonnen. Er bemerkte ein Paar grober weißer Wollsocken und darüber, daß die Bänder der Unterhose von der Wichse der Zugstiefel schwarz gescheuert waren.

Dagegen sah das Taschentuch weiß und geziert hervor, und die Krawatte war zwar genäht, aber dafür prächtig buntscheckig wie eine Palette.

Törleß fühlte sich unwillkürlich durch diese kleinen Beobachtungen weiter abgestoßen; er vermochte kaum mehr zu hoffen, daß dieser Mensch wirklich im Besitze bedeutungsvoller Erkenntnisse sei, wenn doch offenbar an seiner Person und ganzen Umgebung nicht das geringste davon zu merken war. Er hatte sich im stillen das Arbeitszimmer eines Mathematikers ganz anders vorgestellt; mit irgendwelchem Ausdrucke für die fürchterlichen Dinge, die darin gedacht wurden. Das Gewöhnliche verletzte ihn; er übertrug es auf die Mathematik, und sein Respekt begann einem mißtrauischen Widerstreben zu weichen.

Da nun auch der Professor ungeduldig auf seinem Platze hin und her rückte und nicht wußte, wie er das lange Schweigen und dic musternden Blicke deuten solle, lag zwischen den beiden Menschen schon in diesem Augenblicke die Atmosphäre eines Mißverständnisses.

»Nun wollen wir ... wollen Sie ... ich bin gerne bereit, Ihnen Auskunft zu erteilen«, begann der Professor.

Törleß trug seine Einwendungen vor und bemühte sich, deren Bedeutung für ihn auseinanderzusetzen. Aber ihm war, als

müßte er durch einen dicken, trüben Nebel hindurch sprechen und seine besten Worte erstickten schon in der Kehle.
Der Professor lächelte, hüstelte einstweilen, sagte: »Sie gestatten« und zündete sich eine Zigarette an, rauchte sie in hastigen Zügen; das Papier – was Törleß alles zwischendurch bemerkte und gewöhnlich fand – lief fett an und bog sich jedesmal knisternd ein; der Professor nahm den Klemmer von der Nase, setzte ihn wieder auf, nickte mit dem Kopfe, ... schließlich ließ er Törleß gar nicht zu Ende kommen. »Es freut mich, ja mein lieber Törleß, es freut mich wirklich sehr«, unterbrach er ihn, »Ihre Bedenken zeugen von Ernst, von eigenem Nachdenken, von... hm..., aber es ist gar nicht so leicht, Ihnen die gewünschte Aufklärung zu geben, ... Sie dürfen mich da nicht mißverstehen.
Sehen Sie, Sie sprachen von dem Eingreifen transzendenter, hm ja... transzendent nennt man das, – Faktoren...
Nun weiß ich ja allerdings nicht, wie Sie hierüber fühlen; mit dem Übersinnlichen, jenseits der strengen Grenzen des Verstandes Liegenden, ist es eine ganz eigene Sache. Ich bin eigentlich nicht recht befugt, da einzugreifen, es gehört nicht zu meinem Gegenstande; man kann so und so darüber denken, und ich möchte durchaus vermeiden, gegen irgend jemanden zu polemisieren... Was aber die Mathematik anlangt«, und hierbei betonte er das Wort Mathematik, als ob er eine verhängnisvolle Tür ein für allemal zuschlagen wollte, »was also die Mathematik anlangt, ist es ganz gewiß, daß hier auch ein natürlicher und nur mathematischer Zusammenhang besteht.
Nur müßte ich – um streng wissenschaftlich zu sein – Voraussetzungen machen, die Sie kaum noch verstehen dürften, auch fehlt uns die Zeit dazu.
Wissen Sie, ich gebe ja gerne zu, daß zum Beispiel diese imaginären, diese gar nicht wirklich existierenden Zahlwerte, ha ha, gar keine kleine Nuß für einen jungen Studenten sind. Sie müs-

sen sich damit zufrieden geben, daß solche mathematische Begriffe eben rein mathematische Denknotwendigkeiten sind. Überlegen Sie nur: auf der elementaren Stufe des Unterrichts, auf der Sie sich noch befinden, hält es sehr schwer, für vieles, das man berühren muß, die richtige Erklärung zu geben. Zum Glück fühlen es die wenigsten, wenn aber einer, wie Sie heute, – doch wie gesagt, es hat mich sehr gefreut, – nun wirklich kommt, so kann man nur sagen: Lieber Freund, du mußt einfach glauben; wenn du einmal zehnmal soviel Mathematik können wirst als jetzt, so wirst du verstehen, aber einstweilen: glauben!

Es geht nicht anders, lieber Törleß, die Mathematik ist eine ganze Welt für sich, und man muß reichlich lange in ihr gelebt haben, um alles zu fühlen, was in ihr notwendig ist.«

Törleß war froh, als der Professor schwieg. Seit er die Tür zufallen gehört hatte, war ihm, daß sich die Worte immer weiter und weiter entfernten, .. nach der anderen, gleichgültigen Seite hin, wo alle richtigen und doch nichts besagenden Erklärungen liegen.

Aber er war von dem Schwall der Worte und dem Mißlingen betäubt und verstand nicht gleich, daß er nun aufstehen solle. Da suchte der Professor, um es endgültig zu erledigen, nach einem letzten, überzeugenden Argumente.

Auf einem kleinen Tischchen lag ein Renommierband Kant. Den nahm der Professor und zeigte ihn Törleß. »Sehen Sie dieses Buch, das ist Philosophie, es enthält die Bestimmungsstücke unseres Handelns. Und wenn Sie dem auf den Grund fühlen könnten, so würden Sie auf lauter solche Denknotwendigkeiten stoßen, die eben alles bestimmen, ohne daß sie selbst so ohne weiteres einzusehen wären. Es ist ganz ähnlich wie mit dem in der Mathematik. Und dennoch handeln wir fortwährend danach: Da haben Sie gleich den Beweis dafür, wie wichtig solche Dinge sind. Aber«, lächelte er, als er sah, daß Törleß richtig das

Buch aufschlug und darinnen blätterte: »lassen Sie es doch jetzt noch. Ich wollte Ihnen nur ein Beispiel geben, an das Sie sich später einmal erinnern können; vorläufig dürfte es wohl noch zu schwer für Sie sein.«

Den ganzen Rest des Tages über befand sich Törleß in einem bewegten Zustande.

Der Umstand, daß er Kant in der Hand gehabt hatte, – dieser ganz zufällige Umstand, dem er im Augenblicke wenig Beachtung geschenkt hatte, – wirkte mächtig in ihm nach. Der Name Kants war ihm vom Hörensagen wohl bekannt und hatte für ihn den Kurswert, den er allgemein in der sich mit den Geisteswissenschaften nur von ferne befassenden Gesellschaft hat – als letztes Wort der Philosophie. Und diese Autorität war sogar mit ein Grund gewesen, daß sich Törleß bisher so wenig mit ernsten Büchern beschäftigt hatte. Sehr junge Menschen pflegen sich ja, wenn einmal die Periode überwunden ist, in der sie Kutscher, Gärtner oder Zuckerbäcker werden wollten, mit der Phantasie das Gebiet ihrer Lebensaufgaben zunächst dort abzustecken, wo sich ihrem Ehrgeize die meiste Möglichkeit, Auszeichnendes zu leisten, darzubieten scheint. Wenn sie sagen, sie wollen Arzt werden, so haben sie sicher einmal irgendwo ein hübsches und gefülltes Wartezimmer gesehen oder einen Glasschrank mit unheimlichen chirurgischen Instrumenten oder ähnliches; sprechen sie von der diplomatischen Laufbahn, so denken sie an den Glanz und die Vornehmheit internationaler Salons: kurz sie wählen ihren Beruf nach dem Milieu, in dem sie sich am liebsten sehen möchten, und nach der Pose, in der sie sich am besten gefallen.

Nun war vor Törleß der Name Kant nie anders als gelegentlich und mit einer Miene ausgesprochen worden, wie der eines unheimlichen Heiligen. Und Törleß konnte gar nichts anderes denken, als daß von Kant die Probleme der Philosophie end-

gültig gelöst seien und diese seither eine zwecklose Beschäftigung bleibe, wie er ja auch glaubte, daß es sich nach Schiller und Goethe nicht mehr lohne zu dichten.
Zu Hause standen diese Bücher in dem Schranke mit den grünen Scheiben in Papas Arbeitszimmer, und Törleß wußte, daß dieser nie geöffnet wurde, außer um ihn einem Besuch zu zeigen. Es war wie das Heiligtum einer Gottheit, der man nicht gerne naht und die man nur verehrt, weil man froh ist, daß man sich dank ihrer Existenz um gewisse Dinge nicht mehr zu kümmern braucht.
Dieses schiefe Verhältnis zu Philosophie und Literatur hatte später auf Törleß' weitere Entwicklung jenen unglücklichen Einfluß ausgeübt, dem er manche traurige Stunde zu danken hatte. Denn sein Ehrgeiz wurde hiedurch von seinen eigentlichen Gegenständen abgedrängt und geriet, während er, seines Zieles beraubt, nach einem neuen suchte, – unter den brutalen und entschlossenen Einfluß seiner Gefährten. Seine Neigungen kehrten nur noch gelegentlich und verschämt zurück und hinterließen jedesmal das Bewußtsein, etwas Unnützes und Lächerliches getan zu haben. Sie waren aber doch so stark, daß es ihm nicht gelang, sich ihrer ganz zu entledigen, und dieser beständige Kampf war es, der sein Wesen der festen Linien und des aufrechten Ganges beraubte.
Mit dem heutigen Tage schien jedoch dieses Verhältnis in eine neue Phase getreten zu sein. Die Gedanken, um derentwillen er heute vergeblich Aufklärung gesucht hatte, waren nicht mehr die wurzellosen Verkettungen einer spielenden Einbildungskraft, vielmehr wühlten sie ihn auf, ließen ihn nicht los, und mit seinem ganzen Körper fühlte er, daß hinter ihnen ein Stück seines Lebens poche. Dies war für Törleß etwas ganz Neues. In seinem Innern war eine Bestimmtheit, die er sonst nicht an sich gekannt hatte. Es war beinahe träumerisch, geheimnisvoll. Das mußte sich wohl unter den Einflüssen der letzten Zeit in aller

Stille entwickelt haben und pochte nun plötzlich mit gebieterischem Finger an. Ihm war zumute wie einer Mutter, die zum ersten Male die herrischen Bewegungen ihrer Leibesfrucht fühlt. Es wurde ein wundervoll genußreicher Nachmittag.
Törleß holte aus seiner Lade alle seine poetischen Versuche hervor, die er dort verwahrt hatte. Er setzte sich mit ihnen zum Ofen und blieb ganz allein und ungesehen hinter dem mächtigen Schirme. Ein Heft nach dem anderen blätterte er durch, dann zerriß er es ganz langsam in lauter kleine Stücke und warf diese einzeln, immer wieder die feine Rührung des Abschieds verkostend, ins Feuer.
Er wollte damit alles Gepäck von früher hinter sich werfen, gleich als gelte es jetzt – von nichts beschwert – alle Aufmerksamkeit auf die Schritte zu richten, die nach vorwärts zu tun seien.
Endlich stand er auf und trat unter die anderen. Er fühlte sich frei von allen ängstlichen Seitenblicken. Was er getan hatte, war eigentlich nur ganz instinktiv geschehen; nichts bot ihm eine Sicherheit, daß er wirklich von nun an ein Neuer werde sein können, als das bloße Dasein jenes Impulses. »Morgen«, sagte er sich, »morgen werde ich alles sorgfältig revidieren, und ich werde schon Klarheit gewinnen.«
Er ging im Saale umher, zwischen den einzelnen Bänken, sah in die geöffneten Hefte, auf die in dem grellen Weiß beim Schreiben geschäftig hin und her hastenden Finger, deren jeder seinen kleinen, braunen Schatten hinter sich herzog, – er sah dem zu wie einer, der plötzlich aufgewacht ist, mit Augen, denen alles von ernsterer Bedeutung zu sein schien.

Aber schon der nächste Tag brachte eine arge Enttäuschung. Törleß hatte sich nämlich gleich am Morgen die Reklamausgabe jenes Bandes gekauft, den er bei seinem Professor gesehen hatte, und benützte die erste Pause, um mit dem Lesen zu beginnen. Aber vor lauter Klammern und Fußnoten verstand er kein Wort, und wenn er gewissenhaft mit den Augen den Sätzen folgte, war ihm, als drehe eine alte, knöcherne Hand ihm das Gehirn in Schraubenwindungen aus dem Kopfe.

Als er nach etwa einer halben Stunde erschöpft aufhörte, war er nur bis zur zweiten Seite gelangt, und Schweiß stand auf seiner Stirne. Aber dann biß er die Zähne aufeinander und las nochmals eine Seite weiter, bis die Pause zu Ende war.

Abends aber mochte er das Buch schon nicht mehr anrühren. Angst? Ekel? – er wußte nicht recht. Nur das eine quälte ihn brennend deutlich, daß der Professor, dieser Mensch, der nach so wenig aussah, das Buch ganz offen im Zimmer liegen hatte, als sei es für ihn eine tägliche Unterhaltung.

In dieser Stimmung traf ihn Beineberg.

»Nun, Törleß, wie war's gestern beim Professor?« Sie saßen allein in einer Fensternische und hatten den breiten Kleiderständer, auf dem die vielen Mäntel hingen, vorgeschoben, so daß von der Klasse nur ein auf und ab schwellendes Summen und der Widerschein der Lampen an der Decke zu ihnen drang. Törleß spielte zerstreut mit einem vor ihm hängenden Mantel.

»Schläfst du denn? Er wird dir doch wohl irgend etwas geantwortet haben? Ich kann mir's übrigens denken, er wird nicht schlecht in Verlegenheit gekommen sein, nicht?«

»Warum?«

»Nun, auf eine so dumme Frage wird er wohl nicht gefaßt gewesen sein.«

»Die Frage war gar nicht dumm; ich bin sie noch immer nicht los.«

»Ich meine es ja auch nicht so schlimm; nur für ihn wird sie dumm gewesen sein. Die lernen ihre Sachen gerade so auswendig wie der Pfaffe seinen Katechismus, und wenn man sie ein wenig außer der Reihe fragt, kommen sie immer in Verlegenheit.«

»Ach, verlegen war der nicht um die Antwort. Er hat mich sogar nicht einmal ausreden lassen, so schnell hat er sie bei der Hand gehabt.«

»Und wie hat er die Geschichte erklärt?«

»Eigentlich gar nicht. Er hat gesagt, das könne ich jetzt noch nicht einsehen, das seien Denknotwendigkeiten, die erst demjenigen klar werden, der sich bereits eingehender mit diesen Dingen befaßt hat.«

»Das ist ja der Schwindel! Einem Menschen, der nichts wie vernünftig ist, vermögen sie ihre Geschichten nicht vorzuerzählen. Erst wenn er zehn Jahre hindurch mürbe gemacht wurde, geht es. Bis dahin hat er nämlich tausend Male auf diesen Grundlagen gerechnet und große Gebäude aufgeführt, die immer bis aufs letzte stimmten; er glaubt dann einfach an die Sache, wie der Katholik an die Offenbarung, sie hat sich immer so schön fest bewährt, ... ist es dann eine Kunst, einem solchen Menschen den Beweis aufzureden? Im Gegenteil, niemand wäre imstande ihm einzureden, daß sein Gebäude zwar steht, der einzelne Baustein aber zur Luft zerrinnt, wenn man ihn fassen will!«

Törleß fühlte sich durch die Übertreibung Beinebergs unangenehm berührt.

»So arg, wie du's hinstellst, wird es wohl nicht sein. Ich habe nie bezweifelt, daß die Mathematik recht hat, – schließlich lehrt's doch auch der Erfolg, – mir war vielmehr nur das sonderbar, daß die Sache mitunter so gegen den Verstand geht; und möglich wäre es immerhin, daß das nur scheinbar ist.«

»Nun, du kannst ja die zehn Jahre abwarten, vielleicht hast du dann den richtig präparierten Verstand. ... Aber ich habe auch darüber nachgedacht, seit wir letzthin davon sprachen, und ich bin ganz fest davon überzeugt, daß die Sache einen Haken hat. Übrigens hast du damals auch ganz anders gesprochen als heute.«

»O nein. Mir ist es ja auch heute noch bedenklich, nur will ich

es nicht gleich so übertreiben wie du. *Sonderbar* finde ich das Ganze auch. Die Vorstellung des Irrationalen, des Imaginären, der Linien, die parallel sind und sich im Unendlichen – also doch irgendwo – schneiden, regt mich auf. Wenn ich darüber nachdenke, bin ich betäubt, wie vor den Kopf geschlagen.«
Törleß lehnte sich vor, ganz in den Schatten hinein, und seine Stimme umschleierte sich leise beim Sprechen. »In meinem Kopfe war vordem alles so klar und deutlich geordnet; nun aber ist mir, als seien meine Gedanken wie Wolken, und wenn ich an die bestimmten Stellen komme, so ist es wie eine Lücke dazwischen, durch die man in eine unendliche, unbestimmbare Weite sieht. Die Mathematik wird schon recht haben; aber was ist es mit meinem Kopfe und was mit all den anderen? Fühlen die das gar nicht? Wie malt es sich in ihnen ab? Gar nicht?«
»Ich denke, du konntest es an deinem Professor sehen. Du, – wenn du auf so etwas kommst, schaust dich sofort um und fragst, wie stimmt das jetzt zu allem übrigen in mir? *Die* haben sich einen Weg in tausend Schneckengängen durch ihr Gehirn gebohrt, und sie sehen bloß bis zur nächsten Ecke zurück, ob der Faden noch hält, den sie hinter sich herspinnen. Deswegen bringst du sie mit deiner Art zu fragen in Verlegenheit. Von denen findet keiner den Weg zurück. Wie kannst du übrigens behaupten, daß ich übertreibe? Diese Erwachsenen und ganz Gescheiten haben sich da vollständig in ein Netz eingesponnen, eine Masche stützt die andere, so daß das Ganze wunder wie natürlich aussieht; wo aber die erste Masche steckt, durch die alles gehalten wird, weiß kein Mensch.
Wir zwei haben noch nie so ernst darüber gesprochen, schließlich macht man über solche Dinge nicht gern viel Worte, aber du kannst jetzt sehen, wie schwach die Ansicht ist, mit der sich die Leute über die Welt begnügen. Täuschung ist sie, Schwindel ist sie, Schwachköpfigkeit! Blutarmut! Denn ihr Verstand reicht gerade so weit, um ihre wissenschaftliche Erklärung aus

dem Kopf herauszudenken, draußen erfriert sie aber, verstehst du? Ha ha! Alle diese Spitzen, diese äußersten, von denen uns die Professoren erzählen, sie seien so fein, daß wir sie jetzt noch nicht anzurühren vermögen, sind tot, – erfroren, – verstehst du? Nach allen Seiten starren diese bewunderten Eisspitzen, und kein Mensch vermag mit ihnen etwas anzufangen, so leblos sind sie!«

Törleß hatte sich längst wieder zurückgelehnt. Beinebergs heißer Atem fing sich in den Mänteln und erhitzte den Winkel. Und wie immer in der Erregung wirkte Beineberg peinlich auf Törleß. Jetzt gar, wo er sich vorschob, so nahe heran, daß seine Augen unbeweglich, wie zwei grünliche Steine vor Törleß standen, während die Hände mit einer eigentümlich häßlichen Behendigkeit im Halbdunkel hin und her zuckten.

»Alles ist unsicher, was sie behaupten. Alles geht natürlich zu, sagen sie; – wenn ein Stein fällt, so sei das die Schwerkraft, warum soll es aber nicht ein Wille Gottes sein, und warum soll derjenige, der ihm wohlgefällig ist, nicht einmal davon entbunden sein, das Los des Steines zu teilen? Doch wozu erzähle ich dir solches?! Du wirst doch immer halb bleiben! Ein wenig Sonderbares ausfindig machen, ein wenig den Kopf schütteln, ein wenig sich entsetzen, – das liegt dir; darüber traust du dich aber nicht hinaus. Übrigens ist das nicht mein Schade.«

»Der meine etwa? So sicher sind denn doch wohl auch deine Behauptungen nicht.«

»Wie kannst du das sagen! Sie sind überhaupt das einzig Sichere. Wozu soll ich mich übrigens mit dir darüber zanken?! Du wirst es schon noch sehen, mein lieber Törleß; ich möchte sogar wetten, daß du dich noch einmal ganz verflucht dafür interessieren wirst, was es damit für Bewandtnis hat. Beispielsweise, wenn es mit Basini so kommt, wie ich ...«

»Laß das, bitte«, unterbrach ihn Törleß, »ich möchte das gerade jetzt nicht da hineinmengen.«

»Oh, warum nicht?«
»Nun so. Ich will einfach nicht. Es ist mir unangenehm. Basini und dies sind für mich zweierlei; und zweierlei pflege ich nicht im selben Topf zu kochen.«
Beineberg verzog es bei dieser ungewohnten Entschiedenheit, ja Grobheit seines jüngeren Kameraden vor Ärger den Mund. Aber Törleß fühlte, daß die bloße Nennung Basinis seine ganze Sicherheit untergraben hatte, und um dies zu verbergen, redete er sich in Ärger. »Überhaupt behauptest du Dinge mit einer Sicherheit, die geradezu verrückt ist. Glaubst du denn nicht, daß deine Theorien geradeso auf Sand gebaut sein können, wie die anderen? Das sind ja noch viel verbohrtere Schneckengänge, die noch weit mehr guten Willen voraussetzen.«
Merkwürdigerweise wurde Beineberg nicht böse; er lächelte nur – zwar ein wenig verzerrt, und seine Augen funkelten doppelt so unruhig – und sagte in einem fort: »Du wirst schon sehen, du wirst schon sehen...«
»Was werde ich denn sehen? Und meinetwegen, so werde ich es halt sehen; aber es interessiert mich blutwenig, Beineberg! Du verstehst mich nicht. Du weißt gar nicht, was mich interessiert. Wenn mich die Mathematik quält und wenn mich –« doch er überlegte sich's noch schnell und sagte nichts von Basini, »wenn mich die Mathematik quält, so suche ich dahinter ganz etwas anderes als du, gar nichts Übernatürliches, gerade das Natürliche suche ich, – verstehst du? gar nichts außer mir, – in mir suche ich etwas; in mir! etwas Natürliches! Das ich aber trotzdem nicht verstehe! Das empfindest du aber geradesowenig wie der von der Mathematik ... ach, laß mich mit deiner Spekulation für jetzt in Ruhe!«
Törleß zitterte vor Aufregung, als er aufstand.
Und Beineberg wiederholte in einem fort: »Nun, wir werden ja sehen, werden ja sehen...«

Hermann Hesse
Unterbrochene Schulstunde

Es scheint, als müsse ich in meinen späten Tagen nicht nur, wie alle alten Leute, mich wieder den Erinnerungen aus den Kinderjahren zuwenden, sondern als müsse ich auch, zur Strafe gewissermaßen, die fragwürdige Kunst des Erzählens noch einmal mit umgekehrten Vorzeichen ausüben und abbüßen. Das Erzählen setzt Zuhörer voraus und fordert vom Erzähler eine Courage, welche er nur aufbringt, wenn ihn und seine Zuhörer ein gemeinsamer Raum, eine gemeinsame Gesellschaft, Sitte, Sprache und Denkart umschließt. Die Vorbilder, die ich in meiner Jugend verehrte (und heute noch verehre und liebe), vor allem der Erzähler der Seldwyler Geschichten, haben mich damals lange Zeit in dem frommen Glauben unterstützt, daß auch mir diese Zugehörigkeit und Gemeinsamkeit angeboren und überkommen sei, daß auch ich, wenn ich Geschichten erzählte, mit meinen Lesern eine gemeinsame Heimat bewohne, daß ich für sie auf einem Instrumente und nach einem Notensystem musiziere, das ihnen wie mir vollkommen vertraut und selbstverständlich sei. Da waren Hell und Dunkel, Freude und Trauer, Gut und Böse, Tat und Leiden, Frömmigkeit und Gottlosigkeit zwar nicht ganz so kategorisch und grell voneinander getrennt und abgehoben wie in den moralischen Erzählungen der Schul- und Kinderbücher, es gab Nuancen, es gab Psychologie, es gab namentlich auch Humor, aber es gab nicht den grundsätzlichen Zweifel, weder am Verständnis der Zuhörer noch an der Erzählbarkeit meiner Geschichten, welche denn auch meist ganz artig abliefen mit Vorbereitung, Spannung, Lösung, mit einem festen Gerüste von Handlung, und mir und meinen Lesern beinah ebensoviel Vergnügen machten wie das Erzählen einst dem großen Meister von Seldwyla und das Zuhören seinen Lesern gemacht hatte. Und nur sehr langsam und widerwillig kam ich mit den Jahren zur Einsicht, daß meine Art zu erleben und meine Art zu erzählen einander nicht entsprachen, daß ich dem guten Erzählen zuliebe die Mehrzahl meiner Erlebnisse und Erfahrungen mehr oder weniger vergewaltigt hatte, und daß ich entweder auf das Erzählen verzichten oder mich entschließen müßte, statt eines guten ein schlechter Erzähler zu werden. Die Versuche dazu, etwa von Demian bis zur Morgendlandfahrt, führten mich denn auch immer mehr aus der guten und schönen Tradition des Erzählens hinaus. Und wenn ich heute irgendein noch so kleines, noch so gut isoliertes Erlebnis aufzuzeichnen versuche, dann rinnt mir alle Kunst unter den Händen weg, und das Erlebte wird auf eine beinah gespenstische Weise vielstimmig, vieldeutig, kompliziert und undurchsichtig. Ich muß mich darein ergeben, es sind in den letzten Jahrzehnten größere und ältere Werte und Kostbarkeiten als nur die Erzählkunst fragwürdig und zweifelhaft geworden.

In unserm wenig geliebten Klassenzimmer der Calwer Lateinschule saßen wir Schüler eines Vormittags über einer schriftlichen Arbeit. Es war in den ersten Tagen nach längeren Ferien, kürzlich erst hatten wir unsere blauen Zeugnishefte abgeliefert, die unsere Väter hatten unterschreiben müssen, wir waren noch nicht so recht wieder an die Gefangenschaft und Langeweile gewöhnt und empfanden sie darum stärker. Auch der Lehrer, ein Mann von noch längst nicht vierzig Jahren, der uns Elf- und Zwölfjährigen aber uralt erschien, war eher gedrückt als schlechter Laune, wir sahen ihn auf seinem erhöhten Thron sitzen, gelben Gesichtes, über Hefte gebeugt, mit leidenden Zügen. Er lebte, seit ihm seine junge Frau gestorben war, mit einem einzigen Söhnchen allein, einem blassen Knaben mit hoher Stirn und blauwäßrigen Augen. Angestrengt und unglücklich saß der ernste Mann in seiner erhabenen Einsamkeit, geachtet, aber auch gefürchtet; wenn er ärgerlich oder gar zornig war, konnte ein Strahl höllischer Wildheit die klassische Humanistenhaltung durchbrechen und Lügen strafen. Es war still in der nach Tinte, Knaben und Schuhleder riechenden Stube, nur selten gab es ein erlösendes Geräusch: das Klatschen eines fallen gelassenen Buches auf dem staubigen Tannenbretterboden, das Flüstern eines heimlichen Zwiegespräches, das kitzelnde, zum Umschauen nötigende Keuchen eines mühsam gedämmten Lachens, und jedes solche Geräusch wurde vom Thronenden wahrgenommen und sofort zur Ruhe gebracht, meistens nur durch einen Blick, ein Warnen des Gesichtes mit vorgestrecktem Kinn oder einen drohend erhobenen Finger, zuweilen durch ein Räuspern oder ein kurzes Wort. Zwischen Klasse und Professor herrschte an jenem Tage, Gott sei Dank, nicht gerade eine Gewitterstimmung, aber doch jene gelinde Spannung der Atmosphäre, aus der dies und jenes Überraschende und vermutlich Unerwünschte entstehen kann. Und ich wußte nicht recht, ob dies mir nicht lieber war als die vollkommenste Harmonie und Ruhe. Es war vielleicht gefährlich, es konnte vielleicht etwas geben, aber am Ende lauerten wir Knaben, namentlich während einer solchen schriftlichen Arbeit, auf nichts so begierig als auf Unterbrechungen und Überraschungen, seien sie wie immer geartet, denn die Langeweile und die unterdrückte Unruhe in den allzu lang und streng zum Stillsitzen und Schweigen gezwungenen Knaben war groß.

Was für eine Arbeit es gewesen sei, mit der unser Lehrer uns beschäftigte, während er hinter der bretternen Verschanzung seines Hochsitzes sich mit Amtsgeschäften befaßte, weiß ich nicht mehr. Auf keinen Fall war es Griechisch, denn es war die ganze Klasse beisammen, während in den Griechischstunden nur wir vier oder fünf »Humanisten« dem Meister gegenübersaßen. Es war das erste Jahr, in dem wir Griechisch lernten, und die Abtrennung von uns »Griechen« oder »Humanisten« von der übrigen Schulklasse hatte dem ganzen Schulleben eine neue Note gegeben. Einerseits fanden wir paar Griechen, wir künftige Pfarrer, Philologen und andere Akademiker, uns schon jetzt vom großen Haufen der künftigen Gerber, Tuchmacher, Kaufleute oder Bierbrauer abgehoben und gewissermaßen ausgezeichnet, was eine Ehre und einen Anspruch und Ansporn bedeutete, denn wir waren die Elite, die für Höheres als Handwerk und Geldverdienen Bestimmten, doch hatte diese Ehre wie billig auch ihre bedenkliche und gefährliche Seite. Wir wußten in ferner Zukunft Prüfungen von sagenhafter Schwere und Härte auf uns warten, vor allem das gefürchtete Landexamen, in dem die humanistische Schülerschaft des ganzen Schwabenlandes zum Wettkampf nach Stuttgart einberufen wurde und dort in mehrtägiger Prüfung die engere und wirkliche Elite auszusieben hatte, ein Examen, von dessen Ergebnis für die Mehrzahl der Kandidaten die ganze Zukunft abhing, denn von jenen, welche diese enge Pforte nicht passierten, waren die meisten damit auch zum Verzicht auf das geplante Studium verurteilt. Und seit ich selber zu den Humanisten, zu den vorläufig für die Elite in Aussicht genommenen und vorgemerkten Schülern gehörte, war mir schon mehrmals, angeregt vermutlich durch Gespräche meiner älteren Brüder, der Gedanke gekommen, daß es für einen Humanisten, einen Berufenen, aber längst noch nicht Auserwählten, recht peinlich und bitter sein müsse, seinen Ehrentitel wieder abzulegen und die letzte und oberste Klasse unserer Schule wieder als Banause zwischen den vielen andern Banausen abzusitzen, herabgesunken und ihresgleichen geworden.

Wir paar Griechen also waren seit dem Beginn des Schuljahres auf diesem schmalen Pfad zum Ruhme und damit in ein neues, viel intimeres und damit auch viel heikleres Verhältnis zum Klassenlehrer gekommen. Denn er gab uns die Griechisch-Stunden, und da saßen nun wir wenigen nicht mehr innerhalb der Klasse und Masse, die als Ganzes der Macht des Lehrers wenigstens ihre Quantität entgegenzusetzen hatte, sondern einzeln, schwach und exponiert dem Manne gegenüber, der nach kurzer Zeit jeden von uns sehr viel genauer kannte als alle übrigen Klassenkameraden. Uns gab er in diesen oft erhebenden und noch öfter schrecklich bangen Stunden sein Bestes an Wissen, an Überwachung und Sorgfalt, an Ehrgeiz und Liebe, aber auch an Laune, Mißtrauen und Empfindlichkeit; wir waren die Berufenen, waren seine künftigen Kollegen, waren die zum Höheren bestimmte kleine Schar der Begabteren oder Ehrgeizigeren, uns galt mehr als der ganzen übrigen Klasse seine Hingabe und seine Sorge, aber von uns erwartete er auch ein Mehrfaches an Aufmerksamkeit, Fleiß und Lernlust, und auch ein Mehrfaches an Verständnis für ihn selbst und seine Aufgabe. Wir Humanisten sollten nicht Allerweltsschüler sein, die sich vom Lehrer in Gottes Namen bis zum vorgeschriebenen Mindestmaß an Schulbildung schleppen und zerren ließen, sondern strebsame und dankbare Mitgänger auf dem steilen Pfade, unsrer auszeichnenden Stellung im Sinne einer hohen Verpflichtung bewußt. Er hätte sich Humanisten gewünscht, die ihm die Aufgabe gestellt hätten, ihren brennenden Ehrgeiz und Wissensdurst beständig zu zügeln und zu bremsen, Schüler, welche jeden kleinsten Bissen der Geistesspeise mit Heißhunger erwarteten und aufnahmen und alsbald in neue geistige Energien verwandelten. Ich weiß nun nicht, wie weit etwa der eine oder andere meiner paar Mitgriechen diesem Ideale zu entsprechen gewillt und veranlagt gewesen ist, doch nehme ich an, es werde den andern nicht viel anders gegangen sein als mir, und sie werden zwar aus ihrem Humanistentum einen gewissen Ehrgeiz ebenso wie einen gewissen Standesdünkel gezogen, sie werden sich als etwas Besseres und Kostbareres empfunden und aus diesem Hochmut in guten Stunden auch eine gewisse Verpflichtung und Verantwortung entwickelt haben; alles in allem aber waren wir eben doch elf- bis zwölfjährige Schulknaben und vorläufig von unseren nichthumanistischen Klassenbrüdern äußerst wenig verschieden, und keiner von uns stolzen Griechen hätte, vor die Wahl zwischen einem freien Nachmittag und einer griechischen Extralektion gestellt, einen Augenblick gezögert, sondern sich entzückt für den freien Nachmittag entschieden. Ja, das hätten wir ohne Zweifel getan – und dennoch war etwas von jenem Andern in unseren jungen Seelen auch vorhanden, etwas von dem, was der Professor von uns so sehnlich und so oft ungeduldig erwartete und forderte. Was mich anging, so war ich nicht klüger als andere und nicht reifer als meine Jahre, und mit weit weniger als dem Paradies eines freien Nachmittags hätte man mich leicht von Kochs griechischer Grammatik und dem Würdegefühl des Humanisten weglocken können – und dennoch war ich zuzeiten und in gewissen Bezirken meines Wesens auch ein Morgenlandfahrer und Kastalier und bereitete mich unbewußt darauf vor, Mitglied und Historiograph aller platonischen Akademien zu werden. Manchmal, beim Klang eines griechischen Wortes oder beim Malen griechischer Buchstaben in meinem von des Professors unwirschen Korrekturen durchpflügten Schreibheft empfand ich den Zauber einer geistigen Heimat und Zugehörigkeit und war ohne alle Vorbehalte und Nebengelüste willig, dem Ruf des Geistes und der Führung des Meisters Folge zu leisten. Und so wohnte unserem dummstolzen Elitegefühl ebenso wie unserer tatsächlichen Herausgehobenheit, wohnte unserer Isolierung und unserem bangen Ausgeliefertsein an den so oft gefürchteten Scholarchen eben doch ein Strahl echten Lichtes, eine Ahnung echter Berufung, ein Anhauch echter Sublimierung inne. Augenblicklich freilich, in dieser unfrohen und langweiligen Schulmorgenstunde, da ich über meine längst fertige Schreibarbeit hinweg den kleinen geduckten Geräuschen des Raumes und den fernen, heiteren Tönen der Außenwelt und Freiheit lauschte: dem Flügelknattern eines Taubenfluges, dem Krähen eines Hahnes etwa oder dem Peitschenknall eines Fuhrmanns, sah es nicht so aus, als hätten jemals gute Geister in dieser niederen Stube gewaltet. Eine Spur von Adel, ein Strahl von Geist weilte einzig über dem etwas müden und sorgenvollen Gesicht des Professors, den ich heimlich mit einer Mischung von Teilnahme und schlechtem Gewissen beobachtete, stets bereit, seinem sich etwas erhebenden Blick mit dem meinen rechtzeitig auszuweichen. Ohne mir eigentlich Gedanken dabei zu machen, und ohne Absichten irgendwelcher Art, war ich nur dem Schauen hingegeben, der Aufgabe, dieses unschöne, aber nicht unedle Lehrergesicht meinem Bilderbuche einzuverleiben, und es ist denn auch über sechzig Jahre hinweg darin erhalten geblieben: der dünne strähnige Haarschopf über der fahlen scharfkantigen Stirn, die etwas welken Lider mit spärlichen Wimpern, das gelblich-blasse, hagere Gesicht mit dem höchst ausdrucksvollen Munde, der so klar zu artikulieren und so resigniert-spöttisch zu lächeln verstand, und dem energischen, glattrasierten Kinn. Das Bild blieb mir eingeprägt, eines von vielen, es ruhte Jahre und Jahrzehnte unbenützt in seinem raumlosen Archiv und erwies sich, wenn seine Stunde einmal wieder kam und es angerufen wurde, jedesmal als vollkommen gegenwärtig und frisch, als wäre vor einem Augenblick und Liderblinzeln noch sein Urbild selbst vor mir gestanden. Und indem ich, den Mann auf dem Katheder beobachtend, seine leidenden und von Leidenschaftlichkeit durchzuckten, aber von geistiger Arbeit und Zucht beherrschten Züge in mich aufnahm und in mir zum langdauernden Bilde werden ließ, war die öde Stube doch nicht so öde und die scheinbar leere und langweilige Stunde doch nicht so leer und langweilig. Seit vielen Jahrzehnten ist dieser Lehrer unter der Erde, und wahrscheinlich bin von den Humanisten jenes Jahrganges ich der einzige noch lebende und der, mit dessen Tode erst dieses Bildnis für immer auslö-

schen wird. Mit keinem meiner Mitgriechen, deren Kamerad ich damals nur kurze Zeit gewesen bin, hat mich Freundschaft verbunden. Von einem weiß ich nur, daß er längst nicht mehr lebt, von einem andern, daß er im Jahre 1914 im Kriege umgekommen ist. Und von einem dritten, einem, den ich gern mochte und dem einzigen von uns, der unser aller damaliges Ziel wirklich erreicht hat und Theologe und Pfarrer geworden ist, erfuhr ich später Bruchstücke seines merkwürdigen und eigensinnigen Lebenslaufes: er, der die Muße jeder Arbeit vorzog und viel Sinn für die kleinen sinnlichen Genüsse des Lebens hatte, wurde als Student von seinen Verbindungsbrüdern »die Materie« genannt, er blieb unvermählt, brachte es als Theologe bis zu einer Dorfpfarre, war viel auf Reisen, wurde beständiger Versäumnisse in seinem Amte bezichtigt, ließ sich noch bei jungen und gesunden Jahren in den Ruhestand versetzen und lag seiner Pensionsansprüche wegen lange mit der Kirchenbehörde im Prozeß, begann an Langeweile zu leiden (er war schon als Knabe außerordentlich neugierig gewesen) und bekämpfte sie teils durch Reisen, teils durch die Gewohnheit, täglich einige Stunden als Zuhörer in den Gerichtssälen zu sitzen, und hat sich, da er die Leere und Langeweile dennoch immer mehr wachsen sah, als beinahe Sechzigjähriger im Neckar ertränkt.
Ich erschrak und senkte wie ertappt den auf des Lehrers Schädel ruhenden Blick, als dieser sein Gesicht erhob und über die Klasse weg spähte.
»Weller« hörten wir ihn rufen, und gehorsam stand hinten in einer der letzten Bänke Otto Weller auf. Wie eine Maske schwebte sein großes rotes Gesicht über den Köpfen der andern.
Der Professor winkte ihn zu sich an den Katheder, hielt ihm ein blaues kleines Heft vors Gesicht und stellte ihm leise ein paar Fragen. Weller antwortete ebenfalls flüsternd und sichtlich beunruhigt, mir schien, er verdrehe die Augen ein wenig und

das gebe ihm ein bekümmertes und ängstliches Aussehen, woran wir bei ihm nicht gewöhnt waren, er war eine gelassene Natur und stak in einer Haut, an welcher vieles ohne Schaden ablief, was anderen schon wehe tat. Übrigens war es ein eigentümliches und unverwechselbares Gesicht, dem er jetzt diesen sorgenvollen Ausdruck gab, ein ganz unverwechselbares und für sich ebenso unvergeßliches Gesicht wie das meines ersten Griechischlehrers. Es waren damals manche Mitschüler meiner Klasse, von denen weder Gesicht noch Namen eine Spur in mir hinterlassen haben; ich wurde ja auch schon im nächsten Jahre in eine andere Stadt und Schule geschickt. Das Gesicht Otto Wellers aber kann ich mir in vollkommener Deutlichkeit noch heute vergegenwärtigen. Es fiel, wenigstens zu jener Zeit, vor allem durch seine Größe auf, es war nach den Seiten und nach unten hin vergrößert, denn die Partien unterhalb der Kinnbakken waren stark geschwollen und diese Geschwulst machte das Gesicht um vieles breiter als es sonst gewesen wäre. Ich erinnere mich, daß ich, von dieser Erscheinung beunruhigt, ihn einmal gefragt habe, was denn eigentlich mit seinem Gesicht los sei, und ich erinnere mich seiner Antwort: »Das sind die Drüsen, weißt du. Ich habe Drüsen.« Nun, auch von diesen Drüsen abgesehen war Wellers Gesicht recht malerisch, es war voll und kräftig rot, die Haare dunkel, die Augen gutmütig und die Bewegungen der Augäpfel sehr langsam, und dann hatte er einen Mund, der trotz seiner Röte dem einer alten Frau glich. Vermutlich der Drüsen wegen hielt er das Kinn etwas gehoben, so daß man den ganzen Hals sehen konnte; diese Haltung trug dazu bei, die obere Gesichtshälfte zurückzudrängen und beinahe vergessen zu lassen, während die vergrößerte untere trotz des vielen Fleisches zwar vegetativ und ungeistig, aber wohlwollend, behaglich und nicht unliebenswürdig aussah. Mir war er mit seinem breiten Dialekt und gutartigen Wesen sympathisch, doch kam ich nicht sehr viel mit ihm zusammen; wir lebten in verschiedenen Sphären: in der Schule gehörte ich zu den Humanisten und hatte meinen Sitz nahe dem Katheder, während Weller zu den vergnügten Nichtstuern gehörte, die ganz hinten saßen, selten eine Antwort auf Lehrerfragen wußten, häufig Nüsse, gedörrte Birnen und dergleichen aus den Hosentaschen zogen und verzehrten und durch ihre Passivität ebenso wie durch unbeherrschtes Schwatzen und Kichern nicht selten dem Lehrer lästig wurden. Und auch außerhalb der Schule gehörte Otto Weller einer anderen Welt zu als ich, er wohnte draußen in der Nähe des Bahnhofs, weit von meiner Gegend entfernt, und sein Vater war Eisenbahner, ich kannte ihn nicht einmal vom Sehen.

Otto Weller wurde nach kurzem Geflüster wieder an seinen Platz zurückgeschickt, er schien unzufrieden und bedrückt. Der Professor aber war aufgestanden, er hielt jenes dunkelblaue Heft in der Hand und blickte suchend durch die ganze Stube. Auf mir blieb sein Blick haften, er kam auf mich zu, nahm mein Schreibheft, betrachtete es und fragte: »Du bist mit deiner Arbeit fertig?« Und als ich ja gesagt hatte, winkte er mir, ihm zu folgen, ging zur Tür, die er zu meiner Verwunderung öffnete, winkte mich hinaus und schloß die Tür hinter uns wieder.

»Du kannst mir einen Auftrag besorgen«, sagte er und übergab mir das blaue Heft. »Hier ist das Zeugnisheft von Weller, das nimmst du und gehst damit zu seinen Eltern. Dort sagst du, ich lasse fragen, ob die Unterschrift unter Wellers Zeugnis wirklich von der Hand seines Vaters sei.«

Ich schlüpfte hinter ihm nochmals ins Schulzimmer zurück und holte meine Mütze vom hölzernen Rechen, steckte das Heft in die Tasche und machte mich auf den Weg.

Es war also ein Wunder geschehen. Es war, mitten während der langweiligsten Stunde, dem Professor eingefallen, mich spazieren zu schicken, in den schönen lichten Vormittag hinaus. Ich war benommen vor Überraschung und Glück, nichts Erwünschteres hätte ich mir denken können. In Sprüngen nahm ich die beiden Treppen mit den tief ausgetretenen fichtenen Stufen, hörte aus einem der anderen Schulräume die eintönige, diktierende Stimme eines Lehrers schallen, sprang durchs Tor und die flachen Sandsteinstufen hinab, und schlenderte dankbar und glücklich in den hübschen Morgen hinein, der eben noch so ermüdend lang und leer geschienen hatte. Hier draußen war er es nicht, hier war weder von der Öde noch von den geheimen Spannungen etwas zu spüren, die im Klassenzimmer den Stunden das Leben aussog und sie so erstaunlich in die Länge zog. Hier wehte Wind und flogen eilige Wolkenschatten über das Pflaster des breiten Marktplatzes, Taubenschwärme erschreckten kleine Hunde und brachten sie zum Bellen, Pferde standen vor Bauernwagen gespannt, hatten eine hölzerne Krippe vor sich stehen und fraßen Heu, die Handwerker waren an der Arbeit oder unterhielten sich durch ihre niedrig gelegenen Werkstättenfenster mit der Nachbarschaft. Im kleinen Schaufenster der Eisenhandlung lag immer noch die derbe Pistole mit dem blaustählernen Lauf, die zweieinhalb Mark kosten sollte und mir seit Wochen in die Augen stach. Verlockend und schön war auch die Obstbude der Frau Haas auf dem Markt und der winzige Spielzeugladen des Herrn Jenisch, und nebenan blickte aus dem offenen Werkstattfenster das weißbärtige und rotleuchtende Gesicht des Kupferschmiedes, wetteifernd an Glanz und Röte mit dem blanken Metall des Kessels, an dem er hämmerte. Dieser stets muntere und stets neugierige alte Mann ließ selten jemand an seinem Fenster vorübergehen, ohne ihn anzusprechen oder mindestens einen Gruß mit ihm zu tauschen. Auch mich sprach er an: »Ja, ist denn eure Schule schon aus?« und als ich ihm erzählt hatte, daß ich einen Auftrag meines Lehrers zu besorgen habe, riet er mir verständnisvoll: »Na, dann pressier du nur nicht zu viel, der Vormittag ist noch lang.« Ich folgte seinem Rat und blieb eine gute Weile auf der

alten Brücke stehen. Auf die Brüstung gestützt blickte ich ins still ziehende Wasser hinab und beobachtete ein paar kleine Barsche, die ganz tief, nah am Boden, scheinbar schlafend und regungslos am selben Fleck verweilten, in Wirklichkeit aber unmerklich die Plätze miteinander tauschten. Sie hielten die Mäuler nach unten gekehrt, den Boden absuchend, und wenn sie zuweilen wieder flach und unverkürzt zu erblicken waren, konnte ich auf ihren Rücken das helldunkle Streifenmuster erkennen. Über das nahe Wehr rann mit sanftem helltönigem Rauschen das Wasser, weiter unten auf der Insel lärmten in Scharen die Enten, auf diese Entfernung tönte auch ihr Geschwader und Gequake sanft und eintönig und hatte gleich dem Strömen des Flusses übers Wehr jenen zauberischen Klang von Ewigkeit, in dem man versinken und von dem man sich einschläfern und zudecken lassen konnte wie vom nächtlichen Sommerregenrauschen oder vom leisen dichten Sinken des Schneefalles. Ich stand und schaute, stand und lauschte, zum erstenmal an diesem Tage war ich für eine kleine Weile wieder in jener holden Ewigkeit, in der man von Zeit nichts weiß.
Schläge der Kirchenuhr weckten mich. Ich schrak auf, fürchtete viel Zeit vertan zu haben, erinnerte mich meines Auftrages. Und jetzt erst fing dieser Auftrag und was mit ihm zusammenhing meine Aufmerksamkeit und Teilnahme ein. Indem ich ohne weiteres Säumen der Bahnhofsgegend zustrebte, fiel mir Wellers unglückliches Gesicht wieder ein, wie er mit dem Professor geflüstert hatte, jenes Verdrehen der Augen und der Ausdruck seines Rückens und seines Ganges, wie er so langsam und wie geschlagen in seine Bank zurückgekehrt war.
Daß Einer nicht zu allen Stunden derselbe sein, daß er manche Gesichter, mancherlei Ausdruck und Haltung haben könne, nun das war nichts Neues, das wußte man längst und kannte es, an anderen wie an sich selber. Neu aber war, daß es diese Unterschiede, diesen wunderlichen und bedenklichen Wechsel

zwischen Mut und Angst, Freude und Jammer auch bei ihm gab, bei dem guten Weller mit dem Drüsengesicht und den Hosentaschen voll Eßbarem, bei einem von jenen dort hinten in den letzten beiden Bänken, die sich so gar keine Schulsorgen zu machen und von der Schule nichts als ihre Langeweile zu fürchten schienen, einem von jenen im Lernen so gleichgültigen, mit den Büchern so unvertrauten Kameraden, die dafür, sobald es um Obst und Brot, Geschäfte und Geld und andere Angelegenheiten der Erwachsenen ging, uns andern so weit voraus und beinah schon selber wie Erwachsene waren – das beunruhigte mich nun, indem ich meine Gedanken damit beschäftigte, recht sehr.
Ich erinnerte mich einer seiner sachlichen und lakonischen Mitteilungen, mit der er mich noch vor kurzem überrascht und beinah in Verlegenheit gebracht hatte. Es war auf dem Weg zur Bachwiese, wo wir im Schwarm der Kameraden eine kleine Strecke weit nebeneinander gingen. Das Röllchen mit Handtuch und Badehose unter den Arm geklemmt, schritt er in seiner gelassenen Weise neben mir, und plötzlich blieb er eine Sekunde stehen, wandte mir sein großes Gesicht zu und sagte die Worte: »Mein Vater verdient sieben Mark im Tag.«
Ich hatte bisher von niemandem gewußt, wieviel er im Tag verdiene, und wußte auch nicht so recht, wieviel sieben Mark eigentlich seien, es schien mir immerhin eine recht schöne Summe, und er hatte sie auch mit einem Ton von Befriedigung und Stolz genannt. Aber da das Auftrumpfen mit irgendwelchen Zahlen und Größen eine der Spielarten im Unterhaltungston zwischen uns Schülern war, ließ ich, obwohl er vermutlich die Wahrheit gesagt hatte, mir nicht imponieren. Wie man einen Ball zurückschlägt, warf ich ihm meine Entgegnung hin und teilte ihm mit, daß mein Vater im Tag zwölf Mark verdiene. Das war gelogen, war frei erfunden, machte mir aber keine Skrupel, denn es war eine rein rhetorische Übung. Weller

dachte einen Augenblick nach, und als er sagte: »Zwölf? Das ist bei Gott nicht schlecht!« ließ sein Blick und Ton es fraglich, ob er meine Auskunft ernst genommen habe oder nicht. Er bestand nicht darauf, mich zu entlarven, er ließ es gut sein, ich hatte da etwas behauptet, woran sich vielleicht zweifeln ließ, er nahm es hin und fand es keiner Auseinandersetzung wert, und damit war er wieder der Überlegene und Erfahrene, der Praktiker und beinah Erwachsene, und ich erkannte das ohne Widerspruch an. Es war, als habe ein Zwanzigjähriger mit einem Elfjährigen gesprochen. Aber waren wir denn nicht beide elfjährig?

Ja, und noch eine andere seiner so erwachsen und sachlich hingesprochenen Mitteilungen fiel mir ein, die mich noch mehr erstaunt und bestürzt hatte. Sie bezog sich auf einen Schlossermeister, dessen Werkstatt nicht weit von meinem großväterlichen Hause entfernt lag. Dieser Mann hatte sich eines Tages wie ich mit Entsetzen von den Nachbarn erzählen hörte, das Leben genommen, etwas, was in der Stadt seit manchen Jahren nicht vorgekommen und mir, wenigstens in solcher Nähe von uns, mitten zwischen den vertrauten lieben Umgebungen meines Knabenlebens, bisher völlig undenkbar gewesen war. Es hieß, er habe sich erhängt, doch wurde darüber noch gestritten, man wollte ein so seltenes und großes Ereignis nicht gleich registrieren und zu den Akten legen, sondern erst sein Grausen und Schaudern daran haben, und so wurde der arme Tote am ersten Tage nach seinem Ende von den Nachbarsfrauen, Dienstmägden, Briefträgern mit einem Sagenkreis umsponnen, von dem auch mich einige Strähnen erreichten. Andern Tages aber traf Weller mich auf der Straße, wie ich scheu nach dem Schlosserhause mit der verstummten und geschlossenen Werkstatt hinüberblickte, und fragte, ob ich wissen wolle, wie es der Schlosser gemacht habe. Dann gab er mir freundlich und mit einem überzeugenden Anschein von absolutem Wissen Auskunft: »Also, weil er doch Schlosser gewesen ist, hat er keinen Strick nehmen wollen, er hat sich an einem Draht aufgehängt. Er hat den Draht und Nägel und Hammer und Zange mitgenommen, ist in den Teichelweg hinausgegangen, fast ganz bis zur Waldmühle, dort hat er den Draht zwischen zwei Bäumen gut festgemacht und sogar noch die übrigen Enden sorgfältig mit der Zange abgezwickt, und dann hat er sich an dem Draht aufgehängt. Wenn sich aber einer aufhängt, nicht wahr, dann hängt er sich meistens unten am Hals auf, und dann treibt es ihm die Zunge heraus, das sieht scheußlich aus, und das wollte er nicht haben. Also, was hat er getan? Er hat sich nicht unten am Hals aufgehängt, sondern ganz vorn beim Kinn, und darum hat ihm die Zunge nachher nicht herausgehangen. Aber blau im Gesicht ist er doch geworden.«

Und nun hatte dieser Weller, der so gut in der Welt Bescheid wußte und sich um die Schule so wenig kümmerte, offenbar eine schwere Sorge. Es bestand ein Zweifel, ob die Unterschrift seines Vaters unter dem letzten Zeugnis wirklich echt sei. Und da Weller so sehr bedrückt ausgesehen und bei seinem Rückweg durchs Schulzimmer einen so geschlagenen Ausdruck gehabt hatte, konnte man wohl annehmen, es habe mit jenem Zweifel seine Richtigkeit, und wenn dem so war, dann war es ja nicht nur ein Zweifel, sondern ein Verdacht oder eine Anklage, daß nämlich Otto Weller selbst seines Vaters Namenszug nachzuahmen versucht habe. Erst jetzt, wo ich nach dem kurzen Freuden- und Freiheitsrausch wieder wach und zum Denken fähig geworden war, begann ich den gequälten und verdrehten Blick meines Kameraden zu verstehen und zu ahnen, daß da eine fatale und häßliche Geschichte spiele, ja ich begann zu wünschen, ich möchte lieber nicht der glückliche Auserwählte sein, den man während der Schulstunde spazieren geschickt hatte. Der heitere Vormittag mit seinem Wind und seinen jagenden Wolkenschatten und die heitere hübsche Welt, durch die ich spa-

ziert war, hatten sich verändert, meine Freude sank und sank, und statt ihrer füllten die Gedanken an Weller und seine Geschichte mich aus, lauter unangenehme und traurigmachende Gedanken. War ich auch noch ohne Weltkenntnis und ein Kind neben Wellers sachlicher Erfahrenheit, so wußte ich doch, und zwar aus frommen moralischen Erzählungen für die reifere Jugend, daß das Fälschen einer Unterschrift etwas ganz Schlimmes, etwas Kriminelles war, eine jener Etappen auf dem Weg, der die Sünder ins Gefängnis und zum Galgen führte. Und doch war unser Schulkamerad Otto ein Mensch, den ich gern hatte, ein gutartiger und netter Kerl, den ich nicht für einen Verworfenen und zum Galgen Bestimmten halten konnte. Ich hätte dies und jenes dafür gegeben, wenn sich herausstellen würde, daß die Unterschrift echt und der Verdacht ein Irrtum sei. Aber hatte ich nicht sein bekümmert-erschrockenes Gesicht gesehen, hatte er nicht recht deutlich merken lassen, daß er Angst und also ein schlechtes Gewissen habe?
Ich näherte mich schon, wieder ganz langsam gehend, jenem Hause, in dem lauter Leute von der Eisenbahn wohnten, als mir der Gedanke kam, ob ich nicht vielleicht etwas für Otto tun könne. Wenn ich nun, dachte ich, gar nicht in dieses Haus hineinginge, sondern in die Klasse zurück, und dem Professor melden würde, die Unterschrift sei in Ordnung? Kaum war mir der Einfall gekommen, da spürte ich schwere Beklemmungen: ich hatte mich selber in diese schlimme Geschichte eingeschaltet, ich würde, wenn ich meinem Einfall folgte, nicht mehr zufälliger Bote und Nebenfigur, sondern Mitspieler und Mitschuldiger sein. Ich ging immer langsamer, ging schließlich an dem Hause vorbei und langsam weiter, ich mußte Zeit gewinnen, ich mußte es mir noch überlegen. Und nachdem ich mir die rettende und edle Lüge, zu der ich schon halb entschlossen war, als wirklich ausgesprochen und mich in ihre Folgen verstrickt hatte, sah ich ein, daß das über meine Kräfte gehe. Nicht aus Klugheit, aus

Furcht vor den Folgen verzichtete ich auf die Rolle des Helfers und Retters. Ein zweiter, harmloserer Ausweg fiel mir noch ein: ich konnte umkehren und melden, daß bei Wellers niemand zu Hause gewesen sei. Aber siehe, auch zu dieser Lüge reichte mein Mut nicht aus. Der Professor würde mir zwar glauben, aber er würde fragen, warum ich dann so lange ausgeblieben sei. Betrübt und mit schlechtem Gewissen ging ich endlich in das Haus hinein, rief nach Herrn Weller und wurde von einer Frau in den oberen Stock hingewiesen, dort wohne Herr Weller, aber er sei im Dienst und ich werde nur seine Frau antreffen. Ich stieg die Treppe hinan, es war ein kahles und eher unfreundliches Haus, es roch nach Küche und nach einer scharfen Lauge oder Seife. Und oben fand ich richtig Frau Weller, sie kam aus der Küche, war eilig und fragte kurz, was ich wolle. Als ich aber berichtet hatte, daß der Klassenlehrer mich geschickt habe und es sich um Ottos Zeugnis handle, trocknete sie die Hände an ihrer Schürze ab und führte mich in die Stube, bot mir einen Stuhl an und fragte sogar, ob sie mir etwas vorsetzen könne, ein Butterbrot etwa oder einen Apfel. Ich hatte aber schon das Zeugnisheft aus der Tasche gezogen, hielt es ihr hin und sagte ihr, der Professor lasse fragen, ob die Unterschrift wirklich von Ottos Vater sei. Sie verstand nicht gleich, ich mußte es wiederholen, angestrengt hörte sie zu, und hielt sich nun das aufgeschlagene Heft vor die Augen. Ich konnte sie mir in Muße ansehen, denn sie saß sehr lange Zeit regungslos, starrte in das Heft und sagte kein Wort. So betrachtete ich sie denn, und ich fand, daß ihr Sohn ihr sehr ähnlich sehe, nur die Drüsen fehlten. Sie war frisch und rot im Gesicht, aber während sie so saß, nichts sagte und das Büchlein in Händen hielt, sah ich dies Gesicht ganz langsam schlaff und müde, welk und alt werden, es dauerte Minuten, und als sie endlich das Ding in ihren Schoß sinken ließ und mich wieder ansah oder ansehen wollte, liefen ihr aus beiden weit offenen Augen still und stetig große Tränen herab.

Während sie das Heft noch in Händen gehalten und sich den Anschein gegeben hatte, als studiere sie es, waren, wie ich zu wissen meinte, eben jene Vorstellungen vor ihr aufgetaucht und in traurigem und schrecklichem Zuge vor ihrem innern Blick vorbeigezogen, die auch mich heimgesucht hatten, die Vorstellungen vom Weg des Sünders ins Böse und vors Gericht, ins Gefängnis und zum Galgen.
Tief beklommen saß ich ihr, die für meinen Kinderblick eine alte Frau war, gegenüber, sah die Tränen über ihre roten Backen laufen und wartete, ob sie etwas sagen würde. Das lange Schweigen war so schwer zu ertragen. Sie sagte aber nichts. Sie saß und weinte, und als ich, da ich es nicht mehr aushielt, endlich selbst das Schweigen durchbrach und nochmals fragte, ob Herr Weller seinen Namen selbst in das Heft geschrieben habe, machte sie ein noch mehr bekümmertes und trauriges Gesicht und schüttelte mehreremal den Kopf. Ich stand auf, und auch sie erhob sich, und als ich ihr die Hand hinreichte, nahm sie sie und hielt sie eine Weile in ihren kräftigen warmen Händen. Dann nahm sie das unselige blaue Heft, wischte ein paar Tränen von ihm ab, ging zu einer Truhe, zog eine Zeitung daraus hervor, riß sie in zwei Stücke, legte eines in die Truhe zurück und machte aus dem andern säuberlich einen Umschlag um das Heft, das ich nicht wieder in meine Jackentasche zu stecken wagte, sondern sorgfältig in der Hand davontrug.
Ich kehrte zurück und sah unterwegs weder Wehr noch Fische, weder Schaufenster noch Kupferschmied, stattete meinen Bericht ab, war eigentlich enttäuscht darüber, daß mir mein langes Ausbleiben nicht vorgeworfen wurde, denn das wäre in Ordnung gewesen und hätte mir eine Art Trost bedeutet, so als würde ich zu einem kleinen Teil mitbestraft, und habe mir in der folgenden Zeit alle Mühe gegeben, diese Geschichte zu vergessen.
Ob und wie mein Mitschüler bestraft wurde, habe ich nie erfah-

ren, wir beide haben über diese Angelegenheit nie ein Wort miteinander gesprochen, und wenn ich je einmal auf der Straße von weitem seiner Mutter gewahr wurde, war mir kein Umweg zu weit, um die Begegnung zu vermeiden.

Erich Kästner
Ansprache zum Schulbeginn

Liebe Kinder,
da sitzt ihr nun, alphabetisch oder nach der Größe sortiert, zum erstenmal auf diesen harten Bänken, und hoffentlich liegt es nur an der Jahreszeit, wenn ihr mich an braune und blonde, zum Dörren aufgefädelte Steinpilze erinnert. Statt an Glückspilze wie sich's eigentlich gehörte. Manche von euch rutschen unruhig hin und her, als säßen sie auf Herdplatten. Andre hocken wie angeleimt auf ihren Plätzen. Einige kichern blöde und der Rotkopf in der dritten Reihe starrt, Gänsehaut im Blick, auf die schwarze Wandtafel, als sähe er in eine sehr düstere Zukunft. Euch ist bänglich zumute, und man kann nicht sagen, daß euer Instinkt tröge. Eure Stunde X hat geschlagen. Die Familie gibt euch zögernd her und weiht euch dem Staate. Das Leben nach der Uhr beginnt, und es wird erst mit dem Leben selber aufhören. Das aus Ziffern und Paragraphen, Rangordnung und Stundenplan eng und enger sich spinnende Netz umgarnt nun auch euch. Seit ihr hiersitzt, gehört ihr zu einer bestimmten Klasse. Noch dazu zur untersten. Der Klassenkampf und die Jahre der Prüfungen stehen bevor. Früchtchen seid ihr, und Spalierobst müßt ihr werden! Aufgeweckt wart ihr bis heute, und einwekken wird man euch ab morgen! So, wie man's mit uns getan hat. Vom Baum des Lebens in die Konservenfabrik der Zivilisation, – das ist der Weg, der vor euch liegt. Kein Wunder, daß eure Verlegenheit größer ist als eure Neugierde.
Hat es den geringsten Sinn, euch auf einen solchen Weg Ratschläge mitzugeben? Ratschläge noch dazu von einem Manne, der, da half kein Sträuben, genauso »nach Büchse« schmeckt wie andre Leute auch? Laßt es ihn immerhin versuchen, und haltet ihm zugute, daß er nie vergessen hat, noch je vergessen

wird, wie eigen ihm zumute war, als er selber zum erstenmal in der Schule saß. In jenem grauen, viel zu groß geratenen Ankersteinbaukasten. Und wie es ihm damals das Herz abdrückte. Damit wären wir schon beim wichtigsten Rat angelangt, den ihr euch einprägen und einhämmern solltet wie den Spruch einer uralten Gedenktafel:

Laßt euch die Kindheit nicht austreiben! Schaut, die meisten Menschen legen ihre Kindheit ab wie einen alten Hut. Sie vergessen sie wie eine Telefonnummer, die nicht mehr gilt. Ihr Leben kommt ihnen vor wie eine Dauerwurst, die sie allmählich aufessen, und was gegessen worden ist, existiert nicht mehr. Man nötigt euch in der Schule eifrig von der Unter- über die Mittel- zur Oberstufe. Wenn ihr schließlich drobensteht und balanciert, sägt man die »überflüssig« gewordenen Stufen hinter euch ab, und nun könnt ihr nicht mehr zurück! Aber müßte man nicht in seinem Leben wie in einem Hause treppauf und treppab gehen können? Was soll die schönste erste Etage ohne den Keller mit den duftenden Obstborden und ohne das Erdgeschoß mit der knarrenden Haustür und der scheppernden Klingel? Nun – die meisten leben so! Sie stehen auf der obersten Stufe, ohne Treppe und ohne Haus, und machen sich wichtig. Früher waren sie Kinder, dann wurden sie Erwachsene, aber was sind sie nun? Nur wer erwachsen wird und Kind bleibt, ist ein Mensch! Wer weiß, ob ihr mich verstanden habt. Die einfachen Dinge sind so schwer begreiflich zu machen! Also gut, nehmen wir etwas Schwierigeres, womöglich begreift es sich leichter. Zum Beispiel:

Haltet den Katheder weder für einen Thron noch für eine Kanzel! Der Lehrer sitzt nicht etwa deshalb höher, damit ihr ihn anbetet, sondern damit ihr einander besser sehen könnt. Der Lehrer ist kein Schulwebel und kein lieber Gott. Er weiß nicht alles, und er kann nicht alles wissen. Wenn er trotzdem allwissend tut, so seht es ihm nach, aber glaubt es ihm nicht! Gibt er hingegen zu, daß er nicht alles weiß, dann liebt ihn! Denn dann verdient er eure Liebe. Und da er im übrigen nicht eben viel verdient, wird er sich über eure Zuneigung von Herzen freuen. Und noch eins: Der Lehrer ist kein Zauberkünstler, sondern ein Gärtner. Er kann und wird euch hegen und pflegen. Wachsen müßt ihr selber!

Nehmt auf diejenigen Rücksicht, die auf euch Rücksicht nehmen! Das klingt selbstverständlicher, als es ist. Und zuweilen ist es furchtbar schwer. In meine Klasse ging ein Junge, dessen Vater ein Fischgeschäft hatte. Der arme Kerl, Breuer hieß er, stank so sehr nach Fisch, daß uns anderen schon übel wurde, wenn er um die Ecke bog. Der Fischgeruch hing in seinen Haaren und Kleidern, da half kein Waschen und Bürsten. Alles rückte von ihm weg. Es war nicht seine Schuld. Aber er saß, gehänselt und gemieden, ganz für sich allein, als habe er die Beulenpest. Er schämte sich in Grund und Boden, doch auch das half nichts. Noch heute, fünfundvierzig Jahre danach, wird mir flau, wenn ich den Namen Breuer höre. So schwer ist es manchmal, Rücksicht zu nehmen. Und es gelingt nicht immer. Doch man muß es stets von neuem versuchen.

Seid nicht zu fleißig! Bei diesem Ratschlag müssen die Faulen weghören. Er gilt nur für die Fleißigen, aber für sie ist er sehr wichtig. Das Leben besteht nicht nur aus Schularbeiten. Der Mensch soll lernen, nur die Ochsen büffeln. Ich spreche aus Erfahrung. Ich war als kleiner Junge auf dem besten Wege, ein Ochse zu werden. Daß ich's, trotz aller Bemühung, nicht geworden bin, wundert mich heute noch. Der Kopf ist nicht der einzige Körperteil. Wer das Gegenteil behauptet, lügt. Und wer die Lüge glaubt, wird, nachdem er alle Prüfungen mit Hochglanz bestanden hat, nicht sehr schön aussehen. Man muß nämlich auch springen, turnen, tanzen und singen können, sonst ist man, mit seinem Wasserkopf voller Wissen, ein Krüppel und nichts weiter.

Lacht die Dummen nicht aus! Sie sind nicht aus freien Stücken dumm und nicht zu eurem Vergnügen. Und prügelt keinen, der kleiner und schwächer ist als ihr! Wem das ohne nähere Erklärung nicht einleuchtet, mit dem möchte ich nichts zu tun haben. Nur ein wenig warnen will ich ihn. Niemand ist so gescheit oder so stark, daß es nicht noch Gescheitere und Stärkere als ihn gäbe. Er mag sich hüten. Auch er ist, vergleichsweise, schwach und ein rechter Dummkopf.

Mißtraut gelegentlich euren Schulbüchern! Sie sind nicht auf dem Berge Sinai entstanden, meistens nicht einmal auf verständige Art und Weise, sondern aus alten Schulbüchern, die aus alten Schulbüchern entstanden sind, die aus alten Schulbüchern entstanden sind, die aus alten Schulbüchern entstanden sind. Man nennt das Tradition. Aber es ist ganz etwas anderes. Der Krieg zum Beispiel findet heutzutage nicht mehr wie in Lesebuchgedichten statt, nicht mehr mit geschwungener Plempe und auch nicht mehr mit blitzendem Küraß und wehendem Federbusch wie bei Gravelotte und Mars-la-Tour. In manchen Lesebüchern hat sich das noch nicht herumgesprochen. Glaubt auch den Geschichten nicht, worin der Mensch in einem fort gut ist und der wackre Held vierundzwanzig Stunden am Tage tapfer! Glaubt und lernt das, bitte, nicht, sonst werdet ihr euch, wenn ihr später ins Leben hineintretet, außerordentlich wundern! Und noch eins: Die Zinseszinsrechnung braucht ihr auch nicht mehr zu lernen, obwohl sie noch auf dem Stundenplan steht. Als ich ein kleiner Junge war, mußten wir ausrechnen, wieviel Geld im Jahre 1925 aus einem Taler geworden sein würde, den einer unserer Ahnen Anno 1525, unter der Regierung Johanns des Beständigen, zur Sparkasse gebracht hätte. Es war eine sehr komplizierte Rechnerei. Aber sie lohnte sich. Aus dem Taler, bewies man uns, entstünde durch Zinsen und Zinseszinsen das größte Vermögen der Welt! Doch dann kam die Inflation, und im Jahre 1925 war das größte Vermögen der

Welt samt der ganzen Sparkasse keinen Taler mehr wert. Aber die Zinseszinsrechnung lebte in den Rechenbüchern munter weiter. Dann kam die Währungsreform, und mit dem Sparen und der Sparkasse war es wieder Essig. Die Rechenbücher haben es wieder nicht gemerkt. Und so wird es Zeit, daß ihr einen Rotstift nehmt und das Kapitel »Zinseszinsrechnung« dick durchstreicht. Es ist überholt. Genauso wie die Attacke auf Gravelotte und der Zeppelin. Und wie noch manches andere. Da sitzt ihr nun, alphabetisch oder nach der Größe geordnet, und wollt nach Hause gehen. Geht heim, liebe Kinder! Wenn ihr etwas nicht verstanden haben solltet, fragt eure Eltern! Und, liebe Eltern, wenn Sie etwas nicht verstanden haben sollten, fragen Sie Ihre Kinder!

Paul Nizan
Die schönste Zeit des Lebens

Ich war zwanzig. Niemand soll sagen, das sei die schönste Zeit des Lebens.
Alles droht einen zu vernichten: die Liebe, die Ideen, der Verlust der Familie, der Eintritt in die Welt der Erwachsenen. Es ist schwer, seinen Part in der Welt zu lernen.
Wie sah unsere Welt damals aus? Wie das Chaos der Urschöpfung in der antiken Mythologie. Nur hatte man den Eindruck: das ist der Anfang vom Ende, vom wirklichen Ende, nicht von einem Ende, das der Beginn eines neuen Anfangs ist. An der Oberfläche konvulsivischer Veränderungen, deren Sinn eine winzige Zahl von Zeitgenossen herauszufinden versuchte, war nur ein Tohuwabohu zu erkennen, das unweigerlich zum Untergang des Bestehenden führen mußte. Alles erinnerte an die Auflösung am Ende einer tödlichen Krankheit: bevor der Tod eintritt, der alle Körper unkenntlich macht, löst sich der Zusammenhalt des Fleisches auf, alle Teile fließen auseinander. Das endet mit der Verwesung, die keine Auferstehung kennt. Ganz wenige sahen damals klar genug, um die Kräfte zu erkennen, die in dieser Fäulnis wirksam waren.
Niemand wußte, was zu tun war: Die Kultur war zu kompliziert, als daß man mit ihrer Hilfe mehr erkennen konnte als die Oberfläche. Sie erschöpfte sich in der Kasuistik einer vernünftig geordneten Welt, aber alle ihre Protagonisten konnten die Texte, die sie kommentierten, nicht einmal buchstabieren. Der Irrtum ist immer schwieriger als die Wahrheit.
Man mußte beim ABC anfangen, bei dem, was wirklich wichtig war. Aber anstatt erst einmal lesen zu lernen, dachte sich, wer vor Unruhe nicht schlafen konnte, Erklärungen aus, die alle auf einem Vergleich mit Epochen des Niedergangs beruhten: der

Barbareneinfall, der Triumph der Maschinen, die Gesichte auf Patmos, die Hoffnung auf Genf und auf Gott. Wie weise doch alle waren!

Aber diese Weisen waren so kurzsichtig, daß sie über ihre Brillengläser hinweg nichts anderes als Zusammenbruch sahen. Und die Jugend vertraute ihnen.

Sie fällten unwiderrufliche Urteile: »Ihr werdet alle untergehen.« Meine Generation kam nicht zu Atem, man hielt ihr den Kopf unter Wasser, sie japste nach Luft. Wo würde sie ihre ertrunkenen Familien wiederfinden?

Da ich zu den Intellektuellen gezählt wurde, hatte ich immer nur mittellose Fachidioten getroffen: Ingenieure, Rechtsanwälte, Archivare, Lehrer, Professoren. Was für eine Armseligkeit!

Zufälle und weise Ratschläge hatten mich an die École Normale verschlagen und zu jenen offiziellen Exerzitien, die man Philosophie nennt. Beide, die École Normale und die Philosophie, flößten mir bald äußersten Widerwillen ein. Auf die Frage, warum ich blieb, würde ich antworten: aus Trägheit, Unsicherheit, Unkenntnis anderer Berufe, und weil der Staat mich ernährte, mich beherbergte, mir gratis Bücher lieh und mir monatlich 100 Francs gab.

Die École Normale ist eine Einrichtung, um die uns die anderen Völker beneiden: sie ist einer der Köpfe Frankreichs, das so viele Köpfe hat wie eine Hydra. Hier wird ein Teil der stolzen Truppe von Magiern erzogen, die von denen, die ihre Ausbildung zahlen, Elite genannt werden; diese Elite hat die Aufgabe, das Volk auf dem Wege des Anstands und des Respekts zu halten, den Tugenden des Guten. Hier herrscht der Korpsgeist von Seminaren und Regimentern, denn es ist ja nicht schwierig, junge Menschen dazu zu bringen, aus ihrer privaten Schwäche ein kollektives Überlegenheitsgefühl herzuleiten, und sie davon zu überzeugen, daß die École Normale ein reales

Wesen ist, das eine Seele – eine schöne Seele –, eine Persönlichkeit hat, die liebenswerter ist als die Wahrheit, die Gerechtigkeit und die Menschen. An diesem von gänzlich durchschneidenden Wesenheiten bewohnten Ort ist, wie im *Jardin de la Rose* Heuchelei Trumpf. Die meisten *Normaliens* sehen sich denn auch als Elite: als christliche Elite – viele von ihnen gehen gern zur Messe; als akademische Elite – manche von ihnen planen die Etappen ihrer Karriere wie eine große Reise und bereiten mit zwanzig Jahren ihre Vermählung mit der Tochter eines berühmten Professors vor, das Mitteilungsblatt der École Normale veröffentlicht stolz lächerliche Ahnentafeln; als politische Elite – manche schwimmen mit der Gewandtheit von Fischen in den schmutzigen Gewässern der sozialdemokratischen Sektionen und radikalsozialistischen Vereine. Aber auf jeden Fall gehören sie zur geistigen Elite. Mit diesen ehrgeizigen Gedanken erschöpfen sich die meisten ihrer Überlegungen über den Wert des Menschen.

Diesen Halbwüchsigen, die durch ihre Schuljahre zermürbt, durch das humanistische Gymnasium und die bürgerliche Küche und Moral ihrer Familien verdorben sind, stellt man das Beispiel illustrer Vorbilder vor Augen: Pasteur, Taine, Lemaître, Giraudoux, François-Poncet. Man verspricht ihnen das Kreuz der Ehrenlegion, wenn sie an der Reihe sind, und die Mitgliedschaft der Akademie für das Ende ihrer Tage. Niemand erzählt ihnen das Leben von Évariste Galois.

1924 gab es hier noch einen Menschen: Lucien Herr. Wenn man diesen Riesen über einen Berg von Büchern gebeugt sah, mit kindlich klaren Augen unter einer gewölbten Stirn, einem rauhen Gedankenfelsen, wenn man hörte, wie er, der niemals log, Urteile aussprach, die nichts als jedem gerecht werden wollten, dann wußte man, daß es nicht gefährlich war, in dieser desolaten Behausung zu leben. Aber er starb, und es blieb nur die École Normale übrig, eine komische, meist jedoch unausstehliche Einrichtung, beherrscht von einem kleinen patriotischen, scheinheiligen und mächtigen Greis, der das Militär verehrte. Jahrelang habe ich in der Rue d'Ulm und in den Hörsälen der Sorbonne wichtige Persönlichkeiten im Namen des Geistes sprechen hören.

Es waren jene Philosophen, die die Weisheit in Zeitschriften lehren und Kommentare und Kompendien schreiben. Sie treten in den Lehrkörper ein, veranstalten Kongresse, auf denen festgestellt wird, welche Fortschritte der Geist innerhalb eines Jahres gemacht hat und welche weiteren Fortschritte er noch machen muß. Sie tragen Bänder am Rockaufschlag wie pensionierte Polizisten. Sie weihen marmorne Gedenktafeln an Geburts- und Sterbehäusern und öffentlichen Plätzen ein. Durch diese Gedenkfeiern kommen sie viel herum. Sie wohnen fast alle im Pariser Westen, in Passy, Auteuil, Boulogne, ruhige Viertel mit wenig Lärm, wenig Menschen auf der Straße, wo die Mädchen nicht erst mit einem Jahr Verspätung erfaßt werden. Das sind die Weisen des 26. Arrondissements.

Sie haben wohlbegründete Ideen und scharfsinnige Theorien über die Psychologie, die Moral und den Fortschritt. Diese Abstraktionen, die schon zur Zeit von Jules Simon und Victor Cousin leere Phrasen waren, werden von ihnen immer noch benutzt. Sie sind bieder, sie sagen, die Wahrheit lasse sich im Flug erhaschen wie ein Vogel. Sie verkünden Botschaften über Krieg und Frieden, über die Zukunft der Demokratie, die Gerechtigkeit und die Schöpfung Gottes, über die Relativität, die philosophische Gelassenheit und das geistige Leben. Sie erfinden Terminologien, weil sie alle eine wichtige Entdeckung gemacht haben: Probleme verschwinden, sobald die Begriffe angemessen definiert sind. Dann zerfallen sie zu Staub. Sie zu stellen und sie zu lösen, ist ein und dasselbe. Die Philosophen sind nur noch die Wachhunde der Terminologie und die Historiker jenes Mittelalters, in dem die Wörter mehrere Bedeutungen hatten. In-

zwischen lernen sie gefährliche Gedanken so lange beiseite zu schieben, bis sich ihr Gift verflüchtigt hat: Die Vernunft hat keine Eile, sie wird zu ihrer Zeit, die sich nicht mit der Zeit der Menschen deckt, auf diese Gedanken zurückkommen.
So treiben sie Philosophie, was im Grunde genug Redlichkeit und Mühe erfordert, daß es ehrenvoll ist, dieser Aufgabe Menschenleben zu weihen, die der Buchführung und der Societas Jesu entzogen worden sind.
Und was für eine Sprache! Sie glänzen mit so vielen guten Wendungen, Redeweisen, Bildern, daß ich nicht mehr weiß, wie ich den Sinn von einfachen Worten und Einfällen wiederfinden soll, ob durch ein Schweigen, das von den geheimen Einflüsterungen des Schlafs lebt, oder durch Gespräche mit bummelnden Passanten auf Plätzen, durch Unterhaltungen in Kasernen, Läden oder Fabriken.
Unter diesen Philosophen ist ein großer Denker: Léon Brunschvicg. Er versteht sein Spiel besser zu kaschieren. Eine Uhrmacherpräzision im Denken, eine Taschenspielergeschicklichkeit, die einen zunächst glauben läßt, man habe es mit einem Philosophen zu tun; aber schließlich steht man nur einem Robert Houdin gegenüber, den man genau durchschauen, dessen Lügen man zählen kann. Dieser kleine Sophismenverkäufer sah aus wie ein betagter Maître d'hôtel, dem man auf seine alten Tage erlaubt hatte, einen Bauch und einen Bart zu tragen. Aus seinen Augenwinkeln, aus den kurzen Bewegungen seiner weichen Hände eines jüdischen Krämers sprach Verschlagenheit. Mit einem Augenzwinkern gab er Bonmots als Dekrete der Vernunft zum besten, und aus jeder Rede hörte man heraus: Lassen Sie mich nur machen, dann wird sich alles einrenken, ich bringe alles wieder in Ordnung, in den Seelen wie in der Wissenschaft. Dann grüßte er ins Parterre herunter. Was für ein verborgener Appetit nach Posten, nach Ruhe und nach öffentlichen Ehren! Was für eine Angst vor der Wahrheit, der Wahr-

heit zum Beispiel, die das Geld dieses reichen Mannes hätte in Gefahr bringen können! Die Schüler, die zu seinen Füßen saßen, waren bereit, über seinem Leichnam die Söldnerfahne des kritischen Idealismus zu hissen.
Und dabei gibt es Menschen, die am Fließband arbeiten, Polizisten laufen auf der Straße umher, Menschen sterben in China, in Obervolta eines gewaltsamen Todes, die Zwangsarbeit rafft die Schwarzen dahin wie eine Epidemie.
Aber es wurde alles getan, uns die leibhaftige Existenz unserer Brüder zu verbergen, damit wir wirklich gut vorbereitet waren auf die Pfaffenaufgaben, für die man uns bestimmt hatte. Die Bourgeoisie mästet ihre Intellektuellen, wenn sie sich mausern, damit sie nicht in Versuchung kommen, die Welt zu lieben. So lebten wir im verminderten Tempo des Schlafs dahin; jeder weiß, daß ein größeres Tempo teurer zu stehen kommt. Wir drehten uns im Kreis, wie man es uns gelehrt hatte, und waren mit kleinen Konstruktionsspielen beschäftigt, die uns all jene Beamten beigebracht hatten. Fast überall gab es Menschen, auf dem Land oder in den Vororten. Wir aber schauten auf unsere Lehrmeister und Väter, die traurig in irgendeiner Ecke hockten und sich manchmal aufrichteten, um ihre Chefs zum Lachen zu bringen und ihnen bestellte Illusionen, Argumente oder Rechtfertigungen zu liefern. Clowns, Komplizen: Geistlieferanten. Von Zeit zu Zeit baten sie um Geduld: die Welt würde bald erlöst werden.

Man stelle sich vor: mit zwanzig Jahren wurden wir in eine völlig erstarrte, mit einigen Annehmlichkeiten ausgestattete Welt gestoßen: Griechisch, Logik, ein reiches Vokabular, das nicht einmal die Illusion erweckt, man könne mit seiner Hilfe klarsehen. Wir sind verloren im Maschinenraum unserer Väter, in dem an allen schlecht erleuchteten Ecken blutige Zusammenstöße vertuscht werden: Kolonialkriege, Terror der Weißen auf dem Balkan, amerikanische Morde, zu denen alle Franzosen begeistert Beifall klatschten. Die bodenlose Scheinheiligkeit der Männer an der Macht kann das vorhandene Unglück, das wir nicht begreifen, nicht verbergen. Wir wissen nur, daß es da ist, daß irgendwo Unglück geschieht. Man sage nicht, das sei zu unserem Besten geschehen! Man gebe sich nicht damit zufrieden, alles aufs Schicksal zu schieben und sich immer und ewig die Hände in Unschuld zu waschen!

Jeder findet, wenn er morgens aufwacht, das ganze Chaos seiner Zeit wieder, tausendmal reduziert auf das Mittelmaß einer privaten Beunruhigung. Wir sind durch Spaltungen, Entfremdungen, Kriege und Palaver gezeichnet. Wenn man uns sagt, wir lebten in einer Epoche des »unglücklichen Bewußtseins«, so kann uns das unsere Angst um unser Leben, unsere Angst vor den Verstümmelungen, die uns bevorstehen, nicht nehmen. Wir wissen ja, wie unsere Eltern leben. Ungeschickt, unglücklich wie Katzen, die Fieber haben, wie Ziegen, die seekrank sind. Wo lag unser Unglück? In welchem Teil unseres Lebens? Eines wissen wir: die Menschen leben nicht so, wie ein Mensch leben müßte. Aber wie das wirkliche Leben aussehen müßte, wissen wir noch gar nicht. Unsere Gedanken sind rein negativ. Der erlauchte Alain sagt uns zwar: »Denken heißt, nein sagen.« Aber nur der Geist des Bösen verneint immer. Die Zeit wird kommen, wo der Geist vor seinen eigenen Entscheidungen keine Furcht mehr haben wird. Dann wird der Mensch erröten bei dem Gedanken, daß er sich so lange mit Abwehr begnügt hat. Wir sind schon im voraus unzufrieden mit den Berufen, für die man uns mit dem Versprechen auf magere Gehälter abrichtet. Wir haben Angst vor dem, was uns erwartet. Die schöne Jugend! Welche Menschen kann man um Hilfe bitten? Wo haben sie sich verborgen? Alles trennt uns von ihnen: die Pflicht, die Familie, das Vaterland, der Respekt, das Geld. Zu viele Feinde, das übersteigt unsere Kräfte. Heute weiß ich, daß es Gespenster

sind, tausendfach verzerrte Spiegelbilder, die wir in unserer Gutgläubigkeit ernst nahmen. Aber ich habe viel Zeit dazu gebraucht, das zu erkennen.
Was ist also? Wir werden in ein Gefängnis kommen, dessen Regeln wir uns nicht in allen Einzelheiten vorstellen können. Welcher junge Mensch ahnt, wenn er ans Gefängnis denkt, was sich in jeder Zelle abspielt? Mit zwanzig Jahren sieht man noch keine Einzeldinge, noch keine Einzelereignisse. Aber wir ahnen genug, daß es uns den Atem verschlägt. Wir kranken nicht an Illusionen: Beschränkungen und Zwänge drohen von allen Seiten, und wir können sie nicht im einzelnen aufzählen. Ihr wollt uns glauben machen, es handle sich um die harmlosen Konflikte zwischen Freiheit und Determinismus, Prädestination und Gnade, Reife und Pubertät. Umsonst. Mit solchen Wörtern könnt ihr uns nicht abspeisen. Wir sind nicht blöder als ihr. Auch wir könnten Doktorarbeiten schreiben und Predigten halten. Hinter euren schönen Sprüchen verbergen sich Tatsachen, die uns entsetzen.
Aber wir sind schwach, die Ohnmacht lähmt uns, wir sind von unserer bequemen Kindheit an zu einem Sklavendasein erzogen. Nirgends tut sich in uns eine Quelle der Hoffnung auf, wir haben keine Wünschelrute. Wir begreifen nicht, warum wir unsere menschlichen Bedürfnisse nicht befriedigen können. Unsere Lehrmeister scheinen unerschütterlich, Maschinen, die alle Existenzen, die so stabil sind, daß sie nicht zerbrechen, breitwalzen. Aber wenn wir nichts tun, wird die Beschäftigungslosigkeit das ganze Leben anhalten. Was wird uns passieren? Was wird uns nicht passieren? Es ist hart, eine vom Sturm oder vom Nordlicht richtungslos gemachte Kompaßnadel zu sein, die nach allen vier Himmelsrichtungen zeigt, es ist hart, in einem nur von Sirenen, Feuern und Schreien unterbrochenen Halbdunkel zu leben, in dem der Wahnsinn umgeht und an jeder Ecke sein grinsendes Gesicht zeigt.

Unsere Kindheit spielt hier durchaus eine Rolle: die Federbetten des Provinzlebens, die erste Kommunion, die Glyzinien des Sommers 1914 haben uns nicht auf den Krieg vorbereitet. Der Tod unserer Vettern und Brüder, die durch die Abwesenheit unserer Väter aufgekommene Zügellosigkeit, die todbringenden Gegenstände unserer älteren Brüder haben dem allgemeinen Chaos Züge des Geheimnisvollen gegeben. Unsere Kindheit ist wie durch ein Wunder den in Friedenszeiten herrschenden Komplotten der Ordnung entzogen. Der Krieg hat uns erlaubt zu leben. Wir haben keine andere Verpflichtung, als vor den Toten und den Fahnen das Haupt zu entblößen. Die Bombennächte, das Geheul der Sirenen, die winselnden Hunde in den Kellern, die Feuersbrünste machten uns Kindern Spaß. Die Erwachsenen schwiegen.

Unsere Lehrer und unsere Mütter haben sich darauf verlassen, daß die Härte des Lebens uns zu unerschrockenen und tugendsamen Menschen erziehen würde, aber sie haben wenig daran gedacht, uns an die moralischen Werte zu gewöhnen, die zwischen 1914 und 1918 über Bord gingen. Sie haben geglaubt, diese Werte verstünden sich von selbst in der von Staatstreue und militärischem Geist geschwängerten Atmosphäre, die man noch in den entferntesten Präfekturen des Südens einatmete. Dank dieses groben Irrtums ist uns noch im Mannesalter eine große Zahl von Konflikten unbekannt. Aber es ist zu spät, als man darangeht, uns die ehernen Gesetze der Moral wie Vorsichtsmaßregeln gegen die Syphilis einzuhämmern. Wie sollen wir denn an sie glauben, wir sehen in ihnen nur Ketten, die uns ins Fleisch schneiden. Ein Mensch zu sein, scheint uns die einzig legitime Aufgabe. Wir sind verzweifelt, als wir entdecken, wie viele schöne Pflichten, an die zu glauben man uns zehn Jahre früher hätte lehren sollen, die Liebe zum Leben ausschließen. Dieses Leben sollen wir lieben? Umgebt euch mit Provinzfamilien, Prospekten, Examen, wohlerzogenen höheren Töchtern, rohen Gesichtern von Ausbildungsoffizieren, Nutten, die sich auf Tische aus falschem Marmor lehnen, schwarze Avenuen, Nachhilfestunden zu 30 Franc und die Kantsche Tafel der Urteilsformen – und ihr seid Menschen. Damit sollt ihr eure Jugend ausfüllen!

Bibliographischer Nachweis

Bernard Shaw (1856–1950)
›Die Schule‹ aus dem Vorwort ›Eltern und Kinder‹ zu dem Stück ›Mesallianz‹, Erstausgabe 1914, entnommen dem zweiten Band Bernard Shaw ›Vorreden zu den Stücken‹.

Stefan Zweig (1881–1942)
›Die Schule im vorigen Jahrhundert‹ aus Stefan Zweig ›Die Welt von Gestern; Erinnerungen eines Europäers‹, Erstausgabe 1942.

Bertolt Brecht (1898–1956)
›Geringe Forderungen der Schule‹ aus Bertolt Brecht ›Flüchtlingsgespräche‹, entstanden 1940/41.

Thomas Mann (1875–1955)
›Ein Vormittag‹ aus Thomas Mann ›Buddenbrooks‹, Erstausgabe 1901. Stockholmer Gesamtausgabe in Einzelbänden.

Alfred Döblin (1878–1957)
›Sein letzter Unterricht‹ aus Alfred Döblin ›Karl und Rosa‹, Erstausgabe 1949. Mit freundlicher Genehmigung der Erben Alfred Döblins und des Walter-Verlags, Olten und Freiburg im Breisgau.

Robert Walser (1878–1956)
›Tagebuch eines Schülers‹, Erstdruck 1908. Aus Robert Walser ›Geschichten‹. Mit freundlicher Genehmigung des Helmut Kossodo Verlags AG, Genf.

James Joyce (1882–1941)
›Ein Irrtum‹ aus James Joyce ›Ein Portrait des Künstlers als junger Mann‹, Erstausgabe 1916.

Hermann Hesse (1877–1962)
›Das Landexamen‹ aus Hermann Hesse ›Unterm Rad‹, Erstausgabe 1906. Alle Rechte vorbehalten durch Suhrkamp Verlag, Frankfurt am Main.

Rainer Maria Rilke (1875–1926)
›Die Turnstunde‹, Erstdruck 1899, überarbeitet 1902. Aus Rainer Maria Rilke ›Erzählungen und Skizzen‹. Alle Rechte vorbehalten durch Insel Verlag, Frankfurt am Main.

Kurt Tucholsky (1890–1935)
›Der Primus‹, Erstdruck 1925. Aus Kurt Tucholsky ›Gesammelte Werke‹, Band II, Seite 77. © Rowohlt Verlag, Reinbek 1960.

Ödön von Horváth (1901–1938)
›Die Neger‹, Erstausgabe 1938. Aus Ödön von Horváth ›Jugend ohne Gott‹. © Suhrkamp Verlag, Frankfurt am Main 1970.

Franz Werfel (1890–1945)
›Ferdinand‹ aus Franz Werfel ›Barbara oder Die Frömmigkeit‹, Erstausgabe 1929. Copyright 1929 by Paul Zsolnay Verlag. Alle Rechte beim S. Fischer Verlag GmbH, Frankfurt am Main.

Robert Musil (1880–1942)
›Die imaginären Zahlen‹ aus Robert Musil ›Die Verwirrungen des Zöglings Törleß‹, Erstausgabe 1906, entnommen Robert Musil ›Prosa, Dramen, späte Briefe‹. Herausgegeben von Adolf Frisé. © Rowohlt Verlag, Hamburg 1957.

Hermann Hesse (1877–1962)
›Unterbrochene Schulstunde‹, entstanden 1948. Aus Hermann Hesse ›Späte Prosa‹. Alle Rechte vorbehalten durch Suhrkamp Verlag, Frankfurt am Main.

Erich Kästner (geb. 1899)
›Ansprache zum Schulbeginn‹ aus Erich Kästner ›Die kleine Freiheit‹, Erstausgabe 1952. Mit freundlicher Genehmigung des Droemer Verlags, München, und Atrium Verlag, Zürich.

Paul Nizan (1905–1940)
›Die schönste Zeit des Lebens‹ aus Paul Nizan ›Aden‹, ›Die Wachhunde‹, Erstausgabe 1932. Herausgegeben und übersetzt von Traugott König. © Rowohlt Taschenbuch Verlag GmbH, Reinbek bei Hamburg 1969.

Hermann Hesse
im Suhrkamp Verlag und Insel Verlag

Gesammelte Schriften in sieben Bänden. Leinen und Leder

Gesammelte Briefe in vier Bänden. Unter Mitwirkung von Heiner Hesse herausgegeben von Ursula und Volker Michels. Leinen

Gesammelte Werke. Werkausgabe in den suhrkamp taschenbüchern in zwölf Bänden. st 1600

Gesammelte Erzählungen. Geschenkausgabe mit farbigem Dekorüberzug in Schmuckkassette. Sechs Bände.

Die Romane und die großen Erzählungen. Jubiläumsausgabe mit farbigem Dekorüberzug in Schmuckkassette. Acht Bände.

Hermann Hesse Lesebücher

Jedem Anfang wohnt ein Zauber inne. Lebensstufen. Zusammengestellt von Volker Michels. Paperback

Eigensinn macht Spaß. Individuation und Anpassung. Zusammengestellt von Volker Michels. Paperback

Wer lieben kann, ist glücklich. Über die Liebe. Zusammengestellt von Volker Michels. Paperback

Die Hölle ist überwindbar. Krisis und Wandlung. Zusammengestellt von Volker Michels. Paperback

Das Stumme spricht. Herkunft und Heimat. Natur und Kunst. Zusammengestellt von Volker Michels. Paperback

Die Einheit hinter den Gegensätzen. Religionen und Mythen. Zusammengestellt von Volker Michels. Paperback

Einzelausgaben

Aus Indien. Aufzeichnungen, Tagebücher, Gedichte, Betrachtungen und Erzählungen. Neu zusammengestellt und ergänzt von Volker Michels. st 562

Aus Kinderzeiten. Gesammelte Erzählungen Band 1. 1900-1905. Zusammengestellt von Volker Michels. st 347

Bäume. Betrachtungen und Gedichte. Mit Fotografien von Imme Techentin. Zusammenstellung der Texte von Volker Michels. it 455

Bericht aus Normalien. Humoristische Erzählungen, Gedichte und Anekdoten. Herausgegeben und mit einem Nachwort von Volker Michels. st 1308

Berthold. Erzählung. st 1198

Beschreibung einer Landschaft. Schweizer Miniaturen. Herausgegeben und mit einem Vorwort versehen von Siegfried Unseld. st 1970

Der Bettler. Zwei Erzählungen. Mit einem Nachwort von Max Rychner. st 1376

14/1/7.93

Hermann Hesse
im Suhrkamp Verlag und Insel Verlag

Casanovas Bekehrung und Pater Matthias. Zwei Erzählungen. st 1196
Demian. Die Geschichte von Emil Sinclairs Jugend. BS 95 und st 206
Eigensinn. Autobiographische Schriften. Auswahl und Nachwort von Siegfried Unseld. BS 353
Emil Kolb. Erzählung. st 1202
Der Europäer. Gesammelte Erzählungen Band 3. 1909-1918. Zusammengestellt von Volker Michels. st 384
Franz von Assisi. Mit Fresken von Giotto und einem Essay von Fritz Wagner. it 1069
Freunde. Erzählung. st 1284
Gedenkblätter. Erinnerungen an Zeitgenossen. Neu durchgesehen und um Texte aus dem Nachlaß ergänzt von Volker Michels. st 963
Die Gedichte. 1892-1962. 2 Bde. Neu eingerichtet und um Gedichte aus dem Nachlaß erweitert von Volker Michels. st 381
Die Gedichte. Herausgegeben und mit einem Nachwort versehen von Volker Michels. Leinen
Gedichte des Malers. Zehn Gedichte mit farbigen Zeichnungen. it 893
Gertrud. Roman. st 890
Das Glasperlenspiel. Versuch einer Lebensbeschreibung des Magister Ludi Josef Knecht samt Knechts hinterlassenen Schriften. Leinen und st 79
Glück. Späte Prosa. Betrachtungen. BS 344
Die Heimkehr. Erzählung. st 1201
Hermann Hesse Lesebuch. Ausgewählt und herausgegeben von Volker Michels. st 1975
Hermann Lauscher. Mit frühen, teils unveröffentlichten Zeichnungen und einem Nachwort von Gunter Böhmer. it 206
Heumond. Erzählung. st 1194
Im Garten. Betrachtungen und Gedichte. Zusammengestellt und mit einem Nachwort von Volker Michels. Mit zahlreichen Abbildungen. it 1329
In der alten Sonne. Erzählung. st 1378
Innen und Außen. Gesammelte Erzählungen Band 4. 1919-1955. st 413
Iris. Ausgewählte Märchen. BS 369
Italien. Schilderungen, Tagebücher, Gedichte, Aufsätze, Buchbesprechungen und Erzählungen. Herausgegeben und mit einem Nachwort von Volker Michels. st 689
Jahreszeiten. Betrachtungen, Gedichte und Aquarelle zu den 12 Monaten. Herausgegeben von Volker Michels. Großdruck. it 2339
Josef Knechts Lebensläufe. BS 541

14/2/7.93

Hermann Hesse
im Suhrkamp Verlag und Insel Verlag

Karl Eugen Eiselein. Erzählung. st 1192

Kinderseele. Erzählung. st 1203

Kindheit des Zauberers. Ein autobiographisches Märchen. Handgeschrieben, illustriert und mit einer Nachbemerkung versehen von Peter Weiss. it 67

Kindheit und Jugend vor Neunzehnhundert. Hermann Hesse in Briefen und Lebenszeugnissen. Band 1: 1877- 1895. Ausgewählt und herausgegeben von Ninon Hesse. Leinen und st 1002

Kindheit und Jugend vor Neunzehnhundert. Hermann Hesse in Briefen und Lebenszeugnissen. Band 2: 1895-1900. Herausgegeben von Ninon Hesse. Fortgesetzt und erweitert von Gerhard Kirchhoff. Leinen und st 1150

Klein und Wagner. Novelle. st 116

Kleine Freuden. Verstreute und kurze Prosa aus dem Nachlaß. Herausgegeben und mit einem Nachwort von Volker Michels. st 360

Klingsors letzter Sommer. Erzählung mit farbigen Bildern vom Verfasser. BS 608

Klingsors letzter Sommer. Erzählung. st 1195

Knulp. Drei Geschichten aus dem Leben Knulps. BS 75

Knulp. Drei Geschichten aus dem Leben Knulps. Mit dem Fragment ›Knulps Ende‹. Mit sechzehn Steinzeichnungen von Karl Walser. it 394

Knulp. Erweitert um Fragmente aus dem Nachlaß. st 1571

Krisis. Ein Stück Tagebuch. BS 747

Die Kunst des Müßiggangs. Kurze Prosa aus dem Nachlaß. Herausgegeben und mit einem Nachwort von Volker Michels. st 100

Kurgast. Aufzeichnungen von einer Badener Kur. st 383

Ladidel. Erzählung. st 1200

Der Lateinschüler. Erzählung. st 1193

Legenden. Zusammengestellt von Volker Michels. BS 472 und st 909

Lektüre für Minuten. Gedanken aus seinen Büchern und Briefen. Herausgegeben von Volker Michels. Paperback und st 7

Lektüre für Minuten. Neue Folge. Gedanken aus seinen Büchern und Briefen. Herausgegeben von Volker Michels. st 240

Das Lied des Lebens. Die schönsten Gedichte. Paperback

Eine Literaturgeschichte in Rezensionen und Aufsätzen. Herausgegeben von Volker Michels. st 252

Die Märchen. Zusammengestellt von Volker Michels. st 291

Magie der Farben. Aquarelle aus dem Tessin. Mit Betrachtungen und Gedichten zusammengestellt und mit einem Nachwort versehen von Volker Michels. it 482

14/3/7.93

Hermann Hesse
im Suhrkamp Verlag und Insel Verlag

Magie des Buches. Betrachtungen. BS 542
Die Marmorsäge. Zwei Erzählungen. st 1381
Mein Glaube. Eine Dokumentation. Auswahl und Nachwort von Siegfried Unseld. BS 300
Mit der Reife wird man immer jünger. Betrachtungen und Gedichte über das Alter. Herausgegeben von Volker Michels. Großdruck. it 2311
Mit Hermann Hesse durch das Jahr. Mit Reproduktionen von 13 aquarellierten Federzeichnungen von Hermann Hesse. Paperback
Mit Hermann Hesse durch Italien. Ein Reisebegleiter durch Oberitalien. Mit farbigen Fotografien. Herausgegeben von Volker Michels. it 1120
Mit Hermann Hesse reisen. Betrachtungen und Gedichte. Herausgegeben von Volker Michels. it 1242
Die Morgenlandfahrt. Eine Erzählung. BS 1 und st 750
Musik. Betrachtungen, Gedichte, Rezensionen und Briefe. Mit einem Essay von Hermann Kasack. Eine Dokumentation. Ausgewählt und zusammengestellt von Volker Michels. BS 483 und st 1217
Narziß und Goldmund. Erzählung. BS 65 und st 274
Die Nürnberger Reise. st 227
Peter Camenzind. Erzählung. st 161
Piktors Verwandlungen. Ein Liebesmärchen, vom Autor handgeschrieben und illustriert, mit ausgewählten Gedichten und einem Nachwort versehen von Volker Michels. it 122
Politik des Gewissens. Die politischen Schriften. 1914-1962. 2 Bände. Vorwort von Robert Jungk. Herausgegeben von Volker Michels. Leinen und st 656
Robert Aghion. Erzählung. st 1379
Roßhalde. Roman. st 312
Schmetterlinge. Betrachtungen, Erzählungen, Gedichte. Zusammengestellt und mit einem Nachwort versehen von Volker Michels. it 385
Schön ist die Jugend. Erzählung. st 1380
Schriften zur Literatur. Band 1. Leinenkaschiert
Schriften zur Literatur. Band 2. Leinenkaschiert
Siddhartha. Eine indische Dichtung. BS 227 und st 182
Sinclairs Notizbuch. Mit aquarellierten Federzeichnungen des Verfassers. BS 839
Die späten Gedichte. Mit einer Nachbemerkung. IB 803
Die Stadt. Ein Märchen, ins Bild gebracht von Walter Schmögner. it 236
Der Steppenwolf. Aquarelle von Gunter Böhmer. BS 869

14/4/7.93

Hermann Hesse
im Suhrkamp Verlag und Insel Verlag

Der Steppenwolf. Erzählung. st 175
Stufen. Ausgewählte Gedichte. BS 342
Stunden im Garten. Zwei Idyllen. Mit teils farbigen Zeichnungen von Gunter Böhmer. IB 999
Tessin. Betrachtungen und Gedichte. Mit ca. 32 Aquarellen des Verfassers. Herausgegeben und eingeleitet von Volker Michels. Leinen und it 1494
Tractat vom Steppenwolf. Nachwort von Beda Allemann. es 84
Unterm Rad. Roman in der Urfassung. Herausgegeben und mit einem Essay von Volker Michels. Illustrationen Gunter Böhmer. Leinen und BS 981
Unterm Rad. Erzählung. st 52
Der verbannte Ehemann oder Anton Schievelbeyn's ohnfreywillige Reisse nacher Ost-Indien. Handgeschrieben und illustriert von Peter Weiss. Mit einem erstmals veröffentlichten Opernlibretto von Hermann Hesse. it 260
Die Verlobung. Gesammelte Erzählungen Band 2. 1906-1908. st 368
Der vierte Lebenslauf Josef Knechts. Zwei Fassungen. Mit einem Nachwort von Theodore Ziolkowski. Herausgegeben von Ninon Hesse. st 1261
Vom Baum des Lebens. Ausgewählte Gedichte. Mit einem Nachwort von Volker Michels. IB 45 4
Von guten Büchern. Rezensionen aus den Jahren 1900-1910. Herausgegeben von Volker Michels in Zusammenarbeit mit Heiner Hesse. Leinen
Von Wesen und Herkunft des Glasperlenspiels. Die vier Fassungen der Einleitung zum Glasperlenspiel. Herausgegeben und mit einem Essay »Zur Entstehung des Glasperlenspiels« von Volker Michels. st 382
Walter Kömpff. Erzählung. st 1199
Wanderung. Aufzeichnungen mit farbigen Bildern vom Verfasser. BS 444
Die Welt der Bücher. Betrachtungen und Aufsätze zur Literatur. Zusammengestellt von Volker Michels. st 415
Der Weltverbesserer und Doktor Knölges Ende. Zwei Erzählungen. st 1197
Zarathustras Wiederkehr. Ein Wort an die deutsche Jugend und andere Aufrufe gegen den Herdengeist von rechts und links. Herausgegeben von Volker Michels. st 2228
Der Zwerg. Ein Märchen. Mit Illustrationen von Rolf Köhler. it 636
Der Zyklon. Zwei Erzählungen. st 1377

14/5/7.93

Hermann Hesse
im Suhrkamp Verlag und Insel Verlag

Briefe

Ausgewählte Briefe. Erweiterte Ausgabe. Zusammengestellt von Hermann Hesse und Ninon Hesse. st 211

Briefe an Freunde. Rundbriefe 1946-1962. Zusammengestellt von Volker Michels. st 380

Hermann Hesse – Rudolf Jakob Humm. Briefwechsel. Herausgegeben von Ursula und Volker Michels. Leinen

Hermann Hesse – Thomas Mann. Briefwechsel. Herausgegeben von Anni Carlsson (1968), erweitert von Volker Michels (1975), mit einem Vorwort von Prof. Theodore Ziolkowski, aus dem Amerikanischen übersetzt von Ursula Michels-Wenz. Leinen und BS 441

Hermann Hesse – Peter Suhrkamp. Briefwechsel 1945-1959. Herausgegeben von Siegfried Unseld. Leinen

Aquarelle

Hermann Hesse – Kalender auf das Jahr 1994. Mit 13 farbig reproduzierten Aquarellen des Dichters und Leitgedanken aus Hermann Hesses Werken in Handschriften des Verfassers

Hermann Hesse als Maler. 44 Aquarelle mit Texten von Hermann Hesse. Ausgewählt und mit einem Nachwort versehen von Volker Michels. Leinen

Schallplatten

Hermann Hesse – Sprechplatte. Langspielplatte

Hermann Hesse liest ›Über das Alter‹. Zusammengestellt von Volker Michels. Langspiel-Sprechplatte

Materialien, Literatur zu Hermann Hesse

Hermann Hesse. Sein Leben in Bildern und Texten. Mit einem Vorwort von Hans Mayer. Herausgegeben von Volker Michels. Leinen und it 1111

Hermann Hesse. Leben und Werk im Bild. Mit dem ›kurzgefaßten Lebenslauf‹ von Hermann Hesse. it 36

Hermann Hesse in Augenzeugenberichten. Herausgegeben von Volker Michels. Leinen und st 1865

Materialien zu Hermann Hesse, ›Demian‹. 1. Band: Entstehungsgeschichte. Herausgegeben von Volker Michels. st 1947

Materialien zu Hermann Hesses ›Das Glasperlenspiel‹. Erster Band. Texte von Hermann Hesse. Herausgegeben von Volker Michels. st 80

Materialien zu Hermann Hesses Siddhartha. Erster Band. Texte von Hermann Hesse. Herausgegeben von Volker Michels. st 129

14/6/7.93